労働事件《実例》トレーニング Ⅰ

未払い残業代請求
――使用者側弁護士の思考と実務対応――

B&P法律事務所 瀬戸賀司［編著］
杜若経営法律事務所 井山貴裕・中村景子・本田泰平［著］
法律事務所ネクシード 梅本茉里子［著］

青林書院

はしがき

　本書は、使用者側の労働問題に特化した法律事務所である杜若経営法律事務所に在籍の弁護士及び元在籍の弁護士5名で執筆をしました。
　本書の目的は、労働問題に直面した経営者や人事担当者、さらには使用者側の労働問題に携わる弁護士や社会保険労務士の皆さまに向け、実務で活用できる具体的なノウハウをお届けすることを目的としています。
　また、本書のきっかけとなったのは、令和4（2022）年に杜若経営法律事務所が開催した「実例トレーニングシリーズ」というオンラインセミナーです。このシリーズでは、①未払い残業代請求、②解雇・雇止め・退職勧奨、③休職・労災の実務対応といった重要テーマを取り上げ、実際の事例を基に、その事例の具体的な解決方法や解決に至るための考え方を解説しました。いずれのセミナーも多くの方にご参加いただき、3回のセミナーの累計視聴者数は2000名を超えました。しかしながら、セミナーでは時間の制約からお伝えしきれなかった内容も多く、これを補足する形で書籍化を進める運びとなりました。
　本書では、第1巻として、未払い残業代請求をテーマに労働者が弁護士を付けて内容証明郵便を送ってきた事例等を基に、任意交渉・労働審判・訴訟・あっせんの対応について、使用者側の弁護士がどのような視点で事案を分析し、解決に導いているのか解説いたします。また、個別事案の解決後、同様の問題が生じないように事後対応として、どのような点に着目しどのように制度の見直しを図っていけばよいのかという点についても解説いたします。その他、管理監督者性等のよく問題となる個別論点や業種ごとの特色についても解説いたします。
　なお、第2巻として休職・労災、第3巻として解雇・雇止め・退職勧奨をテーマとした続巻も予定しておりますのでご期待ください。
　弊職の経験上ではありますが、以前は未払い残業代請求を受けた場合、労働審判や通常訴訟で解決をすることが多くありましたが、最近では訴訟外の任意交渉で和解し早期解決ができる事案が増えてきています。また、例え

はしがき

ば、固定残業代に関する争いについても判例・裁判例の動きによって交渉戦略が変わる等、日々刻々と変化をしているように思います。労働問題の解決には法的知識だけではなく、実務に基づく経験と実践的な洞察が重要な鍵となります。

　本書は、労働問題を数多く手がけてきた弁護士たちの知見とノウハウを結集したものです。これほど実務に焦点を当てた書籍はあまりないのではないかと思います。本書が、皆さまの業務や実務に役立つ一冊となれば幸いです。

　最後に、本書の企画や執筆にあたりご尽力いただいた株式会社青林書院編集部の鈴木広範氏に心より感謝申し上げます。

令和7（2025）年2月

執筆者代表　弁護士　瀬　戸　賀　司

編著者・執筆者紹介

編 著 者

瀬戸　賀司（せと　よしつか）

　弁護士（第一東京弁護士会）　B＆P法律事務所

　〒102-0083　東京都千代田区麹町4-4-7　アトム麹町タワー10階

　【執筆担当】第1章、第7章Ⅰ、第8章

執 筆 者

井山　貴裕（いやま　たかひろ）

　弁護士（第一東京弁護士会）　杜若経営法律事務所

　〒101-0052　東京都千代田区神田小川町3-20　第2龍名館ビル8階

　【執筆担当】第3章、第5章Ⅳ、第6章Ⅰ・Ⅳ、第8章

梅本茉里子（うめもと　まりこ）

　弁護士（第一東京弁護士会）　法律事務所ネクシード

　〒107-0052　東京都港区赤坂2-10-11　フォーシーズ溜池山王ビル5階

　【執筆担当】第4章、第5章Ⅰ、第7章Ⅲ

中村　景子（なかむら　けいこ）

　弁護士（第一東京弁護士会）　杜若経営法律事務所

　【執筆担当】第5章Ⅱ・Ⅲ、第6章Ⅱ・Ⅲ

本田　泰平（ほんだ　たいへい）

　弁護士（第一東京弁護士会）　杜若経営法律事務所

　【執筆担当】第2章、第7章Ⅱ、第8章

凡　例

凡　例

【主要法令等略語】

民	民法	基収	厚生労働省労働基準局長が疑義に答えて発する通達
民訴	民事訴訟法		
労安衛	労働安全衛生法	基発	厚生労働省労働基準局長通達
労基	労働基準法（労基法）	厚労告	厚生労働省告示
労基則	労働基準法施行規則（労基法施行規則）	厚労省令	厚生労働省令
		発基	労働基準局関係の労働事務次官名の通達
労契	労働契約法		
労審	労働審判法	婦発	婦人局長通達
		労告	労働省告示

【判例集・主要雑誌等略語】

最	最高裁判所	判時	判例時報
高	高等裁判所	判タ	判例タイムズ
地	地方裁判所	労経速	労働経済判例速報
支	支部	労判	労働判例
判	判決	LEX/DB	LEX/DBインターネット（TKC法律情報データベース）
民集	最高裁判所民事判例集		
裁判集民	最高裁判所裁判集民事	裁判所HP	裁判所ホームページ

目　次

はしがき
編著者・執筆者紹介
凡　例

第1章　任意交渉―運送業（運転手）の未払い残業代請求― 1

Ⅰ 事例❶－1　任意交渉 ―――――――――――――――― 2
【書式①－1】通　知　書　2

Ⅱ 初回相談時の確認事項・説明事項 ――――――――― 4
1　開示を要求されている資料の有無・内容の確認 ････････････ 4
2　請求されている期間・時効の確認 ･･･････････････････････ 6
　●コラム●　消滅時効の推移　6
3　交渉の期間は6か月であることの説明 ･･･････････････････ 6

Ⅲ 資料開示の考え方 ―――――――――――――――― 7
1　資料開示の有無・資料開示の範囲について ･･････････････ 7
　(1)　資料開示の有無　7
　(2)　資料開示の範囲　8
2　資料開示の期限設定について ･･･････････････････････････ 8
【書式①－2】ご連絡（1）　9
【書式①－3】ご連絡（2）　9

Ⅳ 事例❶－2　具体的な請求への対応 ―――――――― 11
【書式①－4】請　求　書　11

目　次

Ⅴ　事例❶-2において問題となる論点 ―――――――――― 14

Ⅵ　前提知識・論点の検討 ――――――――――――――― 15

1　割増賃金………………………………………………………15
　(1)　割増賃金の種類　15
　　●コラム●　「法定労働時間」と「所定労働時間」　16
　(2)　割増賃金の計算方法について　17
　　(a)　日給の場合　17
　　(b)　月給の場合　17
　(3)　除外賃金（割増賃金の計算基礎となる賃金から除外できるもの）について　17
　(4)　月平均所定労働時間について　18
　　●コラム●　月平均所定労働時間について、173.8時間が最大？　19

2　固定残業代………………………………………………………19
　(1)　固定残業代の概要　19
　(2)　固定残業代の有効要件　20
　　(a)　判別要件（明確区分性）　20
　　(b)　対価性要件　20
　(3)　主に手当型の場合の主張の組立て　20
　(4)　差額清算の合意と実態について　22
　(5)　固定残業代の設定時間の多さ　22
　(6)　固定残業代が無効となった場合のリスク　23

3　労働時間について………………………………………………24
　(1)　労働時間の定義　24
　(2)　休憩時間について　25
　(3)　運送業の場合の労働時間のよくある争点　25
　　(a)　始業時刻、終業時刻（出庫前の点呼等、帰庫後の報告等）　25
　　(b)　停車時間が休憩時間か手待ち・待機時間（労働時間）か　25
　　(c)　荷積み・荷卸しの時間の長さが適切か　26
　(4)　運送業の場合の労働時間の争い方　26

●コラム● 残業代計算ソフト「きょうとソフト」　26
　　4　具体的な反論……………………………………………27
　　　　【書式①-5】ご連絡（3）　27

Ⅶ 交渉の要―――――――――――――――――――――29

　　1　提示金額の検討……………………………………………29
　　2　そのほかの事情……………………………………………30
　　3　他の労働者に波及するリスク……………………………30
　　4　誰を説得するのか…………………………………………31
　　5　交渉のまとめ方の意識……………………………………31

Ⅷ 事案の解決―――――――――――――――――――――32

　　　　【書式①-6】合　意　書　33

第2章　労働審判―運送業（運転手）の未払い残業代請求―35

Ⅰ 事例❷　労働審判――――――――――――――――――36

Ⅱ 労働審判とは――――――――――――――――――――36

　　1　労働審判の概要……………………………………………36
　　2　労働審判の特徴……………………………………………37
　（1）Speedy（迅速性）　37
　（2）Specialized（専門性）　37
　　　　●コラム●　使用者側の労働審判員は会社の味方？　38
　（3）Suitable（柔軟性）　38
　（4）他の制度との比較　39
　　　　●コラム●　社会保険労務士保佐人制度とは　40
　　　　●コラム●　労働審判手続の依頼者への説明　40

目　　次

Ⅲ　労働審判手続の流れ────────────────41

1　概　　　要……………………………………………………41
2　労働審判の申立てから答弁書の提出まで………………41
⑴　労働審判の申立て　41
⑵　期日指定・呼出し　42
⑶　答弁書等の準備　42
【書式②−5】答　弁　書　44
⑷　想定問答の準備　46
【書式②−7】想定問答　46
⑸　労働審判期日までの準備事項のまとめ　47
3　第1回労働審判期日………………………………………48
⑴　期日進行のイメージ　48
⑵　当事者への聴取事項（例）　49
4　第2回、第3回労働審判期日……………………………52
⑴　第2回、第3回期日まで開かれることはそう多くない？　52
⑵　場合によっては準備書面を提出し主張の補充を行う　52
5　調停の成立又は労働審判の言渡し………………………53
⑴　調停の成立　53
【書式②−9】第●回労働審判手続期日調書（調停成立）　54
●コラム●　解決金の金額の決め方　54
⑵　労働審判の言渡し　55
【書式②−10】第●回労働審判手続期日調書（労働審判）　55
⑶　24条終了　55
6　労働審判決裂後の手続の流れ──通常訴訟への移行…………56
⑴　「訴状に代わる準備書面」の提出　56
⑵　交互に主張反論を繰り返す　56
⑶　裁判官から和解を勧められる　57
●コラム●　付加金の請求　57
●コラム●　労働審判決裂後のテクニック　58

第3章　通常訴訟——運送業（運転手）の未払い残業代請求——59

Ⅰ　事例❸　通常訴訟 ——60

Ⅱ　通常訴訟の流れ ——60

1　第1回口頭弁論期日までの対応……60
  (1) 認否をする際のルールについて　61
  (2) 被告からの詳細な反論　62
    【書式③-1】訴　　状　63
    【書式③-2】答 弁 書　64
2　第1回口頭弁論期日後の対応（主張書面と書証による立証）……65
3　和解に向けた対応……65
4　本人尋問・証人尋問……66
5　判決・控訴……67

Ⅲ　事例❸において問題となる論点 ——68

Ⅳ　前提知識・論点の検討 ——69

1　実労働時間とは何か（前提知識）……69
2　休憩時間か手待ち・待機時間か……70
3　運転以外の業務の労働時間の長さについて……71
4　付加金について……71
  (1) 付加金とは　71
  (2) 付加金の支払いに対する対策　71
5　遅延損害金と遅延利息について……72
  (1) 遅延損害金について　72
  (2) （退職労働者の賃金に係る）遅延利息について　72

Ⅴ　裁判の要（裁判の考え方・要点） ——72

1　原告の労働条件と典型的な働き方の主張……73

2　休憩・待機時間の立証に係る争い方 …………………………………73
　　　(1)　タコグラフとは　73
　　　(2)　停車時間の自由利用を保障する事情の主張立証（考慮するべき事情）　74
　　　(3)　タコグラフを用いた主張立証の工夫　75
　　3　荷積み・荷卸しの労働時間の長さの主張 ……………………………77
　　4　証人尋問の対策 ………………………………………………………77

Ⅵ　事案の解決─────────────────────────78

　　1　和解への対応 …………………………………………………………78
　　　(1)　全員に一括で支払いをする場合　78
　　　(2)　個別に和解をする場合　78
　　　(3)　共通する和解の条項　79
　　　　(a)　守秘義務　79
　　　　(b)　清算条項　79
　　2　和解ができない場合の対応 …………………………………………80
　　　　●コラム●　最近の裁判の仕方──Teams、mintsなどの運用について　80
　　　　●コラム●　控訴の場合の手続　81

第4章　あっせん─介護施設職員の未払い残業代請求─　*83*

Ⅰ　事例❹−1　労働局におけるあっせん（申請直後の対応）────84

　　【書式④−1】あっせん開始通知書　84
　　【書式④−2】あっせん申請書　85

Ⅱ　労働局のあっせん手続とは──────────────────87

　　1　労働局のあっせんの目的 ……………………………………………87
　　2　労働局のあっせんの申請者 …………………………………………88
　　3　労働局のあっせんの対象となる事項 ………………………………89

4　労働局のあっせんは任意参加であること……………………………89
　　　　　●コラム●　あっせんに参加しない場合　90

Ⅲ　あっせん手続の流れと当日までの準備 ―――――91

　　1　あっせん手続の流れ……………………………………………………91
　　2　あっせん当日の流れ……………………………………………………92
　　3　あっせん当日までの準備………………………………………………92
　　　(1)　あっせんの出席者の決定　92
　　　(2)　意見書の提出　93

Ⅳ　事例❹－2　労働局におけるあっせん（対応に向けた検討）――94

Ⅴ　事例❹－2において問題となる論点 ―――――95

Ⅵ　前提知識・論点の検討 ―――――95

　　1　黙示の指示と労働時間……………………………………………………95
　　2　時間外労働の事前申請を経ていない業務に対する残業代請求における使用者側の反論のポイント……………………………………97
　　　(1)　労働者が申請を行った時間以外に業務を行っていなかったこと　97
　　　(2)　使用者が時間外労働の事前申請制度を厳格に運用していたこと　98
　　　(3)　使用者から労働者に対し、時間外労働について明示又は黙示の指示がないこと　98

Ⅶ　法人Xのあっせんにおける主張例 ―――――99

　　　　　●コラム●　ダラダラ残業の労働時間性　101

Ⅷ　事案の解決 ―――――102

　　1　事前の解決案の具体的な検討…………………………………………104
　　2　あっせん当日の対応……………………………………………………105

3　合意に至った場合の対応……………………………………105
　　　【書式④－3】合　意　書　105
　　4　合意に至らなかった場合の対応……………………………106
　　　●コラム●　民事調停による解決　107

第5章　主な個別論点　　109

Ⅰ　管理監督者────────────────────110

　1　意　義………………………………………………………110
　　(1)　趣　旨　110
　　(2)　定義及び判断基準　110
　　　(a)　①職務内容、権限及び責任　111
　　　(b)　②勤務態様　112
　　　(c)　③賃金等の待遇　113
　2　裁判例の動向………………………………………………114
　　(1)　近年の主な裁判例　114
　　(2)　裁判例をふまえた分析　118
　　　(a)　職務内容、権限及び責任　118
　　　(b)　勤務態様　119
　　　(c)　賃金等の待遇　119
　3　主張立証のポイント………………………………………120
　4　実務上の留意点……………………………………………121
　　(1)　管理監督者性が否定された場合の影響　121
　　(2)　管理職手当の返還請求　122
　　(3)　その他の労働者への影響（波及リスク）　123

Ⅱ　変形労働時間制────────────────────124

　1　変形労働時間制の概要……………………………………124
　2　1か月単位の変形労働時間制……………………………126
　　(1)　条　文　126

(2) 意　　義　126
　　(3) 労使協定と就業規則の関係　127
　　(4) 「就業規則その他これに準ずるもの」の意義　127
　　(5) 「特定された週」又は「特定された日」　127
　　(6) 労働時間・労働日の変更の可否　129
　　(7) 変形労働時間制における休日振替　130
　3　1年単位の変形労働時間制 …………………………………………130
　　(1) 条　　文　130
　　(2) 意　　義　131
　　　　●コラム●　1年単位の変形労働時間制の変遷　132
　　(3) 効　　果　133
　　(4) 対象期間　133
　　(5) 労働時間の特定及び変更の可否　134
　4　変形労働時間制とフレックスタイム制の比較 ………………134
　5　裁　判　例 ……………………………………………………………135
　　(1) 「特定された週」又は「特定された日」に関する判例・裁判例　135
　　(2) 変形労働時間制を採用している場合の時間外労働該当性に関する判例・裁判例　138
　　(3) 労働日の変更に関する裁判例　138
　6　実務上の留意点及び主張立証のポイント ……………………139
　　(1) 実務上の留意点（予防的ポイント）　139
　　(2) 主張立証のポイント　139
　　　(a) 法の定める所定の要件を満たしているか（適法に制度が導入されているか）　139
　　　(b) 制度が適法に運用されているか　140

Ⅲ　裁量労働制 ───────────────────141

　1　意　　義 ……………………………………………………………141
　2　法改正に伴って生じる新たな手続 ………………………………141
　3　専門業務型裁量労働制 ……………………………………………142

目　次

　　(1) 対象業務　142
　　(2) 手　続　144
　　　(a) 導入手続の流れ　144
　　　　●コラム● 就業規則の周知性　144
　　　(b) 労使協定で定めるべき事項　145
　　　(c) 労働者の個別同意　146
　　(3) 効　果　146
　4　企画業務型裁量労働制………………………………………147
　　(1) 対象業務　147
　　(2) 手　続　148
　　(3) 効　果　149
　5　裁判例の動向…………………………………………………149
　　(1) 労使協定に関する裁判例　149
　　(2) 対象業務に関する裁判例　150
　6　主張立証のポイント…………………………………………150
　　(1) 総　論　150
　　(2) 手続面　150
　　(3) 対象業務該当性　151

Ⅳ　事業場外労働のみなし労働時間制――――――――152

　1　制度の概要……………………………………………………152
　　(1) 適用要件　152
　　(2) 効　果　153
　2　判例・裁判例の動向…………………………………………154
　　(1) 事業場外みなし労働時間制に関する最高裁判例　154
　　(2) 事業場外みなし労働時間制の適用を否定した裁判例　155
　　(3) 事業場外みなし労働時間制の適用を肯定した裁判例　156
　　(4) 裁判例の整理　158
　3　主張立証のポイント（「労働時間を算定し難い」の判断方法）……159
　4　実務上の留意点………………………………………………159
　　(1) 安易な適用の危険性　159

(2) テレワークへの適用　160

第6章　業種別の特色　*163*

Ⅰ　運 送 業 ──────────────────164

1　運送業の特色………………………………………………164
2　運送業で問題となりやすい賃金制度（固定残業代を除く）………164
　(1) 日 給 制　164
　(2) 歩 合 給　165
　　(a) 歩合給に関する裁判例　167
　　(b) 裁判例をふまえた考察　171
　(3) 最低賃金割れ　172
3　長時間の労働の問題………………………………………172
4　運送業で訴訟・交渉をする場合の留意点…………………173
　(1) 波及のしやすさ　173
　(2) 波及を防ぐ交渉・訴訟戦略　173
　(3) 交渉中（交渉後）の対応　174

Ⅱ　飲 食 業 ──────────────────174

1　飲食業の特色………………………………………………174
2　飲食業で問題になりやすい論点……………………………175
3　アルバイトのシフト制に関する問題・主張立証上の注意点…175
　(1) 問題の所在　175
　(2) 裁 判 例　175
　(3) 「合理的な理由」とは　176
　(4) 「大幅に削減した場合」とは　177
　(5) その他の裁判例　177
　(6) 実務上の対応　177
4　実労働時間該当性・主張立証上の注意点…………………178
　(1) 労働時間の該当性と立証方法　178

　　　　(a)　労基法上の労働時間　178
　　　　(b)　始業・終業時刻の認定方法　179
　　(2)　早出出勤　182
　　　　(a)　使用者側の主張骨子　182
　　　　(b)　始業時刻の認定　182
　　　　(c)　指揮命令下にあるといえるか　183
　　(3)　終業時刻　184
　　　　(a)　使用者側の主張骨子　184
　　　　(b)　終業時刻の認定　184
　　　　(c)　指揮命令下にあるといえるか　185
　　(4)　休憩時間　185
　5　実務上の留意点 ……………………………………………186
　　(1)　予　防　策　186
　　(2)　残業代請求がなされた場合の留意点　186
　　　●コラム●　特例措置対象事業場の法定労働時間　186

Ⅲ　理美容業 ―――――――――――――――――――187

　1　理美容業の特色 ……………………………………………187
　2　役職ごとの業務と主な論点 ………………………………187
　　(1)　アシスタント　187
　　(2)　ヘアスタイリスト　188
　　(3)　店長・トップスタイリスト等　188
　3　練習時間の労働時間該当性 ………………………………189
　　(1)　ルーチェ事件　189
　　(2)　練習時間の労働時間該当性　190
　4　手待ち時間の労働時間該当性 ……………………………190
　　(1)　手待ち時間か休憩時間か　190
　　(2)　ルーチェ事件　190
　5　実務上の留意点 ……………………………………………192

目　次

Ⅳ　警備・介護・医療 ―――――――――――――――――193

1　警備・介護・医療業界の特色……………………………………193
2　警備・介護・医療業界で問題となりやすい論点………………194
3　夜勤の不活動時間の労働時間該当性に関する主張立証上の注意
　　点………………………………………………………………………194
　(1)　夜勤の不活動時間の労働時間該当性の判断方法　194
　(2)　主張立証のポイント　195
　　(a)　労働時間該当性を肯定した事件　195
　　(b)　労働時間該当性を否定した事件　198
　　(c)　裁判例の傾向・主張立証のポイント　201
4　予防のポイント………………………………………………………202
　(1)　労働時間に該当するか否かの正しい判断　202
　(2)　労働時間管理の徹底　202
　(3)　非労働時間であると整理する場合、労働からの解放の保障の徹底
　　　202

第7章　事後対応　　　　　　　　　　　　　　　　　　**203**

Ⅰ　固定残業代制度の規定・運用の見直し ―――――――――204

1　事例❼-1　固定残業代………………………………………204
2　固定残業代・有効要件・リスク……………………………………204
　(1)　固定残業代とは　204
　(2)　固定残業代の有効要件　204
　　(a)　判別要件（明確区分性）　204
　　(b)　対価性要件　205
　(3)　差額清算の合意と実態について　206
　(4)　固定残業代の合意について　207
　(5)　固定残業代が無効とされた場合のリスク　207
　　　●コラム●　法所定の算定方法による必要があるか　208

xvii

目　次

　　3　固定残業代の設定時間の多さ……………………………………208
　　4　労働時間管理について……………………………………………210
　　5　制度変更に関する留意点・具体的な方法について……………210
　　　　【書式⑦－2】雇用契約書（労働条件通知書）の規定例　212
　　　　【書式⑦－3】就業規則（賃金規程）の規定例　213
　　6　まとめ・固定残業代の制度設計のポイント（チェックリスト）‥214

Ⅱ　労働時間管理の見直しと残業許可制─────────────215

　　1　事例⑦－2　残業許可制…………………………………………215
　　2　労働時間性と「残業」……………………………………………216
　　3　残業許可制の導入と裁判例の動向………………………………219
　　　⑴　残業許可制が存在し、その存在が周知されていること　219
　　　⑵　当該制度が厳格に運用されていたこと　220
　　　⑶　明示ないし黙示の指示がないこと　222
　　4　まとめ………………………………………………………………222

Ⅲ　管理監督者の規定・運用の見直し──────────────223

　　1　管理監督者のリスク・見直しの必要性…………………………223
　　2　規定の見直し………………………………………………………223
　　　⑴　就業規則等における管理監督者の定義　223
　　　　【書式⑦－4】就業規則（管理監督者）の規定例　224
　　　⑵　管理監督者に支給している手当の支給対象に関する規定　226
　　3　管理監督者としての実態を備えていない労働者への対応……226
　　　⑴　固定残業代の導入　226
　　　⑵　過去の残業代の清算　228

第8章　書式編　　　　　　　　　　　　　　　　　　　　229

【書式①－1】通知書……………………………………………………230
【書式①－2】ご連絡（1）……………………………………………232
【書式①－3】ご連絡（2）……………………………………………234

【書式①-4】請 求 書……………………………………236
【書式①-5】ご 連 絡（3）…………………………239
【書式①-6】合 意 書……………………………………242
【書式②-1】労働審判について………………………244
【書式②-2】労働審判手続期日呼出状及び答弁書催告状…………246
【書式②-3】労働審判手続の進行に関する照会書……………248
【書式②-4】労働審判申立書……………………………250
【書式②-5】答 弁 書……………………………………253
【書式②-6】補佐人許可申請書…………………………255
【書式②-7】想定問答……………………………………256
【書式②-8】準備書面……………………………………258
【書式②-9】第●回労働審判手続期日調書（調停成立）……………259
【書式②-10】第●回労働審判手続期日調書（労働審判）……………261
【書式②-11】異議申立書………………………………263
【書式③-1】訴 状………………………………………264
【書式③-2】答 弁 書……………………………………266
【書式③-3】準備書面（1）……………………………268
【書式③-4】第●回弁論準備期日調書（和解）……………272
【書式⑦-1】固定残業手当に関する同意書…………274
【書式⑦-2】雇用契約書（労働条件通知書）の規定例…………276
【書式⑦-3】就業規則（賃金規程）の規定例………277

事項索引

判例索引

第1章

任意交渉
―運送業(運転手)の未払い残業代請求―

第1章　任意交渉──運送業（運転手）の未払い残業代請求

Ⅰ　事例❶-1　任意交渉

　運送会社Xを営むA社長は、先月退職した労働者Bから甲弁護士名義で、以下の内容証明郵便（【書式①-1】通知書、**第8章**「書式編」も参照）が届き驚いた。運送会社X（A社長）としてはどのように対応するのが望ましいか。

【書式①-1】通 知 書

　　　　　　　　　　　　　　　　　　　　　　　令和●年●月●日

被通知人　株式会社●●運送
上記代表取締役　●●　●●　殿
〒●●●-●●●●
東京都●●区●●
TEL　03-●●●●-●●●●
FAX　03-●●●●-●●●●

　　　　　　　　　　　　　　　通知人　●●　●●
　　　　　　　　　　　　　　　〒●●●-●●●●
　　　　　　　　　　　　　　　東京都●●区●●
　　　　　　　　　　　　　　　弁護士法人●●
　　　　　　　　　　　　　　　TEL　03-●●●●-●●●●
　　　　　　　　　　　　　　　FAX　03-●●●●-●●●●
　　　　　　　　　　　　　　　通知人代理人弁護士　●●　●●

　　　　　　　　　通　知　書

1　受任のご連絡
　この度当職は、通知人より、通知人の貴社に対する下記請求事件（以下、「本件」といいます。）につき委任を受けましたので、ご連絡いたします。本件につきましては、当職が一切を受任しておりますので、今後の連絡はすべて当職宛てにしていただき、通知人への直接の接触は、慎んでいただきますようお願いいたします。

2　本書面による催告

　通知人は、本書面をもって、通知人が貴社に対して有する、本書面到達日の3年前の日以降に支払期日の到来した下記の債権につきまして、権利保全のため、催告いたしますので、適切な金額をお支払いいただきますようお願いいたします。

記

未払（割増）賃金請求権

3　資料請求について

　上記通知人の請求権を正確に計算するためには、下記の資料が不可欠となります。つきましては、本書面到達後2週間以内に、当職まで、下記の資料を開示していただきますようお願いいたします。なお、資料の開示をいただけない場合には、正確な計算ができませんので、裁判手続における証拠開示手続を経たうえで、裁判上の請求を検討せざるを得ませんが、裁判手続によれば、いずれにせよ裁判の基礎資料となると見込まれること、遅延損害金が加算されていくことを考慮すれば、貴社と通知人において資料を共通にし、まずは協議による可能性を双方で検討することが建設的な解決に資するものと思料いたしますので、誠実にご対応いただきますようお願いいたします。

記

雇用契約書（労働条件通知書）
就業規則（入社時及び現行のもの）
賃金規程（入社時及び現行のもの）
給与明細ないし賃金台帳
タイムカード、運転日報
その他貴社が通知人の労働時間を管理、把握するために所持する資料

以上

　当該通知書の概要としては以下のとおりである。

【概要】
・甲弁護士の受任の連絡、労働者Bへの直接の連絡の禁止
・過去3年分の未払い残業代の請求を行うこと
・未払い残業代の正確な計算のために以下の資料の開示を求めること

≪開示要求資料≫
- 雇用契約書（あるいは労働条件通知書）
- 就業規則（入社時及び現行のもの）
- 賃金規程（入社時及び現行のもの）
- 給与明細（あるいは賃金台帳）
- 労働時間管理の資料（タイムカード、タコグラフ、運転日報など）

　当該通知書には以上の資料開示を本書面到達後2週間以内に行うようにとの記載もあり、A社長は今後どのように対応してよいかわからずにいた。
　そこで、懇意にしている社会保険労務士の先生に相談したところ乙弁護士を紹介してもらった。
　運送会社X（A社長）の意向としては、労働者のために業務に見合った十分な賃金を支払っていたつもりであり、何も相談もなく急にこのような形で請求を行ってくることに感情的になる気持ちもある。もっとも、法的に何か問題があるのであればその分は支払いをして、早期に解決を図りたい、また今後同様の問題が起きないように整備をしていきたい、ということであった。

II　初回相談時の確認事項・説明事項

1　開示を要求されている資料の有無・内容の確認

　まず、乙弁護士としては、本件事案の内容を正確に把握するためにも開示を要求されている資料の有無・内容の確認をする必要がある。

≪開示要求資料≫
①雇用契約書（あるいは労働条件通知書）（入社時及び変更があればすべて）
　労働者Bの労働条件（賃金の内容、労働時間等）を把握するために必要である。
②就業規則（入社時及び変更があればすべて）、賃金規程（入社時及び変更があればすべて）
　同様に労働者Bの労働条件（賃金の内容、所定労働時間等）を把握するために必要である。

> なお、筆者は、就業規則等が入社時から変更されている場合でも、残業代計算に関係する部分（賃金の内容や所定労働時間に関係する部分）に変更がない場合には、必要性がないため現行のもののみを開示していることが多い。
> ③給与明細（あるいは賃金台帳）
> 　実際の給与支払いの実態について把握するために必要である。
> 　なお、筆者は、基本的に記載がまとまっている賃金台帳を開示することが多い。もっとも、給与明細は毎月労働者が実際にもらい、目にしている資料であり、賃金台帳は通常労働者が見る資料ではない。後述する固定残業代の論点に関して、給与明細の記載が使用者に有利に働くケース（例えば、固定残業代●円、超過残業代分●円等という記載項目がある場合）もあり、当該場合は給与明細を開示する場合がある。
> ④労働時間管理の資料（タイムカード、タコグラフ、運転日報など）
> 　運送業の場合には、タイムカード、タコグラフの他にも、運転日報や点呼記録等、運転手の場合は労働時間を特定できる資料が複数あることが多い。
> 　なお、筆者は、すべてを開示するわけではなく、使用者が労働時間の管理に使用している記録を提出するようにしている。また、後述する労働時間の手待ち時間の論点があることが多いため、トラックが実際に停車している時間がわかるタコグラフの資料も一緒に開示することが多い。

　また、本件事案を検討するにあたって使用者側の相談を受ける際には、追加で以下の資料についても用意をしてもらいたい。

> ≪その他、使用者に用意をしてもらいたい資料≫
> ⑤履歴書、職務経歴書
> 　労働者Bの年齢、家族構成、従前の経歴等がわかるもの。後述する交渉の際の参考資料となる。
> ⑥本人とこれまでやり取りをした資料（があれば）
> 　退職時のやり取り等、本件事案の解決の本質的な部分が残業代以外のところにあることがあり（例：社長や特定の人に対する恨みがある場合等）後

述する交渉の際の参考資料となる。

2　請求されている期間・時効の確認

　消滅時効の起算点は、給与の支払日（給与の締日ではない）から3年[★1]となり、それより前の期間については、消滅時効の援用（民145条）をする必要がある。また、当該期間については資料開示の必要もないことから、請求されている期間・時効の確認は必須である。

> ●コラム●　消滅時効の推移
> 　旧民法では、賃金債権については短期消滅時効として1年と規定されていた。もっとも、この規定内容だと労働者保護が図れないため旧労基法では2年とする特則が設けられていた。
> 　その後、令和2（2020）年4月の民法改正により短期消滅時効が廃止された。
> 　改正民法166条では、①「債権者が権利を行使することができることを知った時から5年間行使しないとき」（主観的起算点）、又は、②「権利を行使することができる時から10年間行使しないとき」（客観的起算点）、と規定されている。
> 　そのため、労働者保護を図るために2年と延長したはずであったが、逆に労働者保護の範囲を狭くする事態になってしまいかねない状況であった。
> 　そこで、民法改正に併せ、労基法の内容も見直しを検討し、最終的に、賃金債権の時効は2年から5年とするが、急に長期間の消滅時効を認めると与える影響が大きすぎる（未払い残業代の例で考えると、時効期間が2年から5年となるため、単純計算で請求金額が2.5倍となるリスクがある）ことから、当分の間は経過措置として3年とすることになった。なお、賃金台帳等の記録の保存期間（労基109条）や付加金の請求期間（労基114条）も5年となったが、同様に当分の間は経過措置として3年とすることになった（労基附則143条1項・2項）。

3　交渉の期間は6か月であることの説明

　労働者側としては未払い残業代の請求を行った場合、それが催告として、

[★1] 民法改正により、令和2（2020）年4月1日以降に発生した賃金請求権は、時効が5年（経過措置中の現在は3年）（労基115条・附則143条3項）となった。

その時から6か月を経過するまでは時効の完成が猶予される（民150条1項）。もっとも、6か月以内に交渉が終了しない場合には、時効を止めるためには、裁判上の請求（訴訟提起や労働審判の申立て等）を行う必要がある（民147条1項）。

そのため、一般的には、任意交渉の時間的制限は当初の請求から6か月以内（多くはもう少し早く3～5か月くらいを目安）に行われる。

なお、使用者側と権利についての協議を行う旨の合意（民151条1項）を書面で行う等の方法もある（この規定も令和2（2020）年4月の民法改正によって新設されたものである）。もっとも、「催告によって時効の完成が猶予されている間にされた第1項の合意は、同項の規定による時効の完成猶予の効力を有しない。」（同条3項）とあるため、催告前に権利について協議を行う旨の合意を結ぶ必要があり、そもそも権利の存在について使用者側が争いたい場合には協議を行う合意を結ぶメリットはほとんどなく、むしろ時効完成が猶予されてしまうというデメリットがある。筆者としては、実務上非常に使いにくいためほとんど使われていないのではないかと思う。

Ⅲ 資料開示の考え方

1 資料開示の有無・資料開示の範囲について

(1) 資料開示の有無

通知書（前掲【書式①-1】参照）では、資料開示を求められているが、資料開示に関する方針についてはどのように考えるべきか。

資料開示については、実務上、開示をしない場合には以下のようなデメリットが多く考えられるため、筆者は通常、開示を行う方針で考えている。

≪デメリット≫
①証拠保全の手続を行われるリスク（訴訟前）
　証拠保全の決定がなされると裁判官や裁判所書記官が会社に来て証拠の収集が行われる可能性がある。
　なお、訴訟提起された後も文書提出命令の申立てがなされると、いずれ資料を開示せざるを得ない状況になることが予想される。

②裁判官の心証が悪くなるリスク

　任意交渉で決裂した場合は、労働審判や訴訟等の裁判所の手続で争うことになるが、労働条件通知書、賃金台帳、タイムカード等の労働関係に関する重要な資料は労基法上保管義務（労基109条）があり、当該資料を頑なに使用者が開示をしないという不誠実な対応をしているとの印象を持たれる。筆者の経験上、裁判官の認識としては、交渉段階でも資料が開示されているのは当然と考えていることが多く、開示をしないとすると、何か使用者側にやましいことがあるのではないかと勘繰られてしまう。また、不誠実な印象が強いと、和解や判決の場面で、使用者の考えに理解を示してもらえず不利な進行となる可能性が高まると思われる。

③労働者側が主張する推計方法で労働時間が認定されてしまうリスク

　資料を開示しない場合に、「合理的な理由がないにもかかわらず、使用者が、本来、容易に提出できるはずの労働時間管理に関する資料を提出しない場合には、公平の観点に照らし、合理的な推計方法により労働時間を算定することが許される場合もある」とした裁判例（東京地判平23・10・25労判1041号62頁〔スタジオツインク事件〕）もあり、労働者側が主張する推計方法で労働時間が認定されてしまうリスクもある。

(2) **資料開示の範囲**

　一方で、労働者側から必要以上に幅広く資料開示を求められる場合があり（例：時効を超えた期間の資料開示の要求）、開示の範囲については、労働者の請求に必要と考えられる範囲に絞って開示を行う必要がある。

2　資料開示の期限設定について

　本件のように本書面到達から「2週間以内」、「10日以内」等と、資料開示の期限が設定されていることが多い。このような期限設定は法的に何か根拠があるわけではなく従う必要があるものではない。

　もっとも、放置をしていると、上記のように証拠保全の手続をとられたり、交渉をする前に労働審判の申立てや訴訟提起がなされたりして柔軟な解決が図りにくくなる可能性がある。

Ⅲ　資料開示の考え方

　そのため、使用者としては、弁護士に相談に行く日程等によって、期限に間に合わない場合には、当該期限を無視するのではなく、簡単な書面（あるいは電話）で、現在、資料の開示準備中であることと、もう少し待ってほしい旨（弁護士に相談に行く場合には、弁護士に相談に行ってから対応を検討したい旨）を伝える等、コミュニケーションをとった方がよい。
　また、弁護士としても受任をする場合で期限までに時間がない場合には、まずは受任した旨、及び必要な資料を開示する意向である旨の通知を労働者側の弁護士に期限までに送り、その後、資料を精査したうえで、資料開示をする等の対応が望ましい（【書式①－2】、【書式①－3】、**第8章**「書式編」も参照）。

【書式①－2】ご連絡（1）

　　　　　　　　　　ご　　連　　絡

　当職は、株式会社●●運送（以下、「当社」といいます。）から、貴職からの令和●年●月●日付「通知書」と題する書面に関する今後の対応（以下、「本件」といいます。）について、委任を受けた弁護士です。
　今後、本件に関するご連絡は当職までお願いいたします。
　開示の要求のあった資料に関しては、現在開示の準備をしておりますので少々お待ちください。
　どうぞよろしくお願いいたします。

　　　　　　　　　　　　　　　　　　　　　　　　　　　　　　　以上

【書式①－3】ご連絡（2）

　　　　　　　　　　ご　　連　　絡

　貴職から当社に対する令和●年●月●日付「通知書」と題する書面に記載の資料について、以下の資料を開示いたします。

【開示資料】
・雇用契約書

第1章　任意交渉──運送業（運転手）の未払い残業代請求

> ・就業規則
> ・賃金規程
> ・賃金台帳
> ・●●
> ・運転日報（令和●年●月分～令和●年●月分※）
> ・デジタルタコグラフ（令和●年●月分～令和●年●月分※）
> ※消滅時効にかかる期間分については省いております。
>
> 以上につき、どうぞよろしくお願いいたします。
>
> 以上

　筆者は初回相談時に、**事例❶－1**に記載した対応を行うため以下を意識するようにしている。また、初回相談時にある程度の見通しを伝えた方が依頼者の安心にもつながるため、後述する**事例❶－2**に関連する事項についても初回でできる限り聞き取りを行ってしまう場合が多い。

> ●初回相談時　チェックリスト
> **【事例❶－1に関連する事項】**
> ☐　要求されている資料の有無の確認
> ☐　提出すべき資料の選定（消滅時効や残業代請求に不必要な資料の除外）
> ☐　要求されている資料開示等の期限の確認
>
> **【事例❶－2に関連する事項】**
> ☐　未払い残業代請求に至る経緯について確認（事前のやり取り）
> ☐　（退職労働者の場合）退職の経緯・理由の確認
> ☐　賃金の内容の確認
> ☐　残業代の支払方法の確認（割増賃金の計算基礎となる賃金の内容、月平均所定労働時間等）
> ☐　就業規則（賃金規程）、雇用契約書（労働条件通知書）の内容に齟齬がないか確認
> ☐　労働時間管理の方法の確認（始業時刻、終業時刻、休憩時間の把握の仕方）
> ☐　相談者の意向の確認（早期解決、徹底的に争う意向等）

☐ 他の労働者への波及の可能性の検討

Ⅳ 事例❶－2　具体的な請求への対応

　事例❶－1で、資料開示を行った1か月後、相手方の弁護士から具体的な金額が記載された請求書（**【書式①－4】**、**第8章**「書式編」も参照）が届いた。

【書式①－4】請 求 書

令和●年●月●日

被通知人　株式会社●●運送
〒●●●－●●●●
東京都●●区●●
●●法律事務所
ＴＥＬ　03－●●●●－●●●●
ＦＡＸ　03－●●●●－●●●●
被通知人代理人弁護士　●●　●●　先生

　　　　　　　　　　　　　　通知人　●●　●●
　　　　　　　　　　　　　　〒●●●－●●●●
　　　　　　　　　　　　　　東京都●●区●●
　　　　　　　　　　　　　　弁護士法人●●
　　　　　　　　　　　　　　ＴＥＬ　03－●●●●－●●●●
　　　　　　　　　　　　　　ＦＡＸ　03－●●●●－●●●●
　　　　　　　　　　　　　　通知人代理人弁護士　●●　●●

請　　求　　書

1　請求金額について
　　貴職から開示された資料を基に、当職にて下記記載の条件で、●●●●氏（以下、「●●氏」といいます。）の未払い残業代の計算を行ったところ、その金額は別紙計算結果のとおり 407万 4754円となりました。つきましては、本

書面をもって、407万4754円（請求元本367万9400円及びその確定遅延損害金39万5354円の合計額）を請求いたしますので、下記記載の金融機関の口座に本書面到達後2週間以内に振り込む方法によりお支払いください。

記

　　●●銀行　●●支店　普通
　　口座番号　●●●●
　　口座名義　預り金口　●●●●

2　本計算で採用した条件
(1)　固定残業代が無効であること
　貴社からは、●●氏の残業代について、いわゆる固定残業代として支給されているという反論が想定されます。しかしながら、「固定残業手当」について、●●氏は今まで一度も貴社から説明を受けたことがなく1日勤務すれば1万4000円の給与支給があるという説明しか受けたことがありませんでした。また、何時間分の残業代であるのか明らかではなく、かつ、残業代を超える実労働がある日についても超過分について差額清算がなされた実績がありません。
　そのため、固定残業代の有効要件である、①所定内賃金部分と割増賃金部分とを「判別」することができること（明確区分性の要件）及び②時間外労働、深夜労働、休日労働の対価（割増賃金）としての趣旨で支払われていること（対価性の要件）について、いずれも満たさず無効です。
　したがって、「残業代」は残業代計算の基礎単価に組み込み、また既払い金額はないものとして計算しております。
(2)　実労働時間について
　●●氏の労働時間は開示資料のうち、デジタルタコグラフを基に労働日を特定しました。また、始業時刻はトラックの発車前に点呼及び車両点検の業務が存在したことから、デジタルタコグラフの発車時刻から30分前とし、終業時刻は運転日報作成の業務があったことから最終停車時刻から30分後としています。
　併せて、デジタルタコグラフ上、停車している時間のほとんどは荷積み、荷卸しの業務を行っており、当該業務を行っていない時間についても会社からの電話や取引先からの電話に即応できるように待機しており、労働から解放されている状況にありませんでした。そのため、1日当たりの休憩時間はないものとして計算しています。

3 結語

　以上から、上記1記載の未払い残業代の請求をいたします。当該請求内容に異議がある場合には、本書面到達から4週間以内に異議がある部分の特定と当該異議の具体的な根拠を示したうえで、貴社の主張を前提とした計算結果を当職宛にご連絡ください。

　貴社から連絡がない場合、誠実なご対応をいただけない場合には、上記金額及び、支払済みまで年14.6％の割合による遅延損害金や付加金の請求を加算し、労働審判あるいは訴訟提起をする所存ですので、あらかじめ申し添えます。

以上

当該請求書（前掲【書式①−4】参照）の概要としては以下のとおりであった。
【概要】
・開示された資料を基に未払い残業代を計算した結果、以下の金額となったこと。
　　請求金額（元本）：367万9400円
　　確定遅延損害金：39万5354円
・賃金に関して固定残業代として支給されるという反論が予想されるが、固定残業代の有効要件の、明確区分性の要件、対価性の要件をいずれも満たさず、無効であること。
・労働時間について、タコグラフの発車時刻前に点呼及び車両点検の業務があり、また最終停車時刻後にも運転日報作成の業務があるとして、タコグラフの時刻よりも前後30分ずつが労働時間となること。
・また、休憩時間についても労働から解放されている実態になく一切休憩は取れていなかったこと。
・当該請求内容に異議がある場合には、具体的な根拠を示したうえで説明をしてほしいこと。
・会社から適切な対応がない場合には、労働審判や訴訟提起を行う予定であること。

第1章　任意交渉——運送業（運転手）の未払い残業代請求

　なお、労働者Bの雇用契約書及び賃金規程に記載の労働条件、A社長から聞き取った内容は以下のとおりであった。
【労働条件】
・固定残業手当に関して、雇用契約書に以下の規定があった。
　「所定労働時間勤務した場合の基本給と固定残業手当の合計として、次のとおり1日当たりの賃金を支払う。
　　日給制：1日1万4000円
　　（内訳：基本給1万円、固定残業手当4000円）
　　また、実際に労働時間を基にした割増賃金が固定残業手当を超えた場合には、別途超過分の支給を行う。」
　　※賃金規程にも、固定残業手当に関する定めがあった。
　　※もっとも、残業代の差額清算の実績はなかったが、超過するような残業が発生する場合はほとんどないとのことであった。
・家族手当：扶養家族1名につき5000円を支給する
　　　　　　※今回の労働者は扶養家族2名で1万円
・通勤手当：実費相当分
・所定労働時間：8時間
・休日：4週に4回
・週6日勤務も多い　月の勤務日数は24〜26日程度
・給与の締め、支払日：20日締め末日支払い

　乙弁護士としては、法的にどう整理して、どのような反論をしていけばよいか。

V　事例❶−2において問題となる論点

　未払い残業代請求の事案の場合、解決金額を左右する視点としては大きく2点ある。
　(1)賃金と(2)労働時間についてである。
　そして、**事例❶−2**では、(1)賃金と(2)労働時間について、それぞれ主に以

下の点を確認する必要がある。

≪本事例の主な論点≫
(1) 賃金
　(a) 基礎単価――割増賃金の基礎となる賃金の内容
　　　　　　――月平均所定労働時間数
　(b) 固定残業代の有効性
(2) 労働時間
　(a) 始業時刻、終業時刻の管理方法・実態
　(b) 休憩時間の管理方法・実態

以下では、当該点について、必要な前提知識等を確認していく。

Ⅵ 前提知識・論点の検討

1 割増賃金
(1) 割増賃金の種類
　使用者は、労働者に対して時間外労働、休日労働、深夜労働を行わせた場合には、法令で定める割増賃金率以上で算定した割増賃金を支払う必要がある（労基37条1項・4項）。

≪時間外、休日及び深夜労働の割増賃金≫
(a) 時間外労働
　①法定労働時間（1日8時間・週40時間）を超えたときは2割5分以上
　　※時間外労働が限度時間（1か月45時間、1年360時間等）を超えたときは、2割5分を超える率とするよう努力義務がある。
　②1か月60時間を超える時間外労働については5割以上
　　※なお、中小企業については、令和5（2023）年4月1日から適用となった。
(b) 休日労働
　法定休日に労働したときは、3割5分以上
　　※なお、所定休日に労働した場合の取扱いは就業規則や雇用契約書等

(c) 深夜労働

22時から翌5時までの間に労働したときは、2割5分以上
※時間外労働かつ深夜労働の場合は5割以上、休日労働かつ深夜労働の場合は6割以上の割増賃金を支払う必要がある。

の定めによる。

●コラム● 「法定労働時間」と「所定労働時間」

　残業代計算の事案に対応する際、混乱の元となりやすい、「法定労働時間」と「所定労働時間」について解説する。

　法定労働時間とは、その名称のとおり法律（労基法）に定められた労働時間を指し、1日8時間・週40時間と定められた労働時間のことをいう。

　一方で、所定労働時間とは、使用者が就業規則や雇用契約書などで定めた就業時間を指し、その定めによって時間は異なる。例えば、始業9時・終業17時（休憩時間：12時～13時の1時間）となっている場合には、1日の所定労働時間は7時間となる。

　何が混乱の元となりやすいかというと、所定労働時間を超えて働く場合の割増率についてである。

　上記例の場合では、所定労働時間を超えているが（7時間超え）、法定労働時間（8時間）は超えていない部分が生じ得る。

　この場合の取扱いがどうなるか。以下の具体例で検討を行う。

≪具体例≫
・所定労働時間の定め：始業9時・終業17時（休憩時間：12時～13時の1時間）　1日の所定労働時間7時間
・2時間残業があり1日9時間働いた
・1時間当たりの単価が1500円とする

　この場合、所定労働時間を超え法定労働時間まで働いた（7時間～8時間までの）1時間分について、所定労働時間を超えているため当該分は通常の給与外の部分となるため残業代の支払いが必要となるが、法定の割増の対象とならないため、割増とする必要はなく1500円の追加支払いで足りる。

　一方で、法定労働時間を超えて働いた（8時間～9時間までの）1時間分については、法定労働時間を超えているため、割増の対象（2割5分以上）となり、

1875円（1500円×1.25）以上の追加での支払いが必要となる。

　なお、さらに複雑なのが、使用者が就業規則（賃金規程）や雇用契約書において、所定外労働についても、2割5分以上の割増率とする旨を定めている場合があり（労基法を超える労働条件を定めることは自由）、その場合は法定労働時間に関係なく、所定労働時間を超えた部分から割増分が加算されることになるため注意が必要である。なお、所定労働時間が8時間の場合には、法定労働時間と同様の考え方で足り、あまり気にしなくてよい。

　以上のように、法定労働時間に関して理解をしたうえで、就業規則（賃金規程）や雇用契約書においてどのような定めとなっているかの確認が必要となる。

(2) 割増賃金の計算方法について

1時間当たりの割増賃金の計算方法は、以下のとおりである。

(a) 日給の場合

【計算式】

$$1時間当たりの割増賃金 = \frac{日給}{1日の所定労働時間} \times 割増賃金率$$

(b) 月給の場合

【計算式】

$$1時間当たりの割増賃金 = \frac{月給（除外賃金を除く）}{1か月の平均所定労働時間} \times 割増賃金率$$

　※なお、日給と月給がある場合には、それぞれの計算をした金額を合算したものが1時間当たりの割増賃金となる。

(3) 除外賃金（割増賃金の計算基礎となる賃金から除外できるもの）について

　また、割増賃金の計算にあたり、割増賃金の基礎となる賃金から除外できるものとして、以下の①〜⑦が挙げられる。これらは、労働と直接的な関係が薄く、個人的な事情に基づいて支給されていることなどにより、基礎となる賃金から除外することができるものである（労基37条5項、労基則21条）。

【除外賃金】
①家族手当、②通勤手当、③別居手当、④子女教育手当、⑤住宅手当、⑥臨時に支払われる賃金、⑦1か月を超える期間ごとに支払われる賃金

①～⑦は例示ではなく、限定的に列挙されているものと考えられており、これらに該当しないものは割増賃金の基礎となる賃金に算入する必要がある。

また、①～⑦の除外賃金に該当するか否かは、名称ではなく、実質的に判断される。

例えば、家族手当について、扶養家族の人数等にかかわらず、一律で一定額を支給する仕組みとなっている場合には、当該家族手当は除外賃金にならない。

【具体例：家族手当】
　除外できる例：扶養家族1名につき5000円を支給するという内容
　除外できない例：扶養家族の人数等にかかわらず一律1万円を支給するという内容

本件事例において、検討対象となる手当は、家族手当と通勤手当があるが、家族手当については扶養家族1名につき5000円を支給するという内容となっており（今回の労働者は扶養家族2名で1万円）、実態に即して支給を行っているため除外賃金に該当する。

また、通勤手当についても実費相当分の支給となっており、こちらも実態に即して支給を行っているため除外賃金に該当する。

なお、筆者の経験上、通勤手当として5000円を上限として支給している会社の場合で（対象となった労働者は5000円支給で、実態に即さず一律に支給されており除外賃金に該当しないと主張）、数千円の支給となっている他の労働者も散見されたことから、当該実績を示しつつ5000円というのはあくまで上限であって、一律で支給されているものではない旨を主張し、除外賃金に該当することを前提として和解をしたことがある。

(4) **月平均所定労働時間について**

月平均所定労働時間とは、1か月間における所定労働時間の平均時間のことをいう。

　【計算式】
　　（365日[★2] − 年間休日日数）× 1日の所定労働時間 ÷ 12か月

★2　うるう年の場合は、366日となる。

なお、月平均所定労働時間数が大きいほど、大きな数字で月給を割ることになるため、1時間当たりの単価が安くなる関係にある。

> ●コラム● 月平均所定労働時間について、173.8時間が最大？
>
> 　月平均所定労働時間が大きいほど、1時間当たりの単価が安くなる関係にあるため、月平均所定労働時間数をできるだけ長く設定したいと考える場合がある。また、運送業の場合に、ほとんど休みがなく、かつ1日当たりの労働時間が長いというケースもあり、当該場合に、月平均所定労働時間をどのように考えるべきか（何時間までは可能か）という問題が生ずる。
> 　この点、労基法上は、週40時間以内（労基32条1項）とする必要がある。そうすると、月平均所定労働時間の最大値は以下の計算式のとおりで、173.8時間までと考えるべきと思われる。
> ［計算式：週40時間÷（1週間）7日×365日÷12か月≒173.8時間］
> 　なお、うるう年の場合は、174.28時間（計算式：週40時間÷（1週間）7日×366日÷12か月≒174.28時間）となる。
> 　また、月平均所定労働時間として、173.3時間という数値もよく使用される。これは、年間休日を105日（おおむね土日休みの場合）として計算すると、173.3時間（計算式：1日8時間×（365日－105日）÷12か月≒173.3時間）となるためである。
> 　なお、うるう年の場合は、174時間（計算式：1日8時間×（366日－105日）÷12か月＝174.0時間）となる。

2　固定残業代
(1)　固定残業代の概要
　固定残業代とは、労基法37条所定の計算方法による割増賃金の支払方法に代えて、実際の時間外労働や休日労働及び深夜労働（以下、「時間外労働等」という）の時間数にかかわらず、あらかじめ一定の時間分の金額を支払うものをいう。固定残業代の支払方法としては、基本給の中に固定残業代を含ませて支払う方法（例：基本給●●万円のうち●万円を固定残業代とする場合。「組込型」といわれることがある）と手当として固定残業代を支払う方法（例：固定残業手当●万円として支給する場合。「手当型」といわれることがある）がある。本事例は、「固定残業手当」として固定残業代を支払う方法を採用しており「手当型」とい

える。

なお、固定残業代制度は、実際の残業代が固定残業代よりも多い場合には、その不足分に相当する残業代の差額を支払う必要がある。

(2) 固定残業代の有効要件

固定残業代の有効要件に関しては、一般的に以下の要件が必要と考えられている[3]。

(a) 判別要件（明確区分性）

通常の労働時間の賃金に当たる部分と割増賃金に当たる部分とを判別することができること（これらが明確に区分されているか）。

(b) 対価性要件

時間外労働等に対する対価としての性質を有していること。

残業代の未払いがないかが問題となり、労基法37条所定の割増賃金を算定して、これ以上の固定残業代の支払いがあるかを確認するためには、どの部分が通常の労働時間の賃金（基礎賃金）に当たり、どの部分が割増賃金に当たるのか、判別できる必要がある。これができない場合には、割増賃金の計算基礎となる賃金額が不明であるため労基法37条所定の割増賃金を超えるか否かの計算ができないためである。また、使用者が時間外労働等に対する手当等と主張するものが、時間外労働等に対する対価としての性質を有していない、あるいは他の性質も併有している場合には結局、割増賃金に当たる部分とそれ以外とを判別することができなくなる。

そのため、判別要件、対価性要件が必要とされている。

なお、手当型の場合には、通常の労働時間の賃金に当たる部分と割増賃金に当たる部分とが明確に分かれている場合が多く、判別要件はあまり問題とならない。例えば、「業務手当」との名称であるが、固定残業代としての性質を有すると使用者が主張する場合に、それは業務に従事することの能力、経験値、大変さ等に着目して支給するものなのか、（ある業務に従事することで労働時間が延びることが想定されることから）残業代としての性質として支払っているものなのか等、といった視点から対価性が問題となることが多い。

(3) 主に手当型の場合の主張の組立て

---

[3] 岩佐圭祐「いわゆる『固定残業代』の有効性をめぐる諸問題」判タ1509号39頁・40頁参照。

Ⅵ　前提知識・論点の検討

　主に手当型の固定残業代制度の場合に、筆者は以下の判例を参考に主張を組み立てることが多い。

　最判平30・7・19裁判集民259号77頁・労判1186号5頁〔日本ケミカル事件〕では、対価性に関して、以下のように判旨をしている。

　「雇用契約においてある手当が時間外労働等に対する対価として支払われるものとされているか否かは、①雇用契約に係る契約書等の記載内容のほか、具体的事案に応じ、②使用者の労働者に対する当該手当や割増賃金に関する説明の内容、③労働者の実際の労働時間等の勤務状況などの事情を考慮して判断すべきである。」★4

　そこで、上記の①〜③の考慮要素を意識した、証拠収集と主張反論を行うようにしている。

考慮要素	証拠の例
①	雇用契約書（労働条件通知書）、就業規則（賃金規程）、求人票等
②	賃金台帳（給与明細）、陳述書（労働条件の説明を行った者）
③	タイムカード等の勤怠記録、デジタルタコグラフ等の労働時間がわかる資料

　なお、固定残業代の有効性が争われる場合に、有効要件の前提として、そもそも固定残業代の合意の有無が争われることも多い。労働者から固定残業代制度に関する説明は一切受けたことがないし、単に残業代が支払われない会社であると思っていた等と主張されることがある。その場合は、雇用契約書（労働条件通知書）、就業規則（賃金規程）、求人票、労働条件等の説明資料、採用過程のメール、面接時のメモ等を用いて、固定残業代制度に関して適切に説明をしたうえで合意をしていることを主張立証することがある。雇用契約書（労働条件通知書）に固定残業代制度の記載がある場合で、署名捺印を労働者自身が行っている場合には、その点をよく指摘する。

　当該証拠は、対価性の判断にも影響するし、また給与明細上に「固定残業手当」（加えて差額清算を行う項目もあり、支給実態もあるとなおよい）の記載があれば、給与明細は毎月労働者が目にするものであり、残業代として支払われて

★4　①〜③のナンバリングは筆者による。

いるということを基礎づける重要な証拠資料となる。

(4) **差額清算の合意と実態について**

その他、要件とは整理されていないが、重要な考慮要素となり得るものとして、差額清算合意とその実態がある。差額清算合意とその実態がある場合には、使用者として固定残業代を残業代としての性質を有しているものとして運用しているといえることから、対価性の要件を認定するうえでの重要な考慮要素となる。

なお、かつては差額清算の合意と実態がないと固定残業代を否定する意見や判例等（最判平24・3・8裁判集民240号121頁・労判1060号5頁〔テックジャパン事件〕櫻井補足意見、東京地判平24・8・28労判1058号5頁〔アクティリンク事件〕）があったが、近時の裁判例の傾向としては、固定残業代を超過した場合に差額を支払う必要があることは労基法上、当然のことであって、固定残業代の固有の要件とまでは考えられていない。

実務上、本件のように差額清算の合意があるが差額清算の実績がないという場合もある。その場合、実際に残業が少ないためそもそも固定残業代を超過しておらず差額支払いが発生していないケースもあり、当該場合には差額が発生していないから差額清算の実績はない旨の主張を行う。また同時に、他の労働者の実績も確認し、他の労働者については超過分がありその場合に差額清算の実績がある場合にはそれも併せて主張を行う。

なお、超過分がないため差額支払いをしていない場合でも、設定した固定残業代に対応する時間が長すぎるため超えていないという場合もあり、そもそもの設定時間についても注意をすべきである。

(5) **固定残業代の設定時間の多さ**

固定残業代の有効要件を満たすような場合でも、固定残業代に対応する設定時間が長すぎる場合、公序良俗違反等を理由に効力が否定される場合がある。

この点、月80時間分相当の時間外労働に対する固定残業代の定めは公序良俗に反し無効と判断した裁判例（東京高判平30・10・4労判1190号5頁〔イクヌーザ事件〕）がある。

一方で、固定残業代として時間外労働70時間、深夜労働100時間相当の業務手当の定めをしていた事案で、36協定において、月45時間を超える特

別条項を定めており、その特別条項を無効とすべき事情は認められないから、業務手当が月45時間を超える70時間の時間外労働を目安としていたとしても、それによって業務手当が違法になるとは認められない。また、業務手当が常に36協定の特別条項の要件を充足しない時間外労働を予定しているものとはできず、要件を充足しない時間外労働であっても割増賃金は発生する以上、そのような場合の支払いも含めて固定残業代を定めても当然に無効になるとはいえない等として有効とした裁判例（東京高判平28・1・27労判1171号76頁〔コロワイドMD（旧コロワイド東日本）事件〕）もあり、明確な基準はない状況にはある。

また、前掲東京高判平30・10・4においても「実際には、長時間の時間外労働を恒常的に労働者に行わせることを予定していたわけではないことを示す特段の事情が認められる場合はさておき」という留保も付けており、固定残業代の設定時間が少し長いと思われる事案でも、実態として恒常的な長時間労働がないような場合には当該裁判例をもとにしても反論が可能である。

さらに、できれば固定残業代としてなぜ当該設定時間としたのかという理由と根拠までを説明できるとなおよい（例えば、運送業で、日給制を採用し、2時間分の固定残業代を設定している場合（月の所定労働日数が22日とすると1か月で44時間の設定となる）、取引先が遠く、移動時間が長くなることを見込み、過去の実績からおおむねの時間を算出し行きと帰りそれぞれ1時間ずつの時間外労働の設定をすることにした等という説明）。

(6) 固定残業代が無効となった場合のリスク

固定残業代が無効となった場合には、①支払ったはずの固定残業代相当額が残業代の支払いとして無効（未払い）となること、②固定残業代相当額が割増賃金としてではなく通常の賃金として組み込まれて計算され、1時間当たりの割増単価が高くなる（いわゆる「ダブルパンチ」といわれる状態となる）。

●固定残業代　チェックリスト
□　雇用契約書（労働条件通知書）の記載内容の確認
□　就業規則（賃金規程）の記載内容の確認
□　雇用契約書・規程類の記載内容に齟齬がないかの確認
□　入社時（あるいは固定残業代制度の導入時）の説明内容・方法・説明資料

の有無の確認
□　固定残業代の設定時間の確認
　　（固定残業代を設けた理由・設定時間数の根拠の確認）
□　設定時間を超えて労働を行うことがあるか否かの確認
□　差額清算の実態の確認（他の労働者の実態の確認）
□　賃金台帳及び給与明細の記載方法の確認
□　（最低賃金を割っていないかの確認）

3　労働時間について
(1)　労働時間の定義

　労基法32条の労働時間とは、労働者が使用者の指揮命令下に置かれている時間をいい、当該労働時間に該当するか否かは、労働者の行為が使用者の指揮命令下に置かれたものと評価することができるか否かにより客観的に定まるものであって、労働契約、就業規則、労働協約等の定めのいかんにより決定されるものではない（最判平12・3・9民集54巻3号801頁・労判778号11頁〔三菱重工業長崎造船所（一次訴訟・会社側上告）事件〕等）。

　また、厚生労働省の「労働時間の適正な把握のために使用者が講ずべき措置に関するガイドライン」においても、「労働時間とは、使用者の指揮命令下に置かれている時間のことをいい、使用者の明示又は黙示の指示により労働者が業務に従事する時間は労働時間に当たる。」とされている。すなわち、単に使用者が明示的に業務を指示して業務に従事させている時間だけでなく、使用者が黙示的に業務を指示している場合も、その時間は労働時間に当たることとなる。

　以上から、労働時間に該当するか否かは、雇用契約書や規程類等の記載や使用者の明示的な命令だけで決まるものではなく、実態に即して判断される性質のものである。

　なお、使用者の黙示の指示と認められるものには、労働者が規定と異なる出退勤を行って時間外労働に従事し、そのことを使用者が認識しているにもかかわらず異議を述べないような場合が一例として考えられる。例えば運送業でよくあるのが、通常の始業時刻から出庫すると道が混んで時間がかかる

ことから、運転手が必要以上に早朝から出庫して先に現場に着くということがあり、残業代請求の問題が生じたときに、勝手に運転手が行ってしまうのであって使用者の指示ではない旨の反論をする場合がある。しかし、使用者はデジタルタコグラフなどで車両が動いていることを認識できる状況にあるのであるから、これを止めない場合には使用者が黙示の指示をしていたと認められてしまう可能性が高い（車両を実際に運転して移動をしている以上、当該時間の労働時間性を否定することは困難な場合が多いと思われる）。なお、このような場合、現場に先に着いたとしても現場自体がまだ開いておらず、現場が開く時間まで近くの路上やコンビニなどに停車している場合があり、実務上は当該部分の休憩時間の該当性を争うことが多い。

(2) **休憩時間について**

休憩時間とは、労働者が労働時間の途中において休息のために労働から完全に解放されることを保障されている時間をいう（昭22・9・13発基17号）。運送業では特に、車両が停車している時間が休憩時間か手待ち・待機時間（労働時間）かが争いとなりやすい。

(3) **運送業の場合の労働時間のよくある争点**

詳しくは**第3章**や**第6章**のⅠにおいて記載をするが、運送業においては実務上以下の点がよく問題となる。

(a) **始業時刻、終業時刻（出庫前の点呼等、帰庫後の報告等）**

デジタルタコグラフの出庫時間、帰庫時間を基に、始業時刻、終業時刻を算定することが多いが、その前後に業務があり、当該部分についても労働時間である旨主張される場合がある。

この場合、出庫前の点呼、アルコールチェック、車両点検等や、帰庫後の運転日報の記載、車両清掃、洗車等の業務について、要する時間や頻度等を確認し、労働者の主張する時間が不要な場合には、適正な労働時間となるよう反論を行う。

(b) **停車時間が休憩時間か手待ち・待機時間（労働時間）か**

上記のように、早朝に現場に着き、現場近くで停車しているような場合で、現場が朝開くまでの時間について現場に入れず何も業務をすることがないというような実態がある場合、当該停車時間については休憩時間に該当するという主張を行う。また、デジタルタコグラフ上のその他の停車時間につ

第1章　任意交渉——運送業（運転手）の未払い残業代請求

いても使用者側に実態を確認して、お昼の休憩やその他の時間帯についても休憩と呼べる実態がなかったかについて確認をし、休憩が取れる実態がある場合には当該停車時間について休憩時間に該当するという主張を行う。

(c)　荷積み・荷卸しの時間の長さが適切か

停車時間であっても荷積み・荷卸しの作業を手伝っているようなケースがあり、その場合は労働時間と認められる。休憩時間とこのような労働時間が停車時間の中に混在している場合もあり、どの程度荷積み・荷卸しの時間がかかるか使用者側に確認をし、停車時間をすべて休憩時間とするような反論をするのではなく実態にできるだけ即した形で反論を行うべきである。

(4)　運送業の場合の労働時間の争い方

未払い残業代請求は、現在3年遡って請求をすることができるが、上記実態の確認を1日1日やっていくとなるとかなりの時間と労力を要し、短期間での解決が非常に難しくなる。

労働審判や通常訴訟の場合でも同様であるが、請求期間全期間分の算定は行わず、例えば、1～3か月程度サンプルとなる期間を決め、当該期間のみ双方主張立証を行い、1か月当たりの未払い金額を出し、残りの期間については請求期間の月数で掛け、おおむねの金額を推計する方法がある（その他、サンプル期間の休憩時間の平均を出して、その数値を基に再計算を行う方法などもある）。

●コラム●　残業代計算ソフト「きょうとソフト」

残業代請求に関する労働時間や残業代の計算のためのツールとして、原告、被告、裁判所において、エクセルのシートに必要情報を入力したうえで比較・検討することができる、残業代計算ソフト「きょうとソフト」が京都地方裁判所所属（平成28（2016）年当時）裁判官有志と京都弁護士会会員有志の共同作業により作成された。一般公開はされていないが、弁護士は日本弁護士連合会の会員専用サイトからダウンロードができる。

また、京都弁護士会の所属の労働者側の弁護士が開発した「給与第一」という計算ソフト（エクセル）もあり、これは一般公開されている。

最近は、筆者は、受任通知を送る際にメールアドレスの記載もしておき、必要に応じ、相手方弁護士にエクセルデータの提供を依頼するようにしている。相手方弁護士の方針にもよるが、比較的エクセルデータを開示してくれること

> が多く、早期解決に資するものとなっている。

●労働時間　チェックリスト
- ☐ 始業時刻、終業時刻前後の業務内容の確認（出庫前の点呼等、帰庫後の報告等）
- ☐ 当該業務に要する時間や頻度の確認（同様の業務を行っている他の労働者が要する時間も確認）
- ☐ 休憩の実態の確認（お昼、その他の停車時間の実態）
- ☐ 早朝に早く出庫し、現場近くで停車しているような場合：現場は何時から入ること（業務の開始）ができるかの確認
- ☐ タコグラフ上の停車時間の中に、労働時間と休憩時間が混在している場合：荷積み・荷卸しの時間等、実態の確認

4　具体的な反論

以上をもとに、運送会社X（A社長）は労働者Bに対して、以下のような反論を行った。

【書式①-5】ご連絡（3）

ご　連　絡

　貴職から当社に対する令和●年●月●日付「請求書」と題する書面（以下、「本件書面」といいます。）に関して、以下のとおり回答いたします。

1　貴職の本件書面において、当社に対し、●●●●氏（以下、「●●氏」といいます。）の時間外、休日及び深夜割増労働手当及びこれに対する遅延損害金の請求（以下、「本件請求」といいます。）をされております。この貴職の請求金額について、当社内で慎重に検討をいたしましたが、同金額をお支払いすることはできません。
　本件書面記載の事項に関する当社の見解、及び解決にあたってのご提案については以下のとおりです。

2　当社の見解

第1章　任意交渉──運送業（運転手）の未払い残業代請求

(1) 固定残業代について
　(a) 雇用契約書（第●条）には固定残業代について、以下の規定があります。
　　「所定労働時間勤務した場合の基本給と固定残業手当の合計として、次のとおり1日当たりの賃金を支払う。
　　日給制：1日1万4000円
　　（内訳：基本給1万円、固定残業手当4000円）」
　　当該雇用契約書には固定残業手当であることが明記されており、また当社の人事担当者が入社前に●●氏に対して雇用契約書を示し説明をしております。●●氏はこれを確認したうえで、当該雇用契約書に署名捺印をしております。
　(b) また、賃金規程においても第●条において「●●●●」と規定されており、時間外労働の対価として固定残業手当が支給されることが明らかとなっています。
　(c) 加えて、給与明細上も「固定残業手当」という項目で支給を行っており、固定残業手当として支給されていたことは、●●氏も認識していたことは明らかです。
　(d) なお、貴職から何時間分の残業代であるのか明らかではないとの指摘がありますが、何時間分であるかについては、割増賃金の計算をすればすぐに算定できるものであって、当該点を理由として否定されるものではありません。また、残業代を超える実労働がある日についてはほとんどなく、一部差額清算がなされていない日があったとしてもそれだけをもって固定残業手当が否定されることはありません（当然に、差額の支払分があればその超過分についてはお支払いする必要があるとは考えております。）。
　　その他にも、●●●●。
(2) 実労働時間について
　貴職がご主張されている実労働時間の主張について、当社といたしましては、お昼休憩の他、早朝の現場が開くまでの時間の停車時間が休憩時間に該当することや、現場間の移動の際に途中休憩を取っていることが散見される等、休憩時間の実態がないとは認識しておりません。電話についても四六時中架電があるわけではなく、現場での指定時間に近接した時間に限られます。
　また、トラックの発車時刻、及び最終停車時刻からそれぞれ30分もの業務があるとして算定されておりますが、点呼や車両点検、運転日報の作成

等の作業が生じるとしてもそれぞれ5分程度で足りると認識しております。
　その他にも、月平均の所定労働時間数に相違があること、●●●●こと等、主張したい点が多々ございます。

3　解決にあたってのご提案
　以上が当社の見解ですが、以上の多岐に渡る問題に関して、訴訟や労働審判で解決を図ることとなりますと、これらのそれぞれの問題について、お互いの主張を一つ一つ突き合わせていかなければならず、双方ともに膨大な時間と労力を費やすことが想定されます。
　当社といたしましては本件について、早期円満に解決できることを望んでおります。
　そのため、紛争の早期解決の見地から、本件書面限りではございますが、●●氏に対し、●●万円のお支払いのご提案をしたく思います。
　当社として本件が早期に解決できるよう最大限譲歩をした金額でございますので、前向きにご検討いただきますよう、よろしくお願い申し上げます。

以上

Ⅶ　交渉の要

1　提示金額の検討

以上のように事案を法的に分析し、訴訟提起まで至った場合の最大のリスク金額を検討したうえで、任意交渉時においての提示金額等を使用者側と協議し決定する。

検討方法として、例えば、以下のようにいくつかのパターンを検討し金額を出すことがある。

①固定残業代（有効）＋労働時間（会社不利）
②固定残業代（無効）＋労働時間（会社有利）
③固定残業代（折衷案★5）＋労働時間（会社不利）

★5　固定残業代は既払いとするが、割増賃金の基礎となる賃金には含む（単価が高くなる。労働者の主張のままとする）、あるいはその逆で、既払いとしないが、割増賃金の基礎となる賃金には含まない（単価が低くなる）。

第1章　任意交渉——運送業（運転手）の未払い残業代請求

④固定残業代（折衷案）＋労働時間（会社有利）

　また、ない袖は振れないため、どのような算定結果が出てもおよそ支払えない場合もあり、そのような場合等は、細かい議論はせずに、状況を伝え、早期解決のために●●万円であればお支払いできるというような形で提案をすることもある。
　前記Ⅵ3⑷のように、労働時間に関しては、1～3か月程度サンプルとなる期間を決め、当該期間のみ算定を行い、1か月当たりの未払い金額を出し、残りの期間については請求期間の月数で掛け、おおむねの金額を推計して計算をすることもあるし、任意交渉時においては細かく計算せずに概算にとどめたり（例えば、労働者の主張よりも平均で1時間分休憩時間が取れているとの主張をする場合、1時間当たりの割増単価に請求期間の日数を掛けた金額分を控除して算定する）あるいは特段、計算方法・結果を示さない場合もある。

2　そのほかの事情

　そのほかに把握すべき事情としては、以下のものが考えられる。
・退職理由、請求に至る経緯、従前の交渉の有無・内容
・年齢、家族構成、資産状況
・転職の状況・可能性
・相手方弁護士事務所はどこか（ホームページ等で報酬体系の確認）

　相手方として、1円でも多く回収したいという状況なのか、あるいは早期円満に解決したいと考えているか等の参考となる場合がある。

3　他の労働者に波及するリスク

　ある労働者が未払い残業代請求をしてきた場合に、同じ働き方をしている他の労働者が多数いるということも多くある。当該場合に、安易に請求された金額をそのまま支払ってしまうと他の労働者へ波及し、集団で追加の請求をされる等して、経営が立ち行かなくなるリスクがある。そのため、当該リスクがある場合には、早期に解決するのが望ましい事案なのかを慎重に検討する必要がある。

4　誰を説得するのか

　その他、筆者は誰を説得するのかということについても考えて交渉にあたることが多い。具体的にいうと、相手方労働者（あるいは、その家族）を説得するのか、相手方労働者の代理人を説得するのか、それとも両方か等という視点である。例えば、相手方代理人に説得材料を与え、相手方労働者を説得してもらうように促すことを意図して、各争点において、強弱も意識するが負け筋でも相当量の反論を行う等である。

　また、相手の立場に立って、響くポイントを考えて交渉にあたっている。代理人が双方に付くと無機質な交渉となりやすいが、例えば筆者の経験では、SE（システムエンジニア）の残業代請求事案において、経験が浅い労働者であったため、勉強時間（非労働時間）なのか労働時間なのかが曖昧な拘束時間が多いケースで、退職後にすべての勉強時間も労働時間であるとして未払い残業代の請求を受けたものがあった。事案としては、訴訟で判決に至った場合には当該勉強時間は実態から労働時間と認定されてしまう可能性が高い事案であった。会社代表者に本件事案の説明を求めたところ当該労働者にどれだけの期待をもって育てようとしていたか、また拘束時間が負担となっていたことについて大変申し訳ないという内容の書面を受け取った。当初は事案の整理のために当該書面の作成を依頼したが、筆者にも代表者の熱い気持ちが伝わったため、表現を少し直すだけで、筆者の回答書とは別に当該書面を添付して回答を行った。当該事案の相手方代理人は労働者側で有名な法律事務所であり、通常は減額にあまり応じない事務所であったが、当該書面に記載の代表者の想いが労働者本人にも伝わったのか、最終的にかなり低い金額で合意をしたという事案があった。なお、交渉戦略というより当事者間の納得感という点に資するのではと考えている。

5　交渉のまとめ方の意識

　以上のように単に経済合理性だけではなく、様々な観点から双方の落としどころとしてどの地点が望ましいのか考えるようにしている。

　使用者も労働者も、お互いに何かしらの解決を目指している。多くの場合、双方ともに早期解決を目指している。そうすると、早期解決という側面では、向いているベクトルは一緒である。そのベクトルをあえて対立させる

必要はない。

　筆者の経験上は、交渉がまとまりにくいと思う相手方（代理人も含め）の場合は、交渉は相手を攻撃することと捉えているのか、関係を悪化させるような交渉をしてくることが多く、相手を怒らせるような書面の内容の記載をしてくる。単に攻撃的なこともあるし、実態を無視するようなケースもある。例えば、非常に忙しく休憩の実態が全くないようなケースで、使用者の反論として全然仕事がなく休憩時間は1日2時間は取れたはずだ等と主張をすれば、日々多忙で休みの取れなかった労働者としては激昂することが目に見えている。また業務量や業務密度がかなり少なくしっかり休憩を取れていたケースで、労働者がお昼も食べる時間がなく休憩時間は0時間である等と主張をすれば、使用者としても感情的になることが明らかであると思う（実際に、実態を度外視したような主張をされることが多々ある）。当該場合には、まとまる交渉もまとまらなくなる可能性があり、法的に適正な主張をするように心がけることは当然として、相手の立場に立って（厳しい指摘となり、やむを得ないこともあるが）、どう感じるのかということを考えることが任意交渉の和解合意につながっていくと考えている。

　筆者としては、対立軸をいくつも作り、単にベクトルをぶつけ合うのではなく、早期解決に向けて、双方が同じ方向にベクトルを向けることを暗に促していくと交渉がまとまるという意識をもって交渉にあたっていることが多い。

Ⅷ　事案の解決

　使用者側からの回答（前掲【書式①-5】、第8章「書式編」も参照）をした後、書面や電話でのやり取りを代理人間で行った。

　労働者Bの代理人から電話で話を聞いたところ、労働者Bとしても、A社長に対しては恩義を感じている部分があり大事にはしたくない、一方で、かなり忙しく働いていた認識が強く、一定金額の残業代については認めてほしいとのことであった。

　当該やり取りについて、A社長に伝えたところ、確かに労働者Bは一生懸命に働いてくれてはおり、待遇としては報いていたつもりではあったが、法

的に不備がある部分があるのであればそこは改善すべきであるし、裁判等を行い長期間をかけて労働者Bと争うことは本意ではなく、勉強料と考え一定金額については支払いたいという考えであった。

　その後、細かい調整を行い、以下の内容で合意書（【書式①－6】、書面作成上のポイントについては、**第8章**「書式編」も参照）の締結を行った。

【書式①－6】合　意　書

合　意　書

　株式会社●●運送（以下、「甲」という。）と●●（以下、「乙」という。）とは、甲乙間の雇用契約に関する紛争について、以下のとおり合意した。

1．甲は乙に対し、本件解決金として●●万円の支払義務があることを認める。
2．甲は、前項の金員を、令和●年●月●日限り、乙の指定する銀行口座に振り込む方法により支払う。ただし、振込手数料は甲の負担とする。
　　【乙の指定する銀行口座】
　　　　●●銀行　●●支店　普通
　　　　口座番号　●●●●
　　　　口座名義　預り金口　●●●●
3．甲と乙は、本件合意の内容及び本件合意に至るまでの経緯について、第三者に口外しないことを相互に約束する。
4．甲と乙は、甲乙間には、本件合意書に定めるもののほか、何らの債権債務の存在しないことを相互に確認する。

〔瀬戸　賀司〕

第2章

労働審判
―運送業（運転手）の未払い残業代請求―

第2章 労働審判――運送業（運転手）の未払い残業代請求

I 事例❷　労働審判

> **事例❶**－1の運送会社Xを営むA社長は、双方代理人を立てて労働者Bから送られてきた内容証明郵便（前掲【書式①－1】通知書）に記載の内容について解決に向けた交渉を重ねたものの、労働者Bと運送会社X（A社長）の固定残業代や実労働時間に対する考え方に隔たりが大きく、金額に折り合いがつかず交渉は決裂した。
> 　すると、労働者Bの内容証明郵便が届いてから半年が過ぎようとする頃、裁判所より「労働審判手続期日呼出状及び答弁書催告状」（**第8章**「書式編」【書式②－2】参照）、「労働審判申立書」（同【書式②－4】参照）等が届いた。
> 　当該労働審判申立書の内容を確認したところ、おおむね任意交渉の際、相手方の弁護士から送られてきた請求書（前掲【書式①－4】）と似たような内容が記載されていた。
> 　そこで、A社長は、当該労働審判申立書に係る件についても引き続き、任意交渉を担当した乙弁護士に依頼することとした。
> 　乙弁護士としては、どのように対応すべきか。

II 労働審判とは

1　労働審判の概要

　労働審判手続は、非公開で行われる「個々の労働者と事業主との間の労働関係のトラブルを、その実情に即し、迅速、適正かつ実効的に解決するための手続」[★1]である。例えば、「個々の労働者と事業主との間の労働関係のトラブル」として解雇や給料の不払いの場合などが想定されている。
　労働審判手続は、個別的労働関係に関する紛争を扱う手続であるため、組合が当事者となる事件（個別的労働事件に対して集団的労働事件と呼ばれている）や

★1　裁判所ホームページ（https://www.courts.go.jp/saiban/syurui/syurui_minzi/roudousinpan/index.html）。

国家公務員法により労基法等の適用が除外されている公務員の雇用関係が問題となる事件（労働事件ではなく行政事件の分類となる）は対象外とされている。

なお、労働関係に関する紛争を扱う手続であるため、セクハラやパワハラ等のハラスメントを理由とした損害賠償請求の・み・を目的とした事件は労働審判手続の対象外とされている。ただし、実務上、未払い賃金請求や不当解雇の主張などと合わせてハラスメントを理由とした損害賠償請求がされるケースもまま見受けられる。

2　労働審判の特徴

労働審判手続は、3名で構成される労働審判委員会により原則3回以内の期日で審理を終えることになっており、できる限り調停による解決を目指す手続とされている。

労働審判手続では、以下の【3つのS】を理念とするとされている[★2]。

(1) Speedy（迅速性）

原則として3回以内の期日で手続が終了するため、通常の訴訟手続と比較すると迅速に結論を出すことができる。

実際に、労働審判事件の平均審理期間が3.5か月であり半数近い事件が申立てから3か月未満で終了し9割以上の事件が6か月未満で終了しているのに対し、労働関係に関する民事訴訟で和解により終了した事件の平均審理期間は13.8か月と1年を超え6か月未満で終了する事件は2割にも満たないとの調査結果もある[★3]。

(2) Specialized（専門性）

労働審判委員会は、労働審判官（以下、「審判官」という）1名と労働審判員2名（労働者側・使用者側）の計3名で構成される。

労働審判員は、「雇用関係の実情や労使慣行などについての専門的な知識と豊富な経験をもった」者が選任されるとされている。おおむね使用者側の専門委員は大企業等の人事部門で勤めてきた者が選任され、労働者側の労働

[★2] 裁判所ホームページ（https://www.courts.go.jp/osaka/saiban/roudou5/sinpan_q_a/index.html）。

[★3] 第181回労働政策審議会労働条件分科会（資料）「労働審判事件等における解決金額等に関する調査に係る主な統計表」（令和4（2022）年10月26日）。

第2章　労働審判——運送業（運転手）の未払い残業代請求

審判員は労働組合活動等をしてきた者が選任されることが多いように思う。

●コラム●　使用者側の労働審判員は会社の味方？
　労働審判手続で使用者側の労働審判員（以下、「委員」という）と労働者側の委員がいるなら、それぞれ会社側と労働者側の味方なのか？と質問されることもある。
　確かに、制度上双方の委員はそれぞれの知見をもとに当該事案を判断するという性質上、使用者側の委員は会社側の、労働者側の委員は労働者側に寄った知見から判断する側面もある。
　しかし、本文で述べたとおり、使用者側の委員も労働者側の委員も労働実務の最前線で活躍してきた者が選任されるところ、時に使用者側（労働者側）の委員が「会社の（労働者の）〜という対応はいただけない。もっときちんと対応すべきだ」と考え会社側（労働者側）に対し否定的な意見を述べることもある。
　したがって、上記のような質問を受けても「労働審判員のうちいずれがどちら側の委員であるかなど気にすることなく、双方の委員に対して真摯に向き合うことが重要です。」と回答している。

(3)　Suitable（柔軟性）

　労働審判委員会は、まず調停の成立（話合いによる解決）を目指し、話合いによる解決ができなければ労働審判（通常訴訟における判決のようなもの）を出すとされている。
　また、事案の実情に応じた柔軟な内容の審判をすることも可能である。すなわち、通常訴訟であれば証拠による証明が必要となる一方、労働審判は「審理の結果認められる当事者間の権利関係及び労働審判手続の経過を踏まえて、労働審判を行う。」とされているように（労審20条1項）実情をふまえた柔軟な解決をすることができる。
　例えば、解雇無効を前提とする地位確認を求める通常訴訟において解雇が有効であるとの心証が形成されれば請求は棄却されることになるが、同様の労働審判であれば解雇は有効であるものの労働審判手続内で明らかとなった事情を斟酌（解雇の有効性を否定するほどではないものの、使用者側の対応にも一定程度斟酌すべき事情がある場合など）して使用者側に一定程度の解決金の支払いを

命じる労働審判が下されることもある。

　また、残業代請求の事案においても、例えば通常訴訟において（使用者側に一定程度斟酌すべき事情があったとしても）固定残業代が有効とは言い切れないとの心証が形成されれば固定残業代が無効と判断されることになるが（≒既払いとはならずかつ基礎単価に含めて計算もされる）、同様の労働審判であれば固定残業代が有効とは言い切れないが使用者側に一定程度斟酌すべき事情があるとして中間的な計算★4をした金額を前提とした解決金の支払いを命じるにとどまる労働審判が下されることもある。そのほかにも、残業代請求の事案における実労働時間の計算の問題について、例えば通常訴訟において判決に至る場合各日の労働時間を緻密に計算することもあるが、同様の労働審判であれば双方の主張に基づく計算結果を比較しおおむね妥当と思われる金額を概算して労働審判が下されることもある。

(4) 他の制度との比較

	労働審判	通常訴訟	（労働局の）あっせん
Speedy 迅速性	原則3回までの期日	複数回の期日で交互に主張反論	1回の期日のみ
Specialized 専門性	審判官1名＋労働審判員2名	裁判官1名	あっせん委員1名（弁護士等から選任）
Suitable 柔軟性	実情に即した解決	証拠に基づく厳格な判断	話合いによる解決

　労働事件について紛争の解決を目指す制度として、通常訴訟のほか労働局のあっせん手続もある（詳細は**第4章**参照）。

　通常訴訟は、回数制限がないので1年から場合によっては2年以上かかることもあるが、労働審判は原則3回までの期日とされている★5ので、申立てから数か月で結論が出ることが多い。

★4　例えば、固定残業代相当額を基礎単価に含めつつ同額を既払いとして控除する計算方法や、固定残業代相当額の半分を基礎単価に含めつつ残りの半分を既払いとして控除する計算方法などが考えられる。

★5　ただし、後述のように第3回期日まで開かれることはそう多くなく、むしろ第1～2回期日において結論が出されることが多い。そのため、第3回期日まである（≒第3回期日まで主張

第2章　労働審判──運送業（運転手）の未払い残業代請求

　一方、あっせん手続は、1回の期日で終わるため労働審判より更に迅速性がある。ただし、相手方に手続に応答するかどうかの自由があるため手続利用の強制力の点で労働審判手続との差異があるうえ、話合いによる解決がされなかった場合の労働審判や判決といったような強制力を持った一方的な判断を下すことも想定されていない。

●コラム●　社会保険労務士補佐人制度とは

　社会保険労務士補佐人制度について、社会保険労務士法は「社会保険労務士は、事業における労務管理その他の労働に関する事項及び労働社会保険諸法令に基づく社会保険に関する事項について、裁判所において、補佐人として、弁護士である訴訟代理人とともに出頭し、陳述をすることができる。」（同法2条の2）と定めている。

　社会保険労務士は、当該制度を利用することによって、労働審判や訴訟において以下の権限を行使することができるとされている。
　・弁護士である訴訟代理人と一緒に
　・裁判所において、「出頭」及び「陳述」ができる
　　「出　頭」：口頭弁論期日あるいは弁論準備期日等に出席すること
　　「陳　述」：事実や法律に関する意見を述べること
　　　　　　　＝準備書面等を弁護士と連名で裁判所に提出すること
　　　　　　　＝期日において、口頭で主張を補足すること

　例えば、労働審判を申し立てられた会社の規程類を社会保険労務士が作成していたり、顧問社労士として労働審判の申立人が会社に在籍する当時から対応をしていたりするなどして、労働審判の代理人弁護士よりも社会保険労務士の方が当該事案の詳細や会社の制度（給与の仕組みなど）をよく理解している場合に労働審判委員会に直接説明を行うことができるという点に利点がある。

　実際に社会保険労務士補佐人制度を利用する場合、裁判所に「補佐人許可申請書」（**第8章「書式編」【書式②－6】**参照）を提出することになる。

●コラム●　労働審判手続の依頼者への説明

　労働審判を受任する場合、依頼者に「労働審判について」（**第8章「書式編」【書式②－1】**参照）を交付して、労働審判がどのような手続であるのか、決裂した場合どのような進行になるのかなどを説明するようにしている。

ができる）と悠長に構えることのないように注意する必要がある。

事前にその後の進行について説明しておくことで安心して労働審判に挑むことができるだろう。実際に、どのような進行で進むのか、どのような事項が聞かれるのか、想定される解決はどの程度かなどについて事前に説明をし、かつ、実際にその説明のように進んだことで依頼者から驚かれることもある。

Ⅲ　労働審判手続の流れ

1　概　要

労働審判手続は、おおむね以下の流れで進行される。

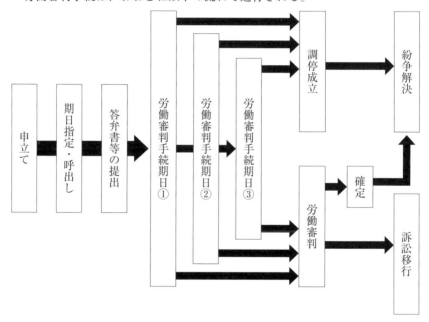

2　労働審判の申立てから答弁書の提出まで

(1)　労働審判の申立て

労働審判の申立てがあると、申立書審査のうえ、通常申立てから40日以内に期日が指定される。

なお、労働審判手続は、基本的に各地方裁判所本庁において取り扱われて

いるが、一部の支部裁判所（東京地方裁判所立川支部・静岡地方裁判所浜松支部・長野地方裁判所松本支部・広島地方裁判所福山支部・福岡地方裁判所小倉支部）においても取扱いがなされている。

(2) 期日指定・呼出し

期日が指定されると、使用者側に「労働審判手続期日呼出状及び答弁書催告状」（第8章「書式編」【書式②－2】参照）及び「労働審判手続の進行に関する照会書」（同【書式②－3】参照）が送達される。

当該呼出状には通常「第1回労働審判期日の日時」及び「答弁書の提出期限」が定められているため、同書面の送達があった場合、直ちに両日時の確認をされたい。

というのも、労働審判期日において労働審判委員会は、（代理人が同席する場合でも）当事者から生の事情を確認するため代理人ではなく直接当事者に質問を行うことが多く、会社の代表者や人事担当者等が労働審判に出席する必要があるためである。したがって、会社代表者又は決裁権限を有する者のほか、当該事案をよく把握している担当者の日程も押さえておく必要がある。

なお、呼出状によって指定された期日の都合がつかない場合には、速やかに呼出状記載の連絡先に都合がつかない旨連絡し、日程の再調整を行うべきである（大幅な延期は難しいが、合理的範囲内において日程調整に応じてもらえる場合もある）。なお、日程の再調整の依頼が余りに遅いと、労働審判員の日程を確保してしまったことなどを理由として日程調整に応じてもらえない場合もあるので、速やかな連絡を心がけるべきだろう。

(3) 答弁書等の準備

> 任意交渉時から本件に携わっている乙弁護士は、以前に運送会社XのA社長及び人事担当者と打合せをした際に聞き取っていた事情から、労働審判申立書に記載がある事項について以下のような方針での反論が可能ではないかと検討している。
>
> 乙弁護士が答弁書の作成にあたって留意すべき事項はあるか？
> ・労働者Bの入社時に雇用契約書について説明をしている。
> → 固定残業代がいくら支給されるかについて説明しているうえ、雇用契約書にも「基本給●●万円　固定残業手当●万円」との記載がある。

> - 発車前の点呼や車両点検は、30分もかからない。
>   → どの労働者も5分程度で終わらせているし労働者Bもその程度だった。
> - 日報作成も30分もかからない。
>   → 目的地に到着する都度車内で作成しているので、帰庫してからすべきことはなかったし、終業点呼を含めてもせいぜい5分程度で終わる認識だった。
> - 4時間運転をしたら1時間休憩をするように指導していた。
>   → 実際にタコグラフを見ると長時間停車している様子が見受けられ、SA（サービスエリア）やPA（パーキングエリア）で長時間停車しているようだ。

呼出状の到着から答弁書提出期限まで1か月程度しかない場合が多い。

そのうえ、労働審判は制度上最大3回まで期日が開かれる建付けになってはいるものの、事実上は第1〜2回期日までしか開かれないことが多い。仮に第3回期日が開かれるとしても、第2回目期日までに話合いによる解決に対する双方の考え方が詰まり切らなかった際に、調停による和解で終了するのか労働審判により終了するのか話し合うために開かれるだけの場合が多い。

すなわち、事実上、労働審判の（申立人に対する）相手方としての主張や証拠書類の提出が可能なのは第1回期日までで、第2回期日に提出ができるとしても第1回期日までに提出した答弁書等の補充的なものに限られる場合が多い。

したがって、主張や証拠書類は第1回期日までに出し切る必要があるため、答弁書の準備が非常に重要となる。

裁判所ホームページに掲載されている答弁書の書式★6によると「第1　申立ての趣旨に対する答弁　→第2　申立書に記載された事実に対する認否　→第3　答弁を理由づける具体的な事実　→（以下略）」のような構成となっている。申立人と相手方とで主張するストーリーに大きな違いがないのであればこのような方針でも問題ないと考えている。

★6　裁判所ホームページ（https://www.courts.go.jp/tokyo/saiban/minjibu/index.html）。

第2章 労働審判──運送業（運転手）の未払い残業代請求

　しかし、前述のように労働審判は第1回目の期日までに提出する答弁書が非常に重要で労働審判委員会は当該答弁書を見て心証を形成することが多い。そこで、いかに労働審判委員会に使用者側のエピソードを認識してもらえるように工夫できるかが重要である。
　例えば、労働者側の主張するストーリーと、使用者側で主張したいストーリーが大きく異なる場合（もしくは、使用者側に強い証拠がある場合など）は、「第1　申立ての趣旨に対する答弁　→第2　相手方の主張の要約　→第3　相手方の主張　→第4　申立ての理由に対する認否」とすることで、相手方が立てているストーリーをまず確認してもらったうえで認否や主張を読んでもらえるように工夫することも考えられる。このような工夫をすることで、労働審判委員会に相手方として認識しているストーリーを強く印象づけることを狙っている。
　その他にも、「第3　相手方の主張」における項目立てについて、「1　申立人の就労実態について」のように論点ごとに記載したうえで当該項目に記載する事実関係や証拠も要件事実上必要な範囲に限定するなど（「第2　本件の経緯及び相手方の主張の骨子」で記載した事実関係と重複する場合もあるが、冗長にならない範囲で端的に記載するよう心がけている）、いかに見やすい書面を作成し労働審判委員会に事案を把握してもらうかも重要だと考えている。

【書式②-5】答　弁　書（**第8章**「書式編」も参照）

第1　申立ての趣旨に対する答弁
　1　申立人の相手方に対する請求をいずれも棄却する
　2　申立費用は申立人の負担とする
との労働審判を求める。

第2　本件の経緯及び相手方の主張の骨子
　　申立人の主張に係る事実関係は、相手方が認識する事実関係と異なる点が多々あるため、請求の認否及び相手方の主張に先立ち、本件の経緯及び相手方の主張の骨子について述べる。
　1　本件の概要及び本件に至る経緯
　　本件は、●●●●。

(略)

2　申立人の就労実態について
　　申立人は、一度配送業務に出発するとすべての積荷を配送先に届け、相手方に戻ってくるまで一度も休憩を取ることができなかった旨主張する。
　　しかし、●●●●。

(略)

第3　相手方の主張
　1　申立人の労働時間について
　　(1)　始業時間について

(略)

第4　申立ての趣旨に対する答弁
　1　「第1　当事者等」について
　　(1)　「1　相手方」について
　　　認める。
　　(2)　「2　申立人」について
　　　第1文は、認める。
　　　第2文（「●●」で始まる文）について、●●は認め、その余は否認する。

(略)

以上

　労働審判の（申立人に対する）相手方としての主張や証拠書類の提出が可能なのは事実上第1回期日までで、第2回期日に提出ができるとしても第1回期日までに提出した答弁書等の補充的なものに限られる場合が多いため、答弁書の準備が重要であることは前述のとおりである。
　さらに、仮に労働審判が決裂し、訴訟に移行した場合、訴訟でも事実上労働審判時と同様の主張を行うことになるため、訴訟移行後を見据えた場合でも答弁書の作成が重要である。
　訴訟移行後に労働審判時にしていなかった主張を追加したり、労働審判時の主張から変更したりすると、主張の変遷や主張の後出しをしていると指摘される可能性もあるため、労働審判の答弁書作成にあたっては主張に漏れがないように注意をする必要がある。

第2章 労働審判——運送業（運転手）の未払い残業代請求

(4) 想定問答の準備

> 乙弁護士は、運送会社ＸのＡ社長及び人事担当者との打合せにおいて、Ａ社長から「裁判所で話すのが不安」「間違ったことを答えてしまうかもしれない」「だから先生が代わりに答えてほしい」と不安を打ち明けられた。
> 　乙弁護士としてはどのように対応すべきか？

　上述のように労働審判委員会は、代理人ではなく当事者に対して質問をすることが多いため、当日の想定問答（【書式②−7】、**第8章**「書式編」も参照）を準備しておくことも効果的である。

　もちろん、答弁書は、会社から聴取した事実に基づいて記載するが、いくら話をすることに慣れている会社経営者や担当者であったとしても、"裁判所"という特殊な空間では頭が真っ白になってしまい、労働審判委員会からの質問にうまく答えられなくなってしまうこともある。

　そのような事態を防ぐため、使用者側の代理人としては、当日に向けた想定問答を作成し、ある程度当日の流れを確認しておくように努めるべきである。

　例えば、本事例のように未払い残業代請求が問題となる事案では、実際の労働時間（労働時間管理の方法、実際の勤務実態、休憩の実態など）のほか、固定残業代の有効性（就業規則・賃金規程、雇用契約書の内容、入社時の説明内容、給与明細の記載内容など）が争点となることが多く、労働審判委員会としてもそのような点に着目して質問をしてくることが多い。

【書式②−7】想定問答

想　定　問　答

第1　申立人について
1　契約時の説明は、誰がしたか？
　・人事担当者の●●が雇用契約書（乙●）を示しながら説明している。
　・給与体系についても乙●号証●頁目の表を見せながら説明している。
　・Zoomで面談をしたので画面共有をしながら説明した。
2　就業規則はどこに設置していたか？

Ⅲ　労働審判手続の流れ

　　・会社の更衣室の入り口横の棚にプリントアウトしたものをかけている。
　3　（略）

　第2　労働時間等について
　　・デジタルタコグラフに関する事情
　4　会社はどのように労働時間を管理していたのか？
　　・デジタルタコグラフに記載されている最初の「発車時間」と最後の「到着時間」で管理していた。
　5　（略）
　　・勤務実態に関する事情
　6　会社の車庫を発車する前にすべき業務はあったのか？それはどれくらいの時間がかかるのか？
　　・点呼は、会社に来た際に点呼担当者に挨拶して呼気検査をするだけなので数十秒あれば終わる。
　　・車両点検は、●●と●●を確認する。といっても3～4分あれば終わる。
　7　実際の1日の業務の流れを教えてほしい
　　（ありのままの働き方を●●さんからご説明ください）
　8　（以下略）

(5)　**労働審判期日までの準備事項のまとめ**
　仮に3月6日（木）に期日呼出状が届いたと仮定した場合の第1回期日までの進行日程は、以下のようなイメージとなる。期日呼出状到着後、第1回期日まで相当タイトなスケジュール感で進行していくことが多い。

3月 6日（木）　裁判所から会社宛に呼出状が到着
3月10日（月）　乙弁護士に連絡＋資料の送付
　　　　　　　　資料の検討
3月14日（金）　第1回目の打合せ（事情聴取）
　　　　　　　　答弁書の作成
3月21日（金）　第2回目の打合せ（より詳細な事情聴取）
　　　　　　　　答弁書の完成＋最終確認
　　　　　　　　並行して想定問答の作成

> 任意交渉から受任している場合、1回目と2回目の打合せを同時に行うこともある。

第2章 労働審判——運送業（運転手）の未払い残業代請求

3月27日（木）　答弁書の提出
4月2日（水）　想定問答の練習
4月3日（木）　労働審判期日当日

●労働審判期日までの準備事項　チェックリスト
□　労働審判手続の流れの確認・依頼者への説明
□　「労働審判手続期日呼出状」記載の第1回労働審判期日の日時の確認並びに代理人及び会社担当者の日程調整
□　「労働審判手続の進行に関する照会書」の提出
□　答弁書提出期限の確認・答弁書の作成に向けた打合せの日程調整
□　答弁書の作成・記載内容の確認（主張漏れや証拠の提出漏れ等はないか）
□　想定問答の作成

3　第1回労働審判期日

(1)　期日進行のイメージ

　労働審判期日は、一般的に訴訟時の弁論期日や証人尋問等に用いられることが多い法廷ではなく、会議室のような部屋で円卓を囲んで行われることが多い。
　進行方法は労働審判委員会によって異なり、当事者の言い分を丁寧に聴取していく審判体もあれば争点に関係する事実をピンポイントに聴取していく

48

III 労働審判手続の流れ

審判体もある。

そのほか、事案の内容による部分もあるが、ある話題について交互に双方の言い分を聴取する審判体もあれば、まず申立人側から事情を大体聴取したのち、申立人側からの聴取事項もふまえて相手方側から事情を聴取する審判体もある。

全体の進行としては、まず双方同席のもと上記聴取を行ったのち、申立人側又は相手方側が退席しての個別聴取が行われることが多い。

この個別聴取では、双方同席のうえでされた聴取よりも更に突っ込んだ内容の聴取や、話合いによる解決の余地がないか解決に向けた考え方を聞かれることが多い。

事情聴取
・当事者双方同席のもと、それぞれから言い分を聞き取る。
・労働審判委員会は、代理人ではなく直接当事者に質問をすることが多い。

(個別聴取)
・双方同席での事情聴取に加えて個別での聴取も必要であると判断された場合に実施されることもある。
・この場合、申立人側・相手方側、双方から個別に言い分を聞き取り、話合いによる解決の可否や解決に向けた考え方を聞かれることもある。

評議
・労働審判委員会のみで評議を行う。

個別聴取
・個別に心証の開示を行い、話合いによる解決の打診を行う。

(2) 当事者への聴取事項(例)

> 審判官：申立人は、車庫から出発する前に点呼や車両点検のために30分以上の時間がかかっていたと主張しているが、相手方の認識としてはどうですか？

> 担当者：そんなにかかっているイメージはありません。むしろみんな5分程度で終わらせて出発していくことが多いです。
> 審判官：車両点検というと時間がかかるようにも思いますが、実際には、どのような点検をしてから出発するようにいっていたのですか？
> 担当者：最低限、●●や●●については確認してほしいといっていました。●●の確認をするためには〜（以下略）。

➡ 申立人側の主張を前提に確認をされることがある。

　（答弁書に記載があったとしても）実際の状況を社長（又は会社担当者側の担当者）から生の声を聞くために質問される場合もあるため、心構えをしておく必要がある。このときに答弁書記載の事項と矛盾する回答がないよう、答弁書作成時や想定問答作成時に確認が必要である。

> 審判官：労働条件について入社時どのような説明をしたのですか？
> 担当者：雇用契約書と給与体系表を示しながら「●●」と説明しました。
> 審判官：雇用契約書を見ると「●●」と記載があるが、どういうことですか？
> 担当者：当該記載は「●●」ということです。
> 審判官：令和●年●月から固定残業代の額が減っているのはなぜですか？
> 担当者：当時給与改定を進めていたためです。それまで80時間分の固定残業代を払っていましたが、長すぎると思ったためです。

➡ 具体的状況の説明ができるとよい。

　（事案を把握している者が出席しているとの建前があるため）「担当者が来ていないのでわからない」というような回答は極力避けるべきである。

　もしくは、当該事情を把握している者の出席が困難な場合には、当該事情について回答ができるよう準備しておくべきである。

　また、「覚えていない」といったような回答も（答弁書には「説明した」と書いてあるが）「実際には説明していないのだろう」と使用者側にとって不利な心証を抱かれる可能性があるので好ましくない。

Ⅲ　労働審判手続の流れ

> 審判官：令和●年●月の「特別手当10万円」とはどのような手当ですか？
> 担当者：えっと、……。

➡　争点となり得る事項について回答ができておらずよい例とはいえない。

　このような質問が想定される場合には、想定問答などにより事前に準備をすべきである。

　また、争点となり得る事項について適当な回答ができない場合には（緊張等の場合もある）、相手方代理人としてすぐに代わりに説明を行えるように準備をしておくべきである。審判官によっては相手方代理人が代わりに説明をしようとすると当事者から直接話を聞きたいと説明を止められる場合もあるが、「法的な争点に関する部分なので、一言説明を加えさせていただきたい」等と伝え、介入して説明をした方がよい場合もある。

　なお、当日想定外の質問をされる場合もあるのでその際には「確認する」として持ち帰ることも考えられる（むしろ、確認をすることなく事実と異なる回答をすべきではない）。

> 審判官：本件の解決に向けてどのように考えていますか？
> 社　　長：●●●●。
> 代理人：●●●●。

➡　審判官から一定の解決方針が示される場合もあれば、上記のように使用者側の方針を聴取しようとしてくる場合もある。

　労働審判手続内での解決を目指す場合には、（当然、審判官から示された心証や申立人側の方針にもよるが）使用者側としての解決方針（どの程度までであれば譲歩可能か）とその根拠を事前に検討しておくべきである。

　交渉戦術として、使用者側の率直な考えを伝えるべきか、審判官からの心証が示されてから解決方針を伝えるか、解決の方向性のみを伝えるか、また方向性を伝えるとしてどのような伝え方をするか（例：「金額については具体的にいくらとは言えないが、任意交渉で提示をした●●万円を大きく超えるような水準では和解は難しいと考えている」と伝える等）については、審判官や申立人の様子も考慮のうえ、使用者側又は代理人において臨機応変な対応が求められる。

4　第2回、第3回労働審判期日

(1)　第2回、第3回期日まで開かれることはそう多くない？

　労働審判は制度上最大3回まで期日が開かれる建付けになってはいるものの事実上第1回〜第2回期日までしか開かれないことが多く、第1回期日において調停案が提示されもし双方の同意が取れればその場で調停が成立し、労働審判が終了するような場合すらある。

　例えば、「労働時間について申立書ほどの長時間労働は認定できないが、全くなかったともいえないだろう。また、固定残業代を令和●年●月一方的に減額したことは、有効と認められない可能性もある。このような心証を申立人に伝えたところ●●万円であれば和解も考えられるといっている。労働審判委員会としても、この金額であれば妥当な水準だと思うので、和解は考えられないか？」といったように第1回期日において提案がされることもある。

　もちろん、労働審判委員会からこのように伝えられたその場で必ずしも和解の可否を回答する必要はないが（実際、「少し検討させてほしい」と伝え退室し、待合室等で検討する場合が多い）、申立人からそのような提案がある場合、持ち帰って検討するとして期日をまたぐと申立人の気持ちが変わり、第1回期日の水準での和解ができなくなる可能性もあるため、和解を前向きに検討したい場合には、提案があった期日のうちに和解を成立させてしまった方がよい場合もある。

　したがって、第1回期日から調停による終了（和解）の可否について検討しておく必要がある。

(2)　場合によっては準備書面を提出し主張の補充を行う

　使用者側代理人としては第1回期日までにできる限りの主張はすべきであるが、争点や準備期間との兼ね合いでどうしても主張が足りない箇所等が出てくることもまた否定できない。

　また、労働審判委員会から「労働時間について申立書ほどの長時間労働は認定できないが、全くなかったともいえないだろう」や「固定残業代を令和●年●月に一方的に減額したことは、有効と認められない可能性もある」のような心証を開示された場合や、労働審判委員会からの聴取にうまく答えられなかった事項があった場合も想定される。

そのほか、労働審判委員会から具体的に主張を補充してほしい箇所について指摘を受け、当該主張書面を見たうえで心証の開示や調停案の提示をするような進行方法がとられる場合もある。

このような場合には、第2回期日までの間に補充の準備書面等を提出することもある（**第8章**「書式編」【**書式②－8**】参照）。

●労働審判期日　チェックリスト
□　（当事者への聴取において）伝え漏れや誤って伝えた内容はないか
□　第2回期日に向けて、書面等による主張の補充の要否
□　次回期日までの宿題事項（書面提出や和解案の検討）の確認

5　調停の成立又は労働審判の言渡し
(1)　調停の成立

第3回期日までに調停（和解）が成立すれば労働審判は終了する。この場合、労働審判委員会が調停条項を読み上げ、裁判所書記官が当該条項を調停調書に書き起こす方法により終結する。

なお、調停成立後、調停調書の郵送申請を忘れないようにすることも重要である。代理人事務所の近くの裁判所に労働審判が係属していた場合であれば取得しに向かえばよいが、遠方の裁判所に係属していた場合、改めて遠隔地まで取得しに向かう必要があるため申請漏れがないよう注意が必要である。

調停（和解）による解決の場合、一方的な労働審判の言渡しによる解決の場合と比較して、以下の例のように柔軟な解決を図ることが可能である。

例えば、在職中の労働者からの未払い賃金請求の事案だと、調停による解決の場合は、「申立人及び相手方は、申立人が、令和●年●月●日をもって相手方を退職することを確認する」のように申立人の退職を前提とした解決を図ることもあるが、労働審判の言渡しによる解決の場合には、「解決金●●万円を支払え」との内容しか盛り込むことができない。

そのほかにも、調停による解決の場合以下のように解決金の分割払い条項や口外禁止条項を定めることもあるし、「本調停条項に定めるもののほかに何らの債権債務がないことを相互に確認する」といういわゆる清算条項を定めることができる点にも特色がある。

第2章　労働審判──運送業(運転手)の未払い残業代請求

【書式②-9】第●回労働審判手続期日調書(調停成立)(**第8章「書式編」も参照**)

1．相手方は、申立人に対し、本件解決金として●●万円の支払義務があることを認める。
2．相手方は、申立人に対し、前項の金員を、次のとおり分割して、●●銀行●●支店の「弁護士●●●●預り金(ベンゴシ●●●●アズカリキン)」名義の普通預金口座(口座番号1234567)に振り込む方法により支払う。ただし、振込手数料は、相手方の負担とする。
　　令和●年●月から令和●年●月まで、毎月末日限り、●●万円ずつ
3．相手方が、前項の分割金の支払いを2回以上怠り、その金額が●●万円に達したときは、当然に同項の期限の利益を失い、相手方は、申立人に対し、第1項の金員から既払い額を控除した残金を直ちに支払う。
4．申立人及び相手方は、本件紛争の経緯及び本調停の内容について正当な理由なく第三者に口外しないことを約する。
5．申立人は、本件申立てに係るその余の請求を放棄する。
6．申立人と相手方は、申立人と相手方との間には、本調停条項に定めるもののほかに何らの債権債務がないことを相互に確認する。
7．手続費用は各自の負担とする。

●コラム●　解決金の金額の決め方
　解決金は、申立人と相手方双方の主張を前提としたそれぞれの金額を参考におおよその金額を算定する方法や、双方の主張を前提に一定の条件で計算し直した金額をベースにする方法のほか、申立人が相手方から受け取っていた給料の●か月分を参考に決定する方法などがある。
　この給料●か月分の設定の仕方にも、支給額面で計算する方法や社会保険料等を控除した後の金額(手取り額)で計算する方法がある。通常支給額面を前提に計算することが多いようにも感じているが、「実際に本人が受け取れるであろう金額」という考え方のもと手取り額をもとに交渉することも考えられる。後者の場合、例えば解決金6か月だったとしても、手取り額ベースであれば額面ベースの4～5か月分になるなど見え方が変わってくるため、相手方代理人としては、後者の方法で計算するよう交渉することも考えられよう。
　また、相手方代理人の心構えとして、解決金の金額決定に向けた依頼者への説明についても気にかける必要がある。裁判所からは「仮に労働審判を出して異議が出されると～(時間も費用もかかる)」と言われるが、代理人としてどの

ように説明し納得していただくかというのは重要な問題である。

さらに訴訟移行した場合のリスク（時間・労力・敗訴可能性）について説明したり、その場合の金銭的リスクについても説明したりすることによって、訴訟移行する場合のメリット・デメリットについても意思確認をすべきだろう。

なお、当然のことではあるが、上記のように依頼者への説明のほか、申立人との粘り強い交渉も重要であることは代理人として忘れてはならない。

(2) 労働審判の言渡し

調停（和解）が成立しない場合、労働審判委員会から労働審判が下される（労審 20 条）。労働審判は、訴訟上の判決とは異なるので「異議」の申出が可能で、「異議」が申し立てられると、当該審判は効力を失い、通常訴訟に移行する（労審 22 条）。

この点、異議の申立ては、労働審判の言渡し後 2 週間以内にする必要があるため、申立期間の管理には注意が必要である（労審 21 条 1 項）（**第 8 章**「書式編」【書式②－11】異議申立書参照）。

【書式②－10】第●回労働審判手続期日調書（労働審判）（**第 8 章**「書式編」も参照）

> 1. 相手方は、申立人に対し、●●万円及び別紙「●●」欄記載の各金員に対する各支払期日の日の翌日から支払済みまで年 3 ％の割合による金員を支払え。
> 2. 申立人のその余の請求を棄却する。
> 3. 手続費用は各自の負担とする。

(3) 24 条終了

> 労働審判法 24 条
> ① 労働審判委員会は、事案の性質に照らし、労働審判手続を行うことが紛争の迅速かつ適正な解決のために適当でないと認めるときは、労働審判事件を終了させることができる。
> ② （略）

労働審判は原則として 3 回以内の期日で終結することから証拠は期日内で調べられるものに限られると考えられている。そのため、例えば、証拠が膨

大な場合や多くの証人から話を聞く必要がある場合（例：ハラスメントに関する主張が含まれていて、目撃証人とされる人物が多数存在する場合）のほか、労使間の対立が強く労働審判期日内での労使合意の成立が不可能であることが明らかである場合など、期日内での解決が不可能な場合には、労働審判委員会の裁量で終了させることができる。

このように、24条終了が宣言されると当該労働審判は訴訟に移行することとなる。

●労働審判の終了　チェックリスト
□　（調停成立時）調停条項の過不足の確認（身分関係の確認・解決金額・支払方法及び時期・口外禁止条項・請求放棄条項・清算条項・手続費用の負担等）
□　（調停成立時）調停調書の郵送申請の確認
□　（労働審判言渡し時）異議申立ての要否及びその期間

6　労働審判決裂後の手続の流れ──通常訴訟への移行

(1)　「訴状に代わる準備書面」の提出（労審22条）

労働審判に異議が出されて通常訴訟へ移行すると原告側（労働審判における申立人側）から「訴状に代わる準備書面」という主張書面が提出される[7]。被告側（労働審判における相手方側）としては、当該書面への認否反論を「答弁書」として提出することとなる。

なお、通常の訴訟においては形式答弁書（請求棄却を求める趣旨のみ記載し、訴状に対する認否及び被告の主張は追って提出することとする答弁書）の提出による場合も多いが、労働審判移行後の訴訟では初回から実質的な答弁書の提出をするよう求められるため、労働審判で労働審判委員会から指摘された事項をもとに主張内容を整理しようと考えている場合には提出期限に合わせた準備をするよう注意する必要がある。

(2)　交互に主張反論を繰り返す

その後、通常の労働審判手続を経ない裁判同様、おおむね1～2か月に1回の弁論準備期日が開催され、双方から「準備書面」を提出し合うこととな

★7　労働審判法22条3項においては、労働審判の「申立書を訴状とみなす。」とされているが、実務では「訴状に代わる準備書面」が提出される運用となっている。

る。なお、近年はマイクロソフト社のTeamsを使用したウェブ期日が多く用いられており、出頭せずにウェブで代理人のみで手続を行うことも多い。

(3) 裁判官から和解を勧められる

通常訴訟においても裁判所から適宜和解を勧められることが多い。

なお、労働審判に対する異議の申立てにより訴えの提起が擬制されると、当該労働審判が行われていた際の地方裁判所に対して訴えの提起があったものとみなされるが（労審22条1項）、通常、労働審判の際に対応した審判官（裁判官）と通常訴訟を担当する裁判官は、別の裁判官が担当する運用となっている。

労働審判から訴訟に移行した場合は、労働審判において一定程度主張がなされているため、筆者の経験上、通常の労働審判手続を経ない訴訟と比較して早い段階から和解の勧奨をされたり、和解が難しい場合でも同様の理由から速やかに期日が進行されたりして、早期に尋問や判決まで進むことが多い。

ただし、残業代請求事案において、各日の労働時間が問題になる場合などは、それぞれの主張立証に相当の時間を要するため、和解による解決が困難な場合、判決まで2年以上かかることもある。

●コラム● 付加金の請求

　付加金とは、労基法上「使用者が、解雇の際の予告手当、休業手当もしくは時間外・休日・深夜労働の割増賃金の支払義務に違反した場合または年次有給休暇中の賃金を支払わなかった場合には、裁判所は、労働者の請求により、それらの規定により使用者が支払わなければならない金額についての未払金のほか、これと同一額の」支払いを命じることができるとされており[8]、当該金銭のこという。

　裁判所から付加金の支払いを命じる裁判が下されその裁判が確定すると、使用者は、残業代等の未払い賃金に加えて最大で当該未払い金と同一の額を労働者に支払う義務を負うこととなる。

　上記のとおり、付加金は、未払い賃金が存在すれば当然に使用者に支払義務が生じるものではなく、労働者側からの請求に応じて裁判官がその支払いを命じる裁判をして当該裁判が確定して初めて支払義務が生じる性質の金銭である

---

[8] 菅野和夫＝山川隆一『労働法〔第13版〕』（弘文堂、2024年）219頁。

ため、労働審判においてその支払いを命じられることはない。

しかし、労働審判申立書に付加金の支払いを命ずるよう求める旨記載されることが多々ある。これは、労働審判が訴訟に移行した場合、労働審判申立書が訴状とみなされること（労審22条3項）から、労働審判継続中に付加金の除斥期間が経過するのを防止するためとされている。

●コラム● 労働審判決裂後のテクニック

① 訴訟移行後も敗訴が濃厚な部分の支払いを先にしてしまう

労働審判が決裂した場合、争いがある部分に関する判断は、判決時（又は和解成立時）まで持ち越されることになる。判決まで至る場合には、労働審判で主張が尽くされていれば数か月で終了することもあるが、労働時間性が大きく争いになっていると2年以上かかることもある（和解により終了する場合でも、数か月で終了することもあれば1年以上かかることもある）。

そうすると、その間も遅延損害金が発生し続けるため、判決が出るときには遅延損害金だけで膨大な金額になっていることも想定される（和解により終了する場合でも遅延損害金の額が膨大になっていればそれだけ解決金の額も高い水準になることもある）。

そうであれば、敗訴が濃厚な部分（本来支払うべき賞与等を支払っていないような場合）について、先行して支払ってしまい、遅延損害金が膨らんでいくことを防止することも考えられる。また、先行して支払ってしまえば、その部分については請求権がなくなるため棄却の判決が出ることになるうえ、同じく判決時に支払請求権がないため付加金の支払いが命じられることも防止することができる。

② 労働審判委員会から示された心証をもとに主張立証を補充する

個別聴取や労働審判の言渡し時に労働審判委員会から当該事案に対する心証が開示されることもある。

その際、主張立証が足りないとされた箇所（例えば、入社時に固定残業代についてどのように説明したか不明であるため必ずしも有効とはいえないと心証開示されたり、（解雇の有効性について）使用者が指摘するような勤怠不良もあったのかもしれないが提出されている資料からは必ずしもそうであったかどうかわからないと心証開示されたりすることもある）について、当該指摘をふまえ主張を補充できないか、提出できていない証拠はないかなど、改めて精査してみることも重要である。

〔本田　泰平〕

第3章

通常訴訟
―運送業（運転手）の未払い残業代請求―

第3章　通常訴訟──運送業（運転手）の未払い残業代請求

I　事例❸　通常訴訟

　運送会社Yにおいて半年ほど前に、運転手6人が退職をした。退職時に揉め事があったということはない。しかし、退職後に弁護士が付き、残業代請求をしてきた。訴訟外の交渉で、相手の弁護士から求めがあり、運転日報のみ開示した。その後、2000万円以上の支払いの請求が届いたので、支払えないとA社長から労働者側の弁護士に説明した。
　それからしばらく経ったある日、裁判所から「訴状」と「第1回口頭弁論期日呼出状及び答弁書催告状」という題名の書面が会社に届き、急いで弁護士に相談をすることにした。
　訴状の内容は、6人の運転手が未払い残業代を支払えと求めるものであった。6人の請求の合計は、2000万円に上り、遅延損害金・付加金の請求もなされている。
　会社としては到底このような金額を支払える経済的な体力はない状態である。
　社長としては、会社の存続のためにも、1円でも残業代の支払いは少なくしたいとのことであった。
　訴状の中では、会社では労働時間管理がなされておらず、休憩が取れていないこと、荷積み・荷卸しの時間が労働時間とされていないこと、待機時間が休憩時間となっているが労働時間とするべきであるといった主張がなされていた。なお、この会社においては、固定残業代は採用されておらず、また、残業代請求を行った労働者の中に管理監督者（労基41条）はいない。

II　通常訴訟の流れ

1　第1回口頭弁論期日までの対応

　通常訴訟が提起されると「訴状」、「第1回口頭弁論期日呼出状及び答弁書

催告状」、「証拠説明書」及び証拠が郵送で届き、これに対して被告において対応が必要になる。

このときに行ってはいけない対応が、これを放置することである。仮に受領した訴状を無視し、呼出状に定める期日までに答弁書を提出せずに欠席をすると、裁判所は、訴状に記載された原告の主張を認めたものとみなす（民訴159条1項・3項）ことになる。これにより、原告の主張どおりの内容で判決がなされることになり、被告には大きなデメリットが発生する。

このような事態に陥ることを防ぐために、裁判所より訴状を受領した場合には、答弁書を作成する必要がある。また、弁護士に訴訟対応を委任する場合には、速やかに弁護士に相談をし、答弁書の作成に併せて、弁護士への委任状を作成する必要がある（以下、弁護士に訴訟対応を委任する場合を前提として説明する）。

もっとも、訴状受領の日から答弁書の提出期限及び第1回口頭弁論期日までの期間は十分な準備期間がないことが多いのも事実である。そのため、実務上は、形式的な答弁書の提出をもって口頭弁論期日での出頭・陳述に代えることも多い。(後掲【書式③－2】答弁書、第8章「書式編」も参照)

他方で、準備期間が十分に確保できる場合には、第1回口頭弁論期日から詳細な主張を行うことも考えられる。この場合には、主に2つのパートに分けて書面を作成することになる。まず、1つ目のパートが原告の訴状に関する認否の記載であり、2つ目のパートが、被告の詳細な反論である。

(1) 認否をする際のルールについて

原告の主張について認否を行う際には、①認める、②否認する、③不知、④争うの4つから主張を選択し、記載しなければならない。①～④の使い分けは以下のとおりである。なお、この選択のうち、①認めるという認否については、認めるとした事実関係は証拠の有無にかかわらず、事実であるという前提に整理される。そのため、①認めるという記載をする範囲については、慎重な検討を要する。

①認める
　＝使用者（自身）が把握している事実関係又は認識と労働者主張の記載内容が合致する場合。
②否認する

=使用者(自身)が把握している事実関係又は認識と労働者主張の記載内容が合致しない場合。なお、この場合には、否認をする理由を記載しなければならない。

③不　知

=使用者が把握できない事実関係の場合。

ただし、現時点で使用者が把握をしていなくとも、調査、確認できる事実は、不知とはしない。

④争　う

=労働者の事実評価や法的主張を争う場合。

上記の認否を行うにあたり、表を作成し、整理することも有用である。

(2)　被告からの詳細な反論

上記の原告の主張に対する認否の他に、被告の詳細な反論を記載する。

このとき、主張と併せて、使用者の主張を裏付ける客観的証拠と各証拠の概要を記載した証拠説明書も提出する。本事例において行う反論及び提出する証拠の内容は、後述Ⅲ「**事例❸において問題となる論点**」及びⅣ「前提知識・論点の検討」で詳述する。

前述のとおり、これらの準備(特に証拠の準備)が第1回口頭弁論期日までに間に合わないことは多々ある。その場合、初回の期日には以下の内容のみを記載した、形式的な答弁書のみを提出することが実務上は多い。その後

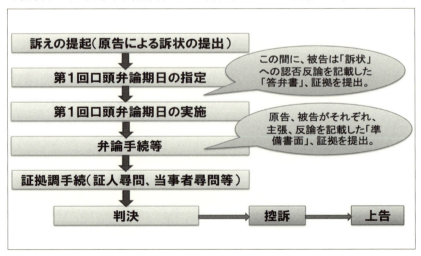

は、裁判所から準備に必要な期間の連絡があり、その期間に合わせて、次回期日が設定される。書面の提出期限は次回期日の1週間前となることが多い。

【書式③-1】訴　　状（**第8章**「書式編」も参照）

訴　　状

令和●年●月●日

●●地方裁判所第●民事部●係　御中

原告訴訟代理人弁護士　●●　●●

当事者の表示　別紙当事者目録記載のとおり

第1　請求の趣旨
 1　被告は、原告Aに対し、金●円及びうち金●円に対する令和●年●月●日から支払済みに至るまで年14.6％の割合による金員を支払え
 2　被告は、原告Aに対し、金●円及びこれに対する本判決確定の日から支払済みに至るまで年3％の割合による金員を支払え
 3　被告は、原告Bに対し、金●円及びうち金●円に対する令和●年●月●日から支払済みに至るまで年14.6％の割合による金員を支払え
 4　被告は、原告Bに対し、金●円及びこれに対する本判決確定の日から支払済みに至るまで年3％の割合による金員を支払え
 ……
 ……
 13　訴訟費用は被告の負担とする
 との判決並びに第1項、第2項……及び第12項につき仮執行宣言を求める。
第2　請求の原因事実
 1　●●
 2　●●
第3　関連事実
 　　●●

以上

【書式③-2】答弁書

令和●年（●）第●号　未払時間外割増賃金等請求事件
原告　●●外5名
被告　株式会社●●

　　　　　　　　　答　弁　書

　　　　　　　　　　　　　　　　　　　　　令和●年●月●日

●●地方裁判所第●民事部●係　御中

　　　　　　　　　　　　　　〒●●●-●●●●
　　　　　　　　　　　　　　●●
　　　　　　　　　　　　　　被告　株式会社●●
　　　　　　　　　　　　　　上記代表者代表取締役　●●　●●
　　　　　　　　　　　　　　〒●●●-●●●●
　　　　　　　　　　　　　　●●（送達場所）
　　　　　　　　　　　　　　電　話
　　　　　　　　　　　　　　ＦＡＸ
　　　　　　　　　　　　　　被告訴訟代理人弁護士　●●　●●

第1　請求の趣旨に対する答弁
　1　原告の請求を棄却する
　2　訴訟費用は原告の負担とする
　との判決を求める。
　　なお、仮執行の宣言は相当ではないが、仮に、これを付するときは、担保を条件とする仮執行免脱の宣言を求める。

第2　請求の原因に対する認否反論
　　追って認否反論する。

第3　第1回口頭弁論期日及び今後の進行について
　　第1回口頭弁論期日として指定された令和●年●月●日（●）午後●時●分は都合により出頭できないので、本答弁書の擬制陳述を求める。
　　また、第2回以降の期日についてはTeamsを用いた弁論準備手続にて実

施していただくよう上申する。

以上

2 第1回口頭弁論期日後の対応（主張書面と書証による立証）

　答弁書（形式的な答弁書を含む）の提出後の裁判期日は弁論準備期日に付されることが多い。

　弁論準備期日は、口頭弁論期日外の期日において、争点及び証拠の整理を目的として行われる手続である。この手続は公開を要しない。そのため、当事者（弁護士が代理人として付いている場合は主に弁護士）以外は基本的には期日に立ち会わないことになる。また、弁論準備期日は、双方の代理人が出席をせずとも、電話会議システムやマイクロソフト社のTeamsを用いて出席することが可能となっている。そのため、現在では、実際に弁護士や当事者が裁判所に出頭をすることは少なくなっている。

　この手続内では、当事者が提出した主張書面及び証拠の内容を裁判官及び双方の代理人にて確認をし、当該事案における主要な争点を確認し、その後の進行について協議を行うこととなる。

　多くの事案では、被告からの原告の訴状への認否反論をする書面を提出後、これに対して原告が反論を行うという形で、交互に主張反論を繰り返すことになる。通常、この認否反論を複数回繰り返し、この手続内で人証（証人尋問）以外の証拠はすべて調べ尽くすことになる。

3 和解に向けた対応

　上記のように弁論準備期日にて双方の当事者が主張反論を繰り返すことにより、裁判官の事案に対する判断（心証）は固まっていくことになる。そして、双方の主張及び証拠の提出が一定程度終了した段階で、双方の譲歩により、一定の条件の下、紛争を終了させることができないかを協議することとなる。多くの事例は、使用者側が労働者側に解決金といった名目で金銭を支払うことを条件に紛争を終了させる内容で合意をすることが多い。

　労働問題については、訴訟となった場合であっても、このように双方が譲歩し、和解により訴訟が終了し、判決までに至らないことも多々ある。この

ような解決方法を「和解」と呼ぶ。和解については、裁判官より打診がなされることや、どちらかの代理人から提案がなされることもある。

この和解の段階では、その時点での暫定的な裁判官の心証が提示されることが多く、この心証をもとに解決の水準が決まることになる。本事例のように、原告が複数いるような訴訟においては、原告ごとに個別に和解をするか、全員とまとめて和解をするかも重要な戦略となる。本事例における和解の考え方については、後述Ⅵ「事案の解決」で詳述する。

4　本人尋問・証人尋問

和解に至らない場合には、証人尋問の手続に進むことになる。

証人尋問は、法廷に当事者及び証人が出廷し、陳述又は証言をする手続である。証人尋問の手続は、主に代理人から当事者又は証人に対して質問を行い、質問をされた者がこれに回答をする方法で、自身が見聞きした事実関係を陳述、証言するものである。

この証人尋問を行うに先立ち、誰を証人として出廷をさせるか裁判所と弁護士にて整理をすることになる。多くの労務紛争では、原告本人の尋問のほかに使用者側において、争点となっている事実関係を把握している者を証人として申請する事案が多い。なお、代表取締役が必ずしも証人となるものではなく、争点となっている事案について代表取締役は報告を受けているにすぎないような事案では、原告の直属の上司や人事総務の担当者等、事実関係について、直接体験をした者を証人として申請することとなる。

尋問を行う人物が決まった後は、双方にて、陳述書を作成し、裁判所に提出する。陳述書は、証人尋問で話をする内容を記載することとなる。また、相手方から提出のあった陳述書を確認し、当該当事者又は証人に対する反対尋問についても検討をすることになる。併せて、陳述書の提出後に証人と代理人において、証人尋問に向けた練習を行い、当日を迎えることになる。

証人尋問当日は、当事者と証人が法廷に出廷する。出廷した際には、法廷にある宣誓書と証人カードへの記入・押印をそれぞれの当事者及び証人が行い、証人尋問が始まる。

証人尋問を行う期日開始後の流れは、以下のとおりである。

①人定質問

　これは裁判官が証人に、住所・氏名の確認をするものである。

　裁判官が、証人カードを見ながら、「住所、氏名、職業、年齢は証人カードに記載したとおりですね？」というような形で尋ねるので、裁判官に、間違いない旨回答することとなる。

②宣誓書の朗読

　裁判官が「宣誓書を朗読してください」と言うため、証人は立ったまま宣誓書に書かれた文字を読み上げる。宣誓書の内容は、裁判所によって若干言い回しが違う場合もあるが、おおむね「宣誓　良心に従って真実を述べ、何事も隠さず、偽りを述べないことを誓います」というものである。

③証言

　証言は座ったまま行う。

　質問は、以下の順番で行う。

　　ア　主尋問（自身の代理人からの質問）

　　イ　反対尋問（相手方代理人からの質問）

　　ウ　再主尋問（再度の自身の代理人からの質問）

　　エ　補充尋問（裁判官からの質問）

5　判決・控訴

　証人尋問が終了すると、残る手続はわずかである。この段階で証人尋問をふまえた最終的な裁判所の心証を前提に、和解を提案されることもあるが、ここで和解が成立しなければ判決となる。また、判決の前に双方の代理人から、証人尋問の内容をふまえた最終準備書面を提出することも多い。

　和解も決裂し、最終準備書面の提出も終了した段階で、裁判所は判決の言渡しをする期日を指定する。この期日までに裁判所は、訴訟にて出された主張及び証拠等を総合的に検討し、判決書を作成することになる。

　そして、判決の言渡期日において、一審の判断が示されることになるが、この一審の判断に対しては控訴を行うことが可能である。ただし、一審の判決に控訴を行う場合には判決正本の受領から2週間以内に控訴を行わなければならず、これを徒過すると控訴を行うことはできない。そのため、判決が

なされた後は速やかに控訴を行うか否かを代理人と協議し、結論を出さなければならない。このような時間の制限もあるため、あらかじめ「300万円以上の認容金額ならば控訴を行う」等、控訴を行う基準を設定しておくことも有用である。

控訴審においても、一審と同様に双方の当事者が主張反論を行うことになるが、一審と異なり、既にほとんどの主張及び証拠が提出されていることから、一審ほど主張書面と証拠を提出する機会は多くなく、それに伴い審理期間も短い。

また、控訴審において再度和解について協議を行うことも多く、この段階で和解となった場合には、控訴審における判決は出ることなく裁判が終了する。

Ⅲ 事例❸において問題となる論点

上記で説明した内容は、訴訟の一般的な手続の流れであったが、本項からは、本事例において、使用者側の弁護士が行う主張反論の内容や提出証拠について解説を行う。

本事例において、相談に来たA社長からのヒアリングによれば、①荷積み・荷卸しの時間も多くないこと、②原告が待機時間として労働時間としている部分については、運転手はその時間を自由に利用できていたため、休憩時間であると反論できそうであることがわかった。

このことから、本事例における使用者側の弁護士の主たる反論は、原告の実際の労働時間の長さとなる。

運送業においては、自動車が走行している時間は労働時間に該当することは争いにはならない。他方で自動車が停車している時間が労働時間に当たるか否かが争点となることは多い。頻出争点は⑴停車している時間が休憩か手待ち・待機時間（労働時間）か、⑵荷積み・荷卸しの時間の長さが適切か、⑶始業時刻・終業時刻はいつか（出庫前の点呼等、帰庫後の報告等）である。

このような争点が頻出する要因としては、運送業においては、長距離運転になることが多く、拘束時間が長いので、長時間労働となりやすい。また、事業場にもいないため、労働時間管理も難しいという事業の性質に起因する

ものと考えられる。

本事例でもヒアリングの内容から、(1)停車している時間が休憩か手待ち・待機時間（労働時間）か、(2)荷積み・荷卸しの時間の長さが適切かという2点が争点として設定される。

≪本事例の主な論点≫
(1) 停車している時間が労働時間か否か（手待ち・待機と休憩の違い）
(2) 荷積み・荷卸しに要する労働時間の長さ

Ⅳ 前提知識・論点の検討

1 実労働時間とは何か（前提知識）

残業代支払いの対象となる時間は、労基法上の労働時間を指す。これは実際に労働をした実労働時間であり、判例ではこの実労働時間を「労働者が使用者の指揮命令下に置かれている時間」を指すとしている。さらにこの労働時間に該当するか否かは、「使用者の指揮命令下に置かれていたものと評価することができるか否かにより客観的に定まるものというべきである」としている（最判平14・2・28民集56巻2号361頁・労判822号5頁〔大星ビル管理事件〕）。

具体的には、問題となっている時間が「労働者が業務に従事しているといえるか、業務従事のための待機中といえるか、それらの業務従事またはその待機が使用者の義務づけや指示によるのか」等を考察して、労働時間に該当するか否かを判断する（菅野和夫＝山川隆一『労働法〔第13版〕』（弘文堂、2024年）422頁）ものである。

そのため、実際の業務に従事していない時間も、労働時間に該当することになる。このような不活動時間については、労働契約上の義務として、直ちに緊急事態等への業務対応が義務づけられ、又はこれを余儀なくされている場合には、権利として労働からの解放が保障されていないとして、労働時間に該当するものと判断される。

判例（前掲最判平14・2・28）においても、「不活動仮眠時間であっても労働からの解放が保障されていない場合には労基法上の労働時間に当たるという

べきである。そして、当該時間において労働契約上の役務の提供が義務付けられていると評価される場合には、労働からの解放が保障されているとはいえず、労働者は使用者の指揮命令下に置かれているというのが相当である。」と判断されている。この判例をふまえても、労働からの解放が保障されている場合には休憩時間であると判断されるが、労働契約上の役務の提供が義務づけられていると評価される場合には労働時間に該当することとなる。

　併せて、待機時間の労働時間該当性以外にも、黙示の指揮命令に関する問題もある。指揮命令下にある時間には、使用者が明示に指揮命令をしている場合に限らず、黙示に指揮命令をしている場合も含まれていると解されている。このように明示的に業務を指示していない時間についても労働時間と判断される余地がある。どのような場合に黙示の労働時間に該当すると判断されるかであるが、「労働者が規定と異なる出退勤を行って時間外労働に従事し、そのことを認識している使用者が異議を述べていない場合や、業務量が所定労働時間内に処理できないほど多く、時間外労働が常態化している場合」には、黙示の指揮命令下にあることが肯定されるとされている（佐々木宗啓ほか編著『類型別労働関係訴訟の実務Ⅰ〔改訂版〕』（青林書院、2021年）151頁）。

2　休憩時間か手待ち・待機時間か

　運送業では、荷先ないし配送先の都合や配送時間の関係、先のトラックが荷積み・荷卸しを完了するまで順番待ちをする必要がある等で、トラックを現場やその付近において待機させなければならないことがあるため、手待ち・待機時間が恒常的に発生しやすい。

　そこで、上記の実労働時間の考え方を基に自動車が停車をしている時間が、労働時間に該当するか否かを判断することになる。

　このような反論をするためには、前提として、自動車が停車している時間を把握する必要がある。この把握のために有用な資料がタコグラフである。タコグラフの詳細については後述するが、このタコグラフを基に波形が発生していない時間を自動車が停車していた時間と特定することができる。そのうえで、当該時間について労働者が労働から解放されることを保障され、自由に使用できる時間である休憩時間に当たることを主張立証することになる。

3 運転以外の業務の労働時間の長さについて

　上記の停車時間の他に運転以外の業務に従事していた時間の長さも運送業の残業代請求の事案では問題となる。例えば、車両清掃、点検といった業務や荷積み・荷卸しといった作業の時間である。これらの時間が労働時間に当たることは争いにはならない。

　この点は労働時間に該当するか否かではなく、各作業がいつ行われたのか、また各作業に要する時間を主張立証することになる。

4 付加金について

(1) 付加金とは

　付加金とは、労働者の請求により、裁判所が裁量により支払いを命じる金銭である。

　付加金の対象となるのは、次の4つの未払い賃金であり、実務では主に労基法37条に基づく割増賃金が付加金の対象となる。

①解雇予告手当（労基20条1項）
②休業手当（労基26条）
③時間外・休日労働等に対する割増賃金（労基37条）
④年次有給休暇中の賃金（労基39条9項）

　付加金については、裁判所から付加金の支払いを命じる判決が下され、その判決が確定することで、使用者は残業代等の未払い賃金に加えて、最大で当該未払い賃金と同一の額を労働者に支払う義務が発生することになる。

　裁判所は事実審の口頭弁論終結までの使用者の支払状況を確認し、付加金の支払いを命じるか否かを判断することになるため、割増賃金の請求が認容される可能性が高い事案においては、付加金に対する対応も併せて行う必要がある。

(2) 付加金の支払いに対する対策

　上述のとおり、付加金は事実審の口頭弁論終結時までの支払状況を見て付加金の支払いを命じるか否かを判断することになるため、控訴しない場合、事実審の口頭弁論終結時は一審の口頭弁論終結時となる。そのため、判決確定前に割増賃金を支払っても付加金の支払いを免れない。

　他方で、付加金は、仮に一審で付加金の支払いを命ずる裁判がなされたと

第3章 通常訴訟——運送業（運転手）の未払い残業代請求

しても、控訴審の口頭弁論終結時までに問題となっている未払い賃金等を支払った場合、裁判所は付加金の支払いを命じることができない（最判平26・3・6労判1119号5頁〔甲野堂薬局事件〕、東京高判令元・12・24労判1235号40頁〔社会福祉法人恩賜財団母子愛育会事件〕）。

したがって、控訴審においても敗訴部分があることが予想される場合には、付加金の支払いに対する対策として、控訴審の口頭弁論終結時までに一定程度の金銭を支払うことが考えられる。

5 遅延損害金と遅延利息について
(1) 遅延損害金について

本来の支払期日から遅れて賃金等を支払った場合に支払いが必要となる金銭のことをいい、当該支払いを遅延した期間に応じて、当該支払いを遅延した賃金の額に一定割合を乗じた金銭の支払いが必要になる。

原則として退職金・退職手当を除く未払い賃金には、本来の支払日の翌日から年3％（民404条2項）の割合による遅延損害金が発生する。

(2) （退職労働者の賃金に係る）遅延利息について

遅延利息とは、賃金の支払の確保等に関する法律によって上記遅延損害金の特則として定められた利率である。支払いを遅延した期間に応じて、当該支払いを遅延した賃金の額に一定割合を乗じた金銭の支払いが必要になるという考え方は、上記遅延損害金と同じであるが、「退職の日の経過後まだ支払われていない賃金の額に年14.6パーセントを超えない範囲内で政令で定める率を乗じて得た金額を遅延利息として支払わなければならない。」（賃確6条1項）と定められていることから「遅延利息」と呼ばれている。在籍中と比べてより高額な乗率を課すことで、退職後直ちに未払い賃金等の弁済がされるよう配慮された法律である。

そのため、退職後の労働者から未払い賃金の支払いを請求された場合、原則として当該労働者が会社を退職した日の翌日から年14.6％の割合による遅延利息の支払いが必要となる。

裁判の要（裁判の考え方・要点）
（第8章「書式編」【書式③-3】準備書面（1）参照）

1 原告の労働条件と典型的な働き方の主張

労働関係の訴訟においては、判断を行う裁判官において、使用者における具体的な働き方をイメージしてもらい、過剰な労働がないことを示すために原告の労働条件と典型的な働き方を示すことも有用である。

労働条件については、①所定労働時間、②勤務日、③賃金額、④賃金締日、⑤賃金支払日、⑥所定休日を主張する。

また、1日の働き方の典型例を示す際には、出社をして最初に行う業務（車両点検等）から業務内容を時系列順に主張することになる。一例としては以下の整理が考えられる。

① 8時15分に出社をしてタイムカードを打刻したら、点呼を行う。
② 車両の点検、車両の清掃を行う。
③ 行き先を確認し、9時10分に現場に向けて運転を開始する。
④ 11時、現場に到着、最初の現場にて、荷積みを行う。
⑤ 11時35分に次の現場に向け、走行を開始する。
⑥ 12時45分〜13時45分にSA（サービスエリア）で、休憩を取る。
⑦ 15時10分に次の現場で、荷卸しをする。
⑧ 16時20分、会社に向けて運転を開始する。
⑨ 18時25分に会社に帰庫し、業務の報告を上司に行い、日報を提出する。
⑩ 19時5分、退社する。

2 休憩・待機時間の立証に係る争い方

(1) タコグラフとは

タコグラフ（運行記録用計器）とは、自動車の運転席に取り付けられる運行記録用計器であり、自動車の運行時間中の走行速度、瞬間速度、走行距離、エンジンの回転数、走行時間などの変化を記録し、自動車の運行状況を把握できるようにした計器のことである。タコグラフはもともとは時間管理のためのものではないが、タコグラフの記録からは速度、距離、時間（さらにデジタルタコグラフではGPSでの位置情報）などが明らかになるので、労働時間の管理・認定のための重要な手がかりである。例えば、タコグラフの記録をチェックすることで、エンジンを止めている時間帯や場所等がわかるので、これらの記録を日報等の配送記録と照らし合わせることにより運行内容に矛

盾がないかを事後的に確認することも可能となる。

　タコグラフについては、平成26（2014）年12月1日、国土交通省は「貨物自動車運送事業輸送安全規則」を改正し、それまで「車両総重量が8トン以上又は最大積載量が5トン以上のトラック」にタコグラフの装着を義務づけていたのに加えて、「車両総重量が7トン以上又は最大積載量が4トン以上の事業用トラック」についても装着をするよう義務化を定めた。そのため、多くのトラックにタコグラフが実装されている。

　タコグラフには、アナログタコグラフ（アナタコ）とデジタルタコグラフ（デジタコ）の2種類が存在する。

　アナタコは、自動車の速度計を応用したもので、走行速度に応じて上下運動する鉄針が速度計の裏に取り付けられた円形状のチャート紙に折れ線グラフを描く記録である。記録できるのは、速度、距離、時間の3つである。

　デジタコは、自動車運転時の速度、走行時間、走行距離などの情報をメモリーカード等に記録するデジタル式の運行記録計のことである。

　現状ではデジタル化の流れによりデジタコが普及しているが、アナタコを採用している使用者も存在するため、訴訟活動を行う使用者側の代理人において、それぞれの特徴をふまえ、主張立証の工夫を行うことになる。

⑵　**停車時間の自由利用を保障する事情の主張立証（考慮するべき事情）**

　タコグラフを基に停車時間を特定した後は以下の事情を考慮し、停車をしている時間が、待機時間か休憩時間かを判断する。

・配送物、集荷物の時間指定の有無
・運転日報の記載内容（休憩の記載、SA（サービスエリア）・PA（パーキングエリア）・道の駅の記載等）
・待機時間の有無、程度
・配送物、集荷物の種類
・トラックの荷台に鍵をかけられるか否か
・待機中の場所
・配送先での運転手用休憩スペースの有無
・現場到着後の流れ
・呼出しや連絡があればすぐに対応しなければいけないか否か

　また、労働者からはSA、PA、道の駅等に停車している時間も荷物の監

視が必要であり、労働時間に該当するという主張がなされることもある。この点に関しては、約350キログラムから約500キログラムの重量のある医療用精密機械の運搬を行っていた運転手の未払い残業代請求が問題となった裁判例（東京地判令元・5・31労経速2397号9頁〔三村運送事件〕）を基に反論をすることが考えられる。

　当該裁判例においては、「このような積載貨物については、当該貨物のみを窃取するという形態の盗難の可能性は高いとみることはできないし、有害・危険な毒劇物等の貨物などとは異なり、その貨物の性質上からして常時監視が必要となるような性格のものでもない。加えて、積載貨物には保険が掛けられていること、車両の構造に鑑みれば運転手が適切にエンジンキーを管理している限り盗難等のおそれは低いこと、エンジンキーを適切に管理していたにもかかわらず盗難が発生した場合に当該運転手に対して制裁を科すような内部規程も見当たらないことからすれば、積載貨物の価額や盗難の可能性等を起点としてこれによって原告らに積載貨物を常時監視することが義務付けられていると解すべきことにもならない。」として労働時間該当性を否定している。そのため、上記のような労働者側からの主張に対しては、当該事案においてトラックが運んでいる荷物の内容もふまえ、車両の監視の必要性がないことを反論することになる。

(3)　タコグラフを用いた主張立証の工夫

　本事例のような残業代請求の裁判においては、大量の証拠を提出することになり、裁判官においても証拠の整理が複雑・煩雑となることが多い。そのため、使用者側において証拠をわかりやすく整理をすることで、使用者側の主張反論に対する裁判官の理解を深め、訴訟を有利に遂行することができるようにすることも必要である。

　例えば、停車時間の労働時間該当性が問題となる事案では、タコグラフの波形が動いている（運転している）箇所は青、波形が止まっている（停車している）時間で休憩と整理する箇所は赤、波形が止まっている（停車している）時間で待機と整理する箇所は緑と色分けし、視覚的に裁判官に伝わりやすくするという立証の工夫が考えられる（次頁参照）。

第3章　通常訴訟──運送業（運転手）の未払い残業代請求

【デジタコの例（厚生労働省「交通労働災害防止のための新しい安全衛生管理手法のすすめ」23頁）】

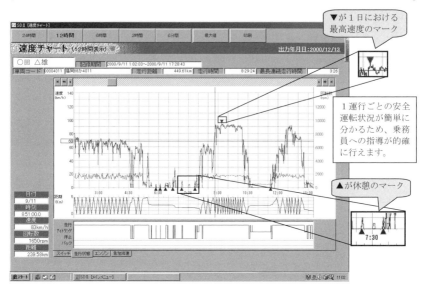

【アナタコの例（厚生労働省「交通労働災害防止のための新しい安全衛生管理手法のすすめ」14頁）】

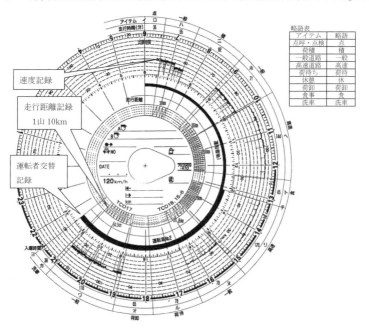

3　荷積み・荷卸しの労働時間の長さの主張

　出庫前、帰庫後の作業時間や荷積みと荷卸しの時間については、実作業であるため労働時間となることは争いがない。この点について、争いになるのはその長さである。

　訴訟においては、原告が主張する荷積みや荷卸しの時間は、実際の時間よりも長いということを使用者側において主張立証をすることは珍しくない。

　その立証方法については、事案に応じて様々なものがあるものの一例を紹介すると、出庫前、出庫後の作業時間は、他の労働者が要する時間の平均値等を算出して立証することがある。

　また、荷積み・荷卸しは、荷物の性質や量、作業をする人数（運転手のみで行うか、届け先の者も手伝うか等）を立証することで、原告が主張する時間は不相当に過大であることを立証するという方法も考えられる。

4　証人尋問の対策

　訴訟においては上記の客観証拠による立証の他に証人尋問（人証）による立証方法がある。人証は訴訟の主張で表れているすべての部分について行うものではなく、その範囲を絞ってなされることが多い。多くの事案では、客観的な証拠で確定ができない部分は証言により立証をすることになる。

　労働事件においては、労働者側は本人尋問による場合がほとんどであり、別途証人を申請する事案は多くない。他方で、使用者側は労働者の労働実態を一番把握している人が証人となることが多い。よくある疑問としては、使用者側では、代表取締役（社長）が証言をしなければならないかというものがあるが、必ずしも社長が証言しなければならないものではない。必要に応じて、当該事案で争点となっている部分に応じて、代表取締役でなければわからない事情がある場合に、尋問を行えば足りるものである。

　尋問は、Ⅱ4で述べたとおり主尋問、反対尋問、再主尋問、補充尋問に分かれる。

　このうち、主尋問の内容は証人申請をした当事者側で提出をする陳述書でおおむね記載することになる。他方で、反対尋問はこれまでの相手方の主張や相手方の陳述書から、想定される質問を予測する。

　尋問については、事前に使用者とその代理人とで練習を重ね当日を迎える

ことになる。

Ⅵ 事案の解決

1 和解への対応（第8章「書式編」【書式③－4】第●回弁論準備期日調書（和解）参照）

　裁判となっても一定金額の和解金の支払いで、解決をすることが多いのが現状の訴訟実務の実情である。この和解の際の金額の算定根拠は、これまでの主張立証の内容をふまえた裁判所の心証が基になることが多く、フリーハンドではない。そのため、和解で使用者側に有利な条件で解決をするためにも、和解に至るまでの訴訟遂行の中で、十分な主張立証を尽くさなければならない。

　また、原告が1名の訴訟においては、その者とどれくらいの金額で和解をするか検討をするのみで足りるため、検討をする点は比較的絞られるが、労働者が複数の場合の和解では全員で和解をするか個別で和解するかという点を検討しなければならない。

　この点に、原告が複数いる場合の和解の難しさがある。

(1) **全員に一括で支払いをする場合**

　まず、全員に一括で金銭を支払い和解をする場合であったとしても、和解の金額の示し方として、金額の内訳を示さず全員分で●円と提示し、支払い後は労働者内で分配するようにする方式と、各労働者の金額の内訳を明記して支払う方法がある。後者の場合は、後述(2)の個別に和解をする場合と差はない。

　前者の内訳を示さず、全員分の金額を提示する方法には、使用者側には1回の支払いで紛争が解決するというメリットが、労働者側には、和解が早期にまとまる傾向にあるため、早期にお金を受け取れるというメリットがある。また、金額についても大きく見えるため、労働者側も譲歩をしやすくなるという傾向がある。

　他方で、原告に1人でもこだわりがある（譲歩をしない）人がいると成立しないというデメリットがある。

(2) **個別に和解をする場合**

　原告ごとに和解のための金額を提示する方法である（Aは●円、Bは●円、

Cは●円という方式)。この方法は個別の労働者と交渉を要するため、和解の成立までに時間を要することが多い。また、個別の事情や条件に応じるため、和解が成立しやすい人も出るが、こだわりの強い人は和解ができない可能性が高くなる。他方で、誰か1人が和解をすると雪崩式に次々と和解が成立することもあるという特徴がある。

部分的にでも紛争を解決することが望ましい事案においてはこちらの和解方法を選択することも多い。

(3) 共通する和解の条項

また和解においては、以下の条項を含めることが多い。

(a) 守秘義務

まず、和解では訴訟の当事者以外に和解に至る経緯及び和解の内容を口外しないことを合意する守秘義務に関する条項を盛り込むことが多い。

これは和解をした労働者が、他の労働者に対してそのことを話し、その内容が更に他の労働者にも知れ渡ることを防ぐためである。そのため、一定の金銭を支払って和解する際には、和解条項において、「原告及び被告らは、本件紛争の経緯及び内容並びに本和解の成立及びその内容を第三者に口外しないことを約束する。」という守秘義務条項を設けることになる。

他方で、労働者において、本件について弁護士以外に相談をしていた者には結果を伝えたいといった要望があり、上記のような網羅的な守秘義務条項が存在する場合には和解に応じないという反応がなされることがある。

この場合は、守秘義務条項に例外を設けるなどして、対応をすることがある。

また、守秘義務条項が存在する場合には一切和解に応じないという回答が労働者側からなされることもある。この場合は和解により他の労働者に波及した際のリスクと判決で認容される可能性がある金額のリスクを検討し、和解をするべきか否か検討をすることとなる。

(b) 清算条項

併せて、同じ当事者と二次紛争、三次紛争が発生しないようにすべての権利関係を清算する条項を合意することが必要となる。合意の文言としては、「原告と被告らは、原告と被告らとの間には、本和解条項に定めるもののほか、何らの債権債務がないことを相互に確認する。」という表現を用いるこ

とが多い。

　また、上記の文言に「本件に関し」と清算の対象を限定する文言を付した和解案を提示されることもあるが、この場合すべての権利関係ではなく、裁判で対象となっている権利関係のみの清算となることに注意が必要である。「本件に関し」という文言がある場合には、訴訟の対象となっていない権利関係について後訴の提起が許されるためである。

2　和解ができない場合の対応

　和解ができない場合には、証人尋問を経たうえで判決に進む。判決となる場合、裁判所は、弁論を終結するという手続をとり、判決の言渡期日を指定する。

　判決に対しては自身の敗訴部分について不服申立て（控訴）を行うことができる。この控訴期間は、判決書の受領から2週間以内とされており、不変期間であるため、期日の管理は厳密に行わなければならない。判決書を受領した段階から期日は進行するため、控訴期間を進行させずに結論のみを知る方法として、傍聴席で判決主文を傍聴し、判決書は郵送で受領するという方法や判決期日後に裁判を担当する部に主文のみ教えてくださいと質問し、それを確認したうえで判決書は郵送で受領するという方法が考えられる。

　この控訴期間に当事者は、判決に基づき主文に従った支払いを行うか、あるいは控訴と執行停止の手続をとるかを判断することになるが、期間が短いため、訴訟代理人弁護士は事前に出される判決の内容を予測し、依頼者と意向のすり合わせをしておく必要がある（例えば、●円以上の認容なら控訴するなど）。

●コラム●　最近の裁判の仕方──Teams、mintsなどの運用について

　新型コロナウイルスが蔓延した令和3（2021）年より以前は、裁判所に原告又は被告のいずれかが出頭し、手続を行う仕組みが主流であった。

　しかしながら、新型コロナウイルスの感染が拡大し、人と人との接触が困難となり、上記のような裁判手続の運用が困難となった時期があった。そこで、裁判所においても従前の手続の運用を見直し、現在では、Teamsというマイクロソフト社が提供するアプリを用いて、原告、被告の代理人がいずれも裁判所に出頭することなく、ウェブ会議の方式で、裁判所とやり取りをする方法で、

裁判手続が行われることが主流となっている。

　裁判の運用としても、原告及び被告の双方に代理人が選任されている事案では、初回の手続から Teams を用いて手続を行うことになり、証人尋問といった出頭が必須である手続を経ずに和解等で終了をする事案においては、一度も裁判所に出頭することなく手続をすることが可能となっている。さらに令和6 (2024) 年3月1日からは口頭弁論手続についてもウェブ会議の方法で実施をすることが可能となり、今後は順次、証人尋問（当事者尋問）も対応する予定となっている。

　また、書面の提出方法についても変化が起きている。従前は、民事訴訟手続において提出する書面は、郵送又は FAX の方法で裁判所に提出することとなっていた。

　しかしながら、裁判所においてもペーパレス化を進めるという方針から、mints（民事裁判書類電子提出システム）というシステムを裁判所が開発し、このシステムに主張書面及び証拠の PDF データ（参考書面はワード、エクセルのデータでも可）をアップロードすることで書面を提出したこととなる仕組みが導入されている（この手続が利用できるのは、双方に訴訟代理人（弁護士）が選任されている事案のみである）。

　このように、裁判所においても IT 化の流れは進んでおり、従前とは手続の概要も変わりつつある。

　このような変化が起きたことにより、弁護士においても遠方の裁判所に出頭をせずとも裁判を行うことが可能になっている。

　また、弁護士に委任をするクライアントの観点からしても、遠方の弁護士に依頼をしても手続を円滑に進められるようになった。また、弁護士とクライアントの打合せも上記の Teams や Zoom 等を用いて、対面でなくとも行えるようになっている。

　そのため、技術の進化により、クライアントにおける弁護士の選択の幅も従前よりもとても広くなっている。

●コラム●　**控訴の場合の手続**

　使用者側が敗訴し、仮執行宣言（「この判決は仮に執行することができる」という文言）が付されている場合には、控訴を行ったとしても、強制執行がなされ、財産を差し押さえられるリスクがある。そのため、控訴に併せて、執行停止の申立てをしなければならない。この執行停止の申立てを行うにあたっては担保金の提供も必要となるため、使用者の財務状況をふまえた判断も必要となる。

この執行停止の申立てを行うにあたっては、概要、以下の手続が必要になる。
①控訴状及び強制執行停止の申立書を裁判所に提出
②裁判所より保証金額について弁護士に連絡
③弁護士から使用者（会社）に保証金額を連絡・保証金の振込の準備
④法務局に供託書を提出（この際に振込先の通知書を受領）
⑤振込先を確認後、供託金を支払う（振込送金が多い）
⑥法務局が着金の確認をし、弁護士が供託書正本を受領
⑦裁判所に供託正本の写しを提出し、執行停止決定書を受領
　以上の手続を経て、審理は控訴審に移行することになる。控訴審は、「続審」であるため、一審の訴訟行為は効力を維持されることになる。また、控訴審で新たな主張や証拠の提出を行うことも可能である。

〔井山　貴裕〕

第4章

あっせん
―介護施設職員の未払い残業代請求―

第4章 あっせん――介護施設職員の未払い残業代請求

I 事例❹-1　労働局におけるあっせん（申請直後の対応）

　介護施設を運営する社会福祉法人X（以下、「法人X」という）に、東京労働局から「あっせん開始通知書」が届いた。同封されていた「あっせん申請書」によると、先月退職した職員Bが残業代が支払われていないと主張して、その支払いを求めているようだ。

【書式④-1】あっせん開始通知書

　　　　　　　　　　　　　　　　　　　　　　　東京局-●-●
　　　　　　　　　　　　　　　　　　　　　　　令和●年●月●日

社会福祉法人●●
理事長　●●●

　　　　　　　　　　　　　　　　　　　東京紛争調整委員会
　　　　　　　　　　　　　　　　　　　　　会長　●●●

　　　　　　　　　あっせん開始通知書

　申請人●●から令和●年●月●日申請のあったあなたとの間の紛争のあっせんについて、個別労働関係紛争の解決の促進に関する法律第5条第1項の規定に基づき、東京労働局長の委任を受けて、下記のとおり開始することとしたので、個別労働関係紛争の解決の促進に関する法律施行規則第6条第2項の規定に基づき、通知します。
記
1　事件番号　東京局-●-●
2　あっせん委員　●●●●
　　　　　　　　●●●●
　　　　　　　　●●●●
3　あっせん申請の概要　別添申請書（写）のとおり
4　留意事項
　　……

I 事例❹−1 労働局におけるあっせん（申請直後の対応）

【書式④−2】あっせん申請書

様式第1号（第4条関係）（表面）

あ っ せ ん 申 請 書

紛争当事者	労働者	ふりがな 氏名	●●●●
		住所	〒●●●−●●●● ●●区●●町●−●−● 　　　　　　　　　　　電話　●●（●●●●）●●●●
	事業主	氏名又は名称	社会福祉法人●●●
		住所	〒●●●−●●●● ●●市●●町●−●−● 　　　　　　　　　　　電話　●●（●●●●）●●●●
		※上記労働者に係る事業場の名称及び所在地	特別養護老人ホーム●●● 〒●●●−●●●● ●●市●●町●−●−● 　　　　　　　　　　　電話　●●（●●●●）●●●●
あっせんを求める事項及びその理由			別紙のとおり
紛争の経過			別紙のとおり
その他参考となる事項			

　年　月　日

　　　　　　　　　　　申請人　氏名又は名称

　　労働局長　殿

第4章 あっせん——介護施設職員の未払い残業代請求

　また、東京労働局から届いた上記あっせん申請書の別紙には以下の内容が記載されていた。

1．あっせんを求める事項及びその理由について
　　私は、平成●年●月に入職し、令和●年●月●日付で退職しました。
　　在職中は、特別養護老人ホーム●●●にて、介護職の正職員として利用者の介護を行っていました。介護職は、日勤、夜勤の2交代制で勤務を行っており、勤務時間はシフトで決まっていました。シフト外で仕事を行う場合には、残業申請書に業務内容と残業時間数を記載して上司である●●介護課長に提出し、承認を得るというルールになっていました。しかし、●●介護課長から経費削減のために残業申請をしないようにという指示が出されていたので、私を含めて職員は皆、残業申請をせずに残業をしていました。
　　介護職は、毎日、自分が担当した利用者の様子等を日報に記載しなければなりませんでした。しかし、人手不足のため勤務時間中は利用者の介助や体位変換、巡回等で手いっぱいで日報を記載する時間はありませんでした。にもかかわらず、●●介護課長からは、日報は定時までに作成するものだから残業して日報を書くようなことはしないようにと指導されていました。そのため、私は、タイムカードを押した後に休憩室で日報を作成していました。
　　日報を書き終えたら●●介護課長に提出してから帰宅するので、私が残って日報を書いていたことを●●介護課長は当然知っていました。日報を書くため等に残業していた時間の残業代は支払われていないので、その支払いを求めたいです。

2．紛争の経過について
　　令和●年●月●日に退職した後、A理事長宛に手紙で、日報の作成等のために残業していたことや、●●介護課長から残業申請をしないように指示されていたため残業申請ができなかったこと等を伝えて、残業代を支払ってほしいと求めましたが、残業代はすべて支払っているという回答しかありませんでした。

Ⅱ 労働局のあっせん手続とは

> そのため、これ以上、直接法人と話をしても仕方ないと思い、今回の申立てを行いました。

Ⅱ 労働局のあっせん手続とは

事例❹－1で届いたあっせん開始通知書（前掲【書式④－1】）には、あっせん手続への参加は任意であり、あっせんに参加するか否かについて「●年●月●日」までに回答するようにとの記載があった。

法人Xでは残業を行う場合には事前に申請を行い上司の承認を得る決まりになっており、残業申請がなされた時間数分の残業代を毎月計算のうえ、時間外手当や深夜手当として支払いを行っていた。そのため、法人Xとしては職員Bに対し残業代の未払いはないと認識していたため、退職後に職員Bから届いた手紙にもその旨を記載して、請求には応じられないと返答した。

A理事長としては、当時残業申請を行っていなかったにもかかわらず、今になって申請している以上に残業を行っていたと主張して残業代請求を行ってきた職員Bに対して感情的になっており、安易に和解をするようなことはしたくない気持ちがあった。もっとも、初めての出来事であり、あっせんに参加すべきかどうか迷っていた。そこで、顧問弁護士である乙弁護士にどのように対応すべきかを相談した。

1　労働局のあっせんの目的

労働局のあっせんは、紛争当事者の間に、公平・中立な第三者として労働問題の専門家が入り、双方の主張の要点を確かめ、調整を行い、話合いを促進することにより紛争の解決を図る手続である。すなわち、労働局のあっせんは、訴訟のように問題となっている事項について法的な判断を下すことを目的とした手続ではなく、話合いでの解決を図ることを目的とした手続である。

労働局のあっせんと裁判所にて行う労働審判、民事訴訟の違いは次頁の表

のとおりである。

	あっせん	労働審判	民事訴訟
実施体制	紛争調整委員（弁護士等：1人）	労働審判委員会（労働審判官（裁判官）：1名、労働審判員（労使）：2名）	裁判官
手続	話合いによる合意	話合いによる合意（不調の場合は労働審判委員会の審判）	裁判所による判決（話合いによる解決も可）
相手方の手続参加	任意（不参加の場合には手続終了）	正当な理由なく不出頭の場合には過料	主張書面を提出せず不出頭の場合、原告の主張を認めたものとみなされる可能性あり
合意・裁判の内容の効力	民事上の和解契約（強制執行不可）	合意内容や裁判は裁判上の和解と同じ効力（強制執行可）	和解・判決（強制執行可）
費用	無料	有料	有料
公開の有無	非公開	非公開	公開
代理人の選任	弁護士の選任は必要ではない	弁護士を選任することが多い（要費用）	弁護士を選任することが多い（要費用）
書面等の準備	申請書（必要に応じ証拠類）	申立等の主張書面、証拠類の提出が必要	訴状等の主張書面、証拠類の提出が必要
処理期間	原則1回、2か月以内が78.2%（令和4年度）	原則3回以内で終了（平均3.0か月（令和4年））	平均17.2か月（地裁・令和4年）

出典：厚生労働省HP「個別労働紛争解決制度（労働相談、助言・指導、あっせん）」
　　　（https://www.mhlw.go.jp/general/seido/chihou/kaiketu/index.html）

2　労働局のあっせんの申請者

　労働局のあっせんは、労働者だけではなく使用者も申請することができるが、実際には労働者側が申請を行う場合が多い。

　また、労働局のあっせんは無料で申請することができるという特徴がある。そのため、できる限り費用をかけずに紛争を解決したいとの考えから労働局のあっせんが選択されることも多い。それゆえ、労働者が申請を行う場合には代理人弁護士に依頼せずに労働者本人が申請を行い、あっせん当日も

労働者本人のみで臨むという場合が多くある。

3 労働局のあっせんの対象となる事項

労働局のあっせんは、労働条件その他労働関係に関する事項についての個別労働紛争を対象としている。すなわち、労働組合と使用者との間の問題や、労働者間の問題については労働局のあっせんの対象とはならない。

また、労働者の労働条件その他労働関係に関する事項であっても、その事項について既に労働審判や民事訴訟等の他の手続において扱われている場合や、労働組合と使用者との間で団体交渉等を通じて解決を図るための話合いが進められている場合には、労働局のあっせんの対象とはならない。

4 労働局のあっせんは任意参加であること

労働局のあっせんの申請があった場合、相手方当事者が参加するかどうかは任意である。実際に、労働局から届く「あっせん開始通知書」には以下のような記載がある。

> あっせんの手続への参加は任意であり、手続に参加する意思がない旨が表明された場合には、あっせんの手続を打ち切ることとなります。不参加の場合に、不利益な取扱いがなされるものではありません。

相手方当事者が労働局のあっせんに参加しない場合には、労働局があっせん手続の打切りを決定し、その旨を記載した通知書が当事者双方に送付される。あっせん手続が打ち切られた場合には、そのまま自動的に別の手続に移行するわけではない。あっせん手続が打ち切られた場合に、次に労働者がとる手段としては、弁護士に依頼して使用者に対し訴訟外で交渉を行う、労働組合に加入して団体交渉において使用者と交渉を行う、労働審判や民事訴訟を提起するといった方法が考えられる。

訴訟外の交渉や労働審判、民事訴訟を行う場合や労働組合に加入して団体交渉を行う場合には、解決まで一定の期間を要することになる。あっせんが打ち切られた後に想定される展開をふまえると、労働局のあっせんにおいて早期に解決を図るということには使用者にも一定のメリットがある場合も多

い。和解はあくまで当事者双方が合意しなければ成立しないため、あっせん手続に参加しても、その結果あっせん手続の中で和解に至らないことも当然に想定される。もっとも、仮に結果として和解に至らなかったとしても、あっせんに参加することによって、使用者は、労働者が紛争の対象となっている事柄についてどのような認識であるのか、解決に対してどのような考えを持っているかを知ることができる。

　これらの点をふまえると、労働者から労働局のあっせんの申請があった場合には、使用者として裁判等であっても争う意向が強く全く譲歩をする意向がない場合以外は、参加した方がよい場合が多い。

●コラム●　あっせんに参加しない場合

　本文に記載のとおり、実務上はあっせんに応じた方がよいことが多いが、使用者として譲歩の余地がなく通常訴訟で判決までいく意向が強い場合、例えば労働者の主張に根拠がなくおよそ金銭解決が考えられない場合等にはあっせんに参加をしない場合がある。

　また、折衷的な対応として、あっせんには参加をしないが使用者側の反論をまとめた主張書面のみを提出する場合がある。あっせんの申請者は代理人弁護士を付けず労働者本人のみであるケースが多く、法的主張が整理されないままあっせんの申立てを行ってくることがある。主張書面のみを出す場合の狙いとしては、使用者側の主張書面により当該事案を法的に整理し、法的主張が成り立たない旨の説明を行い、その後の裁判等の手続への移行について労働者本人に考え直してもらう狙いがある。また、労働者本人が弁護士等の専門家に相談に行く場合、自身の有利な主張のみに基づいて話をしてしまうことが多いと思われるが、使用者側の主張書面についても専門家にみてもらうことができれば相談を受けた専門家としても中立的な視点からアドバイスをすることができ、無用な紛争化を避けることもあり得る。

　以上のように、あっせんに参加しない場合でも今後の手続等の影響を想定しどう対応すればよいかを考えて対応することが望ましい。

Ⅲ あっせん手続の流れと当日までの準備

1 あっせん手続の流れ

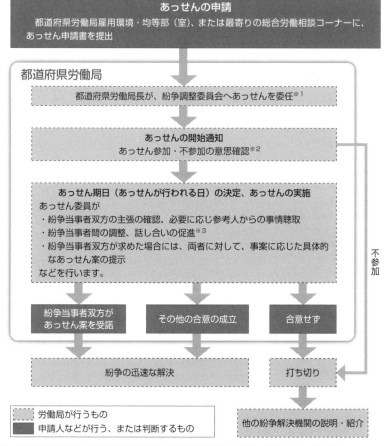

出典：厚生労働省 HP「個別労働紛争解決制度（労働相談、助言・指導、あっせん）」
（https://www.mhlw.go.jp/general/seido/chihou/kaiketu/index.html）

2 あっせん当日の流れ

あっせん当日の流れは下図のとおりである。

あっせん当日は、当事者がそれぞれ個別にあっせん委員との間で話をするため、当事者が顔を合わせて話をすることはない。まずは申請者側からあっせん委員と話をするため、申請者と相手方当事者で集合時刻として異なる時刻が設定されている場合が多い（ただし、労働局によっては申請者と相手方で同じ集合時刻が設定される場合もある）。

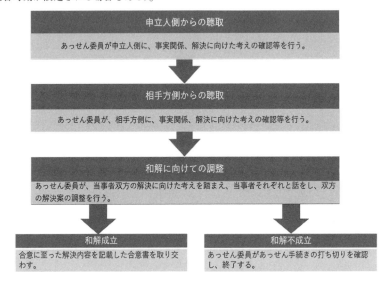

3 あっせん当日までの準備

(1) あっせんの出席者の決定

あっせん当日は、その場であっせん委員から、関係する事実関係等について確認を受けることがある。

また、労働局のあっせんは原則1回のみしか実施されない。あっせん当日にあっせん委員からあっせん案の提示があっても、その場でその案を受け入れるか否か等を判断しなければならず、持ち帰って検討を行うことができない。

そのため、あっせん当日は、問題となっている事実関係を把握している人物と、あっせん委員からのあっせん案について受け入れるか否かをその場で

決定できる権限を有する人物（代表者等）が参加する必要がある。どうしても決定権限を有する人物の参加が難しい場合には、あっせんが行われる時間帯に権限を有する人物と電話で連絡がつく状態にしたうえで別の人物が参加するということも考えられる。

(2) 意見書の提出

上述のとおり、労働局のあっせんは、原則1回しか実施されない。あっせん委員は、当事者から事前に提出された書面の内容と、あっせん当日に当事者から聞いた内容をふまえて、あっせん案（和解案）を提示する。そのため、使用者は、事前に、あっせん申請書に対する反論をすべて記載した書面（意見書）と添付資料として反論を裏付ける証拠となるような書面を労働局に提出したうえであっせん手続に臨む必要がある。労働局によっては資料の提出期限を設けている場合もあるが、期限が設けられていない場合でも、あっせん委員に事前に十分に目を通してもらえるように、意見書は、あっせん当日の7～10日前頃までには労働局に提出することが望ましいであろう。

また、労働審判や民事訴訟では、使用者の反論を記載した答弁書は裁判所だけではなく、労働者側にも提出する必要がある。もっとも、労働局のあっせんにおいては、手続上、使用者の意見書や添付資料を労働者側にも提出することは求められていない。労働者が使用者の意見書を目にすることによって感情的になり、あっせん手続での和解が困難となる可能性も考えられるため、意見書及び添付資料は、労働者には提出せず、労働局のみに提出することが望ましい。

なお、意見書には、労働局のみに提出していることがわかるように、冒頭で「紛争調整委員会限りで以下のとおり意見を述べる。」という一文を記載することが望ましい。

事例❹－1について、法人Xから労働局のあっせん手続に参加すべきかについて相談を受けた乙弁護士は、以下のとおりアドバイスした。

≪乙弁護士によるアドバイス≫
・あっせん手続は和解を目的とした手続ではあるものの、あっせんの手続内での協議において納得できる条件に至らない場合には和解に応じないという判断をすることも可能である。

・あっせん手続に参加することによって、職員Bがこの件に関してどのような認識であるのか、解決についてどのような考えを持っているのかを知ることができるという側面もある。
・あっせんが打切りになった場合には職員Bが弁護士に依頼して、改めて残業代の請求を受けることや、場合によっては裁判所に労働審判や訴訟を提起される可能性もある。また、労働組合に加入して団体交渉を申し入れられる可能性もある。これらの場合には、解決まで時間や別途費用を要することも予想される。
・第三者から説得されることで和解がまとまることもある。
・そのため、安易に和解をしたくないという考えの場合でも、条件次第で和解に応じる考えが少しでもあれば、労働局のあっせん手続には参加した方が望ましい。

Ⅳ 事例❹-2　労働局におけるあっせん（対応に向けた検討）

　事例❹-1で乙弁護士に相談したA理事長は、乙弁護士からのアドバイスを受け、あっせんには参加することを決めた。
　あっせんに向けた準備のために乙弁護士とA理事長が打合せを行ったところ、以下の事実関係が判明した。
・法人Xでは、出勤時、退勤時にタイムカードを打刻する形で労働時間の管理を行っていた。
・残業を行う場合には、所定の残業申請書に、どのような業務のために何時間残業を行うかを記載して上長に提出し承認印をもらうルールとなっていた。
・職員Bのタイムカードと職員Bの残業申請書を照合すると、タイムカード上では所定終業時刻から1、2時間後が退勤時間として打刻されているにもかかわらず、残業申請がされていない日が多数あった。
・職員Bの上長である●●介護課長に確認したところ、日報は業務時間中に書くようにと指導はしたことはあったが、日報の作成のために残業申

請をしないようにといったことはないとのことだった。
- ●●介護課長によると、職員Bが残業申請をしないで休憩室で定時後に日報を書いている姿を見たことはあったとのことだった。もっとも、それは1、2度で、職員Bは業務が終わった後も控室でスマートフォンを使ってゲームをしてなかなか帰宅せずにいることの方が多かったとのことである。

V 事例❹−2において問題となる論点

A理事長の話によれば、法人Xでは、残業を行う場合には事前に申請を行い、上長から承認を得るルールとなっており、タイムカード上では所定終業時刻の後が退勤時刻として記録されているものの、残業申請が行われていない日が多数あるようである。

このように、残業の事前申請制を導入している場合には、タイムカード上の退勤時刻と残業申請の申請時間数が一致していなかったり、そもそも残業申請自体がなされていない日が存在するという事案も少なくない。

そのような場合の残業代請求においては、残業申請を行っていなかった時間分も「労働時間」に当たり残業代の対象となるかが論点となり得る。

≪本事例の主な論点≫
残業申請を行った時間以外も「労働時間」に当たるか。

VI 前提知識・論点の検討

1 黙示の指示と労働時間

労働時間とは、「労働者が使用者の指揮命令下に置かれている時間」を指す[1]。また、厚生労働省による「労働時間の適正な把握のために使用者が講

★1 最判平12・3・9民集54巻3号801頁・労判778号11頁〔三菱重工業長崎造船所（一次訴訟・会社側上告）事件〕。

95

ずべき措置に関するガイドライン」においても、「労働時間とは、使用者の指揮命令下に置かれている時間のことをいい、使用者の明示又は黙示の指示により労働者が業務に従事する時間は労働時間に当たる。」とされている。すなわち、単に使用者が明示的に業務を指示して業務に従事させている時間だけでなく、使用者が黙示的に業務を指示している場合も、その時間は労働時間に当たることとなる。

では、どのような場合に使用者が労働者に対し黙示的に業務を指示したと評価されるのであろうか。

この点については、午後 7 時以降の残業を行う場合には代表者に対して所定終業時刻である午後 6 時までに残業時間等を申告したうえで残業を行う旨を申請しその承認を得ることになっていた会社に対し、元従業員が、残業申請を行わずに業務を行っていた時間分の残業代請求を行った裁判例[★2]がある。この裁判例において裁判所は、原告である元従業員が送信した業務に関するメールの送信時刻等から、原告が所定労働時間内にその業務を終了させることは困難な状況にあり原告の時間外労働が常態化していたと認定した。そのうえで、裁判所は、「被告が原告に対して所定労働時間内にその業務を終了させることが困難な業務量の業務を行わせ、原告の時間外労働が常態化していたことからすると、本件係争時間のうち原告が被告の業務を行っていたと認められる時間については、残業承認制度に従い、原告が事前に残業を申請し、被告代表者がこれを承認したか否かにかかわらず、少なくとも被告の黙示の指示に基づき就業し、その指揮命令下に置かれていたと認めるのが相当であり、割増賃金支払の対象となる労働時間に当たるというべきである。」と判断し、使用者に残業代の支払いを命じた。なお、この裁判例において、使用者側は、原告である元従業員が残業申請を行わずに隠れて残業を行ったものであり労働時間に当たらないと主張していたが、裁判所は「被告はその従業員の業務量を当然に把握し又は把握すべきであり、原告から事前の残業申請等がなかったとしても、原告に対して所定労働時間内にその業務を終了させることが困難な業務量の業務を行わせていた以上、上記のとおり被告の黙示の指示が否定されるものでない」と述べて、使用者の主張を否定

★2 東京地判平30・3・28労経速2357号14頁〔クロスインデックス事件〕。

している。

　この裁判例における判断に鑑みると、時間外労働の事前申請制度をとっている職場において労働者が申請を行わずに時間外労働を行っていたとしても、使用者が労働者に対し、所定労働時間内にその業務を終了させることが困難な業務量の業務を行わせ、労働者の時間外労働が常態化していたといえる場合には、時間外労働について使用者から労働者に黙示に指示がされていたと評価され得る。

2　時間外労働の事前申請を経ていない業務に対する残業代請求における使用者側の反論のポイント

　時間外労働の事前申請制度をとっている職場において、労働者から申請を行わずに業務を行ったという主張がされ、残業代請求がなされた場合、使用者側から反論を行う場合には、以下の点に着目して主張立証を行うことが考えられる。

①労働者が申請を行った時間以外に業務を行っていなかったこと。
②使用者が時間外労働の事前申請制度を厳格に運用していたこと。
③使用者から労働者に対し、時間外労働について明示又は黙示の指示がないこと。

(1)　労働者が申請を行った時間以外に業務を行っていなかったこと

　時間外労働の事前申請制度をとっている職場であっても、それとは別にタイムカード等によって出勤時刻及び退勤時刻を記録している場合が多い。その場合には、労働者は、時間外労働の申請を行った時間だけでなく、タイムカードに出勤時刻として記録された時刻から退勤時刻として記録された時刻までがすべて労働時間であるという主張をしてくることが想定される。

　このようなタイムカード等の客観的な記録が存在する場合には、裁判所は、タイムカードの記録に基づいて労働時間を認定する傾向にある。そのため、タイムカードに記録された時間がこの労働者の労働時間とは乖離していること、すなわち、タイムカードに記録された時間中に労働者が業務を行っていなかったことを、使用者側で主張立証する必要がある。タイムカードに記録された時間中に労働者が業務を行っていなかったことを裏付ける証拠としては、上司や同僚等の陳述書や証言等のほか、客観的な記録として、労働

第4章　あっせん──介護施設職員の未払い残業代請求

者が使用していたパソコンのログイン、ログアウトの記録や労働者が作成した成果物のデータの保存時刻の記録、労働者が使用していたパソコンのウェブサイトの閲覧履歴、（事業所外で業務を行っていた労働者の場合）社用車や社用携帯の位置情報の記録等が考えられる。

⑵　**使用者が時間外労働の事前申請制度を厳格に運用していたこと**

　使用者が時間外労働の事前申請制度を厳格に運用していたと認められれば、使用者は事前申請なく時間外労働を行うことを認めていなかったといえる。このような場合には、使用者が事前申請のない時間外労働を黙示に指示していたとは評価されないため、労働者が事前申請なく業務を行っていた時間は使用者の指揮命令下に置かれていた時間ではない（労働時間には当たらない）との整理になる。そのため、使用者が時間外労働の事前申請制度を厳格に運用していたことは、使用者側に有利に働く事実といえる。

　具体的な立証方法としては、以下のような資料を証拠として提出することが考えられる。

・残業代請求を行っている労働者本人も相当数の時間外労働の申請を行っているような場合には、当該労働者が提出した申請書
・事前申請なく時間外労働を行うことを禁じる旨や事前申請なく時間外労働を行った場合には残業代が支払われない旨が明記された労働者宛の周知文書やメール
・実際に事前申請なく時間外労働を行っていた労働者に対し、事前申請なく時間外労働を行わないように注意指導を行った際の文書やメール

⑶　**使用者から労働者に対し、時間外労働について明示又は黙示の指示がないこと**

　前記1において詳述したとおり、労働者が申請を行わずに時間外労働を行っていたとしても、使用者が労働者に対し、所定労働時間内にその業務を終了させることが困難な業務量の業務を行わせ、労働者の時間外労働が常態化していたといえる場合には、時間外労働について使用者から労働者に黙示に指示がされていたと評価され得る。そのため、残業代請求を行っている労働者の業務量が所定労働時間内にその業務を終了させることが困難な量のものではなかったことを主張立証することができれば、使用者側にとって時間外労働について黙示の指示がなかったという主張を行ううえで有利に働く。

Ⅶ 法人Xのあっせんにおける主張例

　労働者の業務量に関しては、具体的には業務分担表や上司や同僚等の陳述書や証言等により立証することが考えられる。
　また、上司から当該労働者に対し所定終業時刻になったら業務をやめて翌日以降に繰り越すように指示したメール（例えば、「本日は既に終業時間なので、この業務は明日行ってください。」との記載がある上司からのメール等）や、使用者が所定労働時間内で業務を終えられるように業務配分を調整したことがわかるメール（例えば、「この業務はこちらで引き受けるので、●●さんは退勤してください。」といった記載がある上司からのメール等）も、使用者が時間外労働を黙認していなかったことを立証する材料の一つとなり得る。

Ⅶ 法人Xのあっせんにおける主張例

　乙弁護士がA理事長から聞き取った事実関係をもとにすると、意見書では、以下のような主張を行うことが考えられる。
　また、前述のとおり、あっせん手続は、話合いでの解決を目的とした手続である。労働局からは、あっせん申請書への反論や資料があれば提出するように求められるとともに、事前に、話合いでの解決に対する使用者の考えを教えてほしいと求められる場合もある。そのため、意見書では、あっせん申請書への反論を記載するとともに、使用者の解決に対する考えについても可能な限り記載することが望ましい。
　法人Xの事案の場合には、意見書に以下のような主張を記載したうえで、「職員Bは残業申請を行った時間数以上に時間外労働は行っておらず、未払いの割増賃金はないため、職員Bの請求に応じることはできない。もっとも、早期解決の観点から、僅少の解決金を支払う形での解決であれば、解決の考えがある。」との記載を行うことが考えられる。

≪意見書　法人Xの主張内容≫
1　法人Xが時間外労働の事前申請制度を厳格に運用していたこと
　　法人Xでは、職員に対し、時間外労働を行う場合には必ず上司に対し、所定の申請用紙を使用して事前申請を行うように指示しており、申請のない時間外労働は残業として認めず残業代を支払わないことを職員

Bにも伝えて、時間外労働の事前申請制度を厳格に運用していた。
　また、職員Bは在職中、かなりまとまった回数、申請書を提出して時間外労働の申請を行ったうえで時間外労働を行っている。他の職員も事前申請を行って時間外労働を行っていることからすれば、●●介護課長から残業申請を行わないようにとの指示が出されていたという職員Bの主張は事実に反することは明らかである。
　なお、これらの主張の裏付けとして、乙弁護士は、法人Xが職員に交付していた時間外労働の事前申請制度について説明した文書、申請のない時間外労働は残業として認めず残業代を支払わないので必ず事前申請を行うように注意する内容が記載された職員向けの文書、職員Bが法人Xに提出した時間外労働の申請書、職員Bと同じ業務に就いていた他の職員の時間外労働の申請書を添付資料として提出した。

2　法人Xは職員Bに対し、時間外労働について明示又は黙示の指示を行っていないこと
　法人Xは時間外労働を行う場合には、必ず事前申請を行うように職員に周知し、事前申請のない時間外労働を禁止していた。職員Bは●●介護課長から経費削減のために残業申請はしないようにと指示を受けていたと主張しているが、●●介護課長はそのような指示は行っていない。すなわち、事前申請なく時間外労働を行うことについて、法人Xは明示的に指示していない。
　また、職員Bが行っていた介護職の業務は、シフト交代制で勤務を行っている。すなわち、シフトで定められた終業時刻になると、次のシフトに入る職員に業務を引き継いで退勤する。そのため、介護業務に関して、終業時刻後も残って行うべき業務はなかった。
　日報の作成についても、ほとんどの職員が所定労働時間中に作成を終えている。職員Bもほとんどの場合、所定労働時間中に作成を終えており、どうしても作成が終えられなかった場合に限って時間外労働の申請を行ったうえで所定終業時刻後に作成をしていた。すなわち、職員Bの業務量は、およそ所定労働時間内に終えることが困難な業務量ではなかった。また、職員Bや他の職員が時間外労働の申請を行っている頻度

は、多い場合でも月5日程度であり、時間外労働が常態化していた状況ではなかった。

そのため、法人Xが、職員Bに所定労働時間内にその業務を終了させることが困難な業務量の業務を行わせ、職員Bの時間外労働が常態化していたとはいえない。したがって、法人Xから職員Bに対し、黙示に時間外労働の指示があったとはいえない。

なお、これらの主張の裏付けとして、乙弁護士は、職員Bと同じ業務を行っている他の職員の時間外労働の申請書を添付資料として提出した。

3 職員Bが申請書で申請を行った時間以外に業務を行っていなかったこと

職員Bは、所定終業時刻後に退勤せずに休憩室に残っていることがあったものの、業務ではなくスマートフォンを使ってゲームをしていることがほとんどであった。職員Bが所定終業時刻後に業務ではなくスマートフォンでゲームをしている姿を他の職員が度々目撃しており、その旨証言をしている。

法人Xにおいては、職員に対し申請のない時間外労働は残業として認めず残業代を支払わないことを文書で伝える等、時間外労働の事前申請制度を厳格に運用していた。加えて、実際に職員B自身も、まとまった数の時間外労働の申請を行っている。これらの事実を前提にすると、職員Bが主張するように時間外労働の申請を行わずに休憩室で日報の作成等の業務を行っていたのであれば、職員Bは時間外労働の申請を行っているはずであり、時間外労働の申請を行わずに業務を行っていたという職員Bの主張は不自然である。

以上をふまえると、職員Bが申請書にて事前申請を行った時間以外に業務を行っていなかったと考えるのが自然である。

●コラム● ダラダラ残業の労働時間性
実務上、残業代請求の事案において使用者に事実関係を確認すると、請求を行ってきた労働者が特に必要もないのに所定終業時刻後も会社に残ってダラダラと仕事をしていたという話が出てくることもある。このような場合、ダラダ

第4章　あっせん――介護施設職員の未払い残業代請求

ラと仕事をしていた時間が労働時間に当たるかが問題になる。

　前述の厚生労働省「労働時間の適正な把握のために使用者が講ずべき措置に関するガイドライン」とおり、「労働時間とは、使用者の指揮命令下に置かれている時間のことをいい、使用者の明示又は黙示の指示により労働者が業務に従事する時間は労働時間に当たる。」とされている。これを前提に考えると、ダラダラと仕事を行っている場合であっても、それを上司が黙認しているような場合には、使用者の黙示の指示により労働者が業務に従事する時間に当たり、その時間は労働時間に当たる。

　そのため、労働者が特に必要もないのにダラダラと会社に残って仕事をしているところを目撃した場合には、帰宅するように指示をする必要があり、それに応じない場合にはその都度注意を行い、改善されない場合には文書にて注意する等といった毅然とした対応をとる必要がある。

Ⅷ　事案の解決

　あっせん当日、あっせん委員からA理事長に対し、事前申請なく時間外労働を行った職員がいた場合に注意指導は行っているのかという点や、職員に交付していた文書に記載があるように、実際に事前申請なく時間外労働を行った職員に対してはその分の残業代を支払わないことはあるのかという点等について質問された。

　事実関係の確認後、あっせん委員から、意見書によると早期解決の観点から、僅少の解決金を支払う形での解決であれば解決の考えがあるとのことだが、具体的に金額としてはどのくらいの支払いを考えているかとの問いがあった。

　乙弁護士は事前にA理事長と協議したとおり、50万円であれば解決の考えがあると伝えた。

　これに対し、あっせん委員からは、以下の話があった。
・申立人側（職員B）は、100万円であれば現時点で解決する考えがあるとのことだった。
・もしこのあっせんの場で解決しない場合には、労働審判や訴訟で争っ

ていくことになると思われる。
- その場合、タイムカードの終業の打刻が定時の1、2時間後であるにもかかわらず、時間外労働の申請がなされていない日が複数存在すること、職員Bが所定終業時刻後に退勤せずに休憩室でゲームをしてから帰宅していたという主張を客観的に裏付けるものが現時点ではないこと等からすると裁判所から法人Xに不利な判断が出される可能性もある。
- また、労働審判や訴訟になった場合にはそれに対応するための労力や弁護士費用等の費用面の負担もかかってくる。
- これらの点をふまえると、このあっせんで解決するということは法人X側にもメリットがあるのではないか。
- 今後の展開をふまえても、解決金について上乗せは難しいか。

　A理事長が判断に迷っている様子だったため、乙弁護士はあっせん委員に少し検討の時間がほしいと述べて、10分ほど検討の時間をもらった。控室に戻り、A理事長は乙弁護士と協議した結果、労働審判や訴訟になった場合に要する費用面の負担、対応に要する労力的な負担、労働審判や訴訟で争っていった場合に裁判所から残業申請を行っていなかった時間数も労働時間として認められる可能性があること等をふまえ、解決金を上乗せして70万円での解決を再提案することを決めた。
　あっせん会場に戻り、乙弁護士は70万円であれば解決する考えがあることをあっせん委員に伝えた。
　あっせん委員がこの提案内容を申立人に伝えたところ、申立人は80万円であれば解決に応じるとのことだった。再び検討の時間をもらい、A理事長と乙弁護士が協議を行った。A理事長としては70万円でもかなり譲歩していると考えており、さらに10万円を上乗せするということは心理的に抵抗感が強いとのことだった。乙弁護士は、A理事長に以下を伝え、判断を仰いだ。
- 検討したものの、70万円以上の譲歩はやはり難しいと言って再度70万円での解決案を提案することも考えられる。
- ただ、その場合には職員Bがそれであれば解決には応じないと言っ

第4章　あっせん――介護施設職員の未払い残業代請求

て、あっせんが打切りとなる可能性も十分にある。
・そのため、次にこちらで取り得る選択肢としては、あっせんが打切りになるおそれがあることもふまえて70万円での解決を再度提案するか、例えば、75万円などの少し譲歩した案を提示して職員Ｂの譲歩を引き出すという方法も考えられる。

　Ａ理事長は乙弁護士と協議した結果、あっせんが打切りになり労働審判や訴訟になった場合に要する費用面の負担、対応に要する労力的な負担等を考えて、解決金75万円での解決を提案することを決めた。
　あっせん会場に戻り、乙弁護士はあっせん委員に解決金75万円での解決であれば解決の考えがあることを伝えた。この内容をあっせん委員が申立人に伝えたところ、申立人も75万円での解決に応じるとの回答があった。
　その後は、あっせん委員を通じて、合意書に盛り込む内容について調整を行い、合意書を取り交わし、あっせんは終了した。

1　事前の解決案の具体的な検討

　あっせん当日は、あっせん委員から解決についての考えを確認される。既に述べたとおり、あっせんは原則１回しか実施されないため、使用者側でも、あっせん手続で解決するにあたって負担することが可能な解決金の上限金額、この上限をふまえて最初にいくらを提示するかといった具体的な解決内容について検討を行ったうえであっせん当日を迎える必要がある。
　解決にあたっては、解決金額以外にも、第三者に対し紛争の経緯及びその内容、和解内容を口外しないことを約束させることや、合意した事項以外に使用者と労働者との間では何らの債権債務関係がないことを確認すること等の条件を付ける場合が多い。そのため、可能な限り、合意書（後掲【書式④－3】参照）の形で使用者が考える解決案の内容をまとめ、あっせん委員から解決に対する考えを問われた場合に提示できるように準備したうえで当日に臨むことが望ましい。

2　あっせん当日の対応

あっせん当日は、あっせん委員が当事者それぞれから具体的な解決案の内容を聞いたうえで、前述の事例のような調整を行うことになる。

あっせんは1回のみ実施されるものであるため、あっせん委員から解決案について対案を提示された場合も、持ち帰って検討のうえ後日回答するということはできず、その場で対応を決断する必要がある。もっとも、代理人（弁護士）と協議したうえで結論を出したいという場合には、状況にはよるものの、10分程度であれば控室に戻って協議の時間をもらえる場合が多い。

3　合意に至った場合の対応

あっせん委員による調整の結果、労働者との間で解決内容について合意に至った場合には、合意内容を合意書の形にまとめ、当事者双方がその場で署名押印する形で取り交わしを行う。なお、代理人が付いている場合には、当事者本人ではなく代理人が署名押印することが可能である。そのため、あっせん当日は、使用者のみで出席する場合には使用者の代表印、代理人も共に出席する場合には代理人の職印を忘れずに持参する必要がある。

合意書の内容としては、以下のような内容が考えられる。

【書式④-3】合　意　書

合　意　書

社会福祉法人X（以下、「甲」という。）とB（以下、「乙」という。）の間の労働紛争（事件番号：東京労働局●-●）に関して、紛争調整委員会のあっせんにより次のとおり合意した。

1　甲は乙に対し、本件紛争の解決金として金75万円を支払う義務があることを確認する。

2　甲は前項の解決金を令和●年●月●日限り、乙の指定する次の銀行口座に振り込むことにより支払う。振込手数料は甲の負担とする。
　　金融機関：

種　　別：
　　　口座番号：
　　　口座名義：

3　甲及び乙は、本あっせんに至る経緯及び本合意内容を、第三者に漏洩しないことを相互に約束する。

4　甲及び乙は、甲乙間には、本合意書に定めるほか、何ら債権債務がないことを相互に確認する。

以上の合意の証として、本合意書2通を作成し甲及び乙が各1通を所持する。

令和●年●月●日
　　　　　　　　甲

　　　　　　　　乙

4　合意に至らなかった場合の対応

　あっせん委員を通じた調整の結果、解決内容の合意に至らなかった場合には、あっせんは打切りとなる。

　あっせんが打ち切られた後の展開としては、申立人側で弁護士に依頼して労働審判や訴訟を提起してくることや、労働組合に加入して使用者に団体交渉の申立てをしてくることが考えられる。

●初回相談時　チェックリスト
【事例❹－1に関連する事項】
□　指定されたあっせん期日の確認
□　あっせんに応じるか否かの回答期限の確認
□　あっせん申請書の内容の確認

【事例❹－2に関連する事項】
□　あっせん申請に至る経緯について確認（事前のやり取り）

Ⅷ 事案の解決

- ☐ （退職従業員の場合）退職の経緯・理由の確認
- ☐ 賃金の内容の確認
- ☐ 残業代の支払方法の確認（割増賃金の計算基礎となる賃金の内容、月平均所定労働時間等）
- ☐ 労働時間管理の方法の確認（始業時刻、終業時刻、休憩時間の把握の仕方）
- ☐ 残業申請方法の確認
- ☐ 対象者が提出した残業申請書の確認
- ☐ 残業申請方法を従業員に周知した文書、メール等の客観的な記録、事前申請なく時間外労働を行っていた従業員に対し、事前申請なく時間外労働を行わないように注意指導を行った際の文書やメールの有無の確認
- ☐ 相談者の意向の確認（早期解決、徹底的に争う意向等）
- ☐ 他の従業員への波及の可能性の検討

●コラム● **民事調停による解決**

　労働局のあっせんと同じく当事者間の話合いに基づく合意によって紛争を解決する手続として、簡易裁判所で行われる民事調停がある。

　民事調停は、裁判官と一般市民から選ばれた民事調停委員により構成される調停委員会が紛争の解決に向けて当事者間の調整を行う手続であり、手続の流れに関してはおおむね労働局のあっせんと同様である。

　もっとも、労働局のあっせんの場合には、あっせんに参加するかどうかは当事者の意思に委ねられている一方で、民事調停の場合には、「正当な事由がなく出頭しないとき」には「5万円以下の過料に処する。」と規定されている（民調34条）。実際にこの規定を適用され過料に処せられることはまれかと思われるが、仮に話合いでの解決は困難と考える場合であっても、裁判所から指定された期日には裁判所に出頭し、調停の不成立を求めるという対応をとる方が望ましい。

　民事調停は、労働局のあっせんと異なり申立てにあたって費用がかかる。そのため、費用をかけずに紛争を解決することを希望する当事者は労働局のあっせんを選択することが多い。

　労働審判も、話合いでの解決を目指す裁判所の手続であるという点では民事調停と共通している。もっとも、民事調停は、東京簡易裁判所等の一部を除いて、労働問題に詳しい裁判官や民事調停委員が担当するとは限らない（なお、

東京簡易裁判所では、平成23（2011）年度より、労働関係事件の民事調停に関しては、労働法に詳しい弁護士や社会保険労務士を調停委員に任命し、労働分野の専門的な観点からの解決を目指す取組みを行っている）。

　そのため、より専門的な紛争解決手段という意味では、実務上、労働審判が利用される場合の方が多いといえる。

〔梅本　茉里子〕

第5章
主な個別論点

I　管理監督者

1　意　　義
(1)　趣　　旨
　労基法では、「監督若しくは管理の地位にある者」(以下、「管理監督者」という)に対しては、同法の労働時間、休憩、休日の規制を適用しないと定められている(労基41条2号)。すなわち、管理監督者に当たる場合には、労基法37条で定められている時間外労働、休日労働を行った場合の割増賃金の支払いは除外される。なお、深夜労働を行った場合の割増賃金に関しては、管理監督者に当たる場合でも支払いが必要である点には留意が必要である[★1]。

　では、なぜ管理監督者に対しては時間外労働、休日労働を行った場合の割増賃金の支払いは除外されるのであろうか。この点に関しては、管理監督者は、経営者と一体的立場にある者として、労働時間等の規制の枠を超えて活動することが求められるような重要な職務と責任、権限を付与されており、実際の勤務態様も労働時間等の規制になじまない働き方をしている。その一方で、他の一般の労働者と比較して賃金その他の待遇面でその地位にふさわしい優遇措置が講じられていることや、自己の裁量で労働時間を管理することが許容されていること等から、労働時間等の規制を及ぼさないとしても保護に欠けることはないということが理由であると考えられている。

　そのため、裁判例では、管理監督者に当たるか否かの判断にあたって、職務内容、権限及び責任、勤務態様、賃金等の待遇を考慮して判断するという判断枠組みが採用されている。

(2)　定義及び判断基準
　労基法においては、管理監督者の具体的な内容について定義した規定はない。

　もっとも、行政通達において、管理監督者とは「一般的には、部長、工場長等労働条件の決定その他労務管理について経営者と一体的な立場にある者の意であり、名称にとらわれず、実態に即して判断すべきもの」であるとの

[★1] 最判平21・12・18裁判集民232号825頁・労判1000号5頁〔ことぶき事件〕。

考えが示されている（昭 22・9・13 発基 17 号、昭 63・3・14 基発 150 号）。

実際の裁判例の多くも、管理監督者を「労働条件の決定その他労務管理について経営者と一体的な立場にある者」と定義したうえで、①職務内容、権限及び責任、②勤務態様、③賃金等の待遇に関する実態を総合的に考慮して管理監督者に当たるかを判断している傾向にある。

以下、具体的な考慮要素について詳述する。

(a) ①職務内容、権限及び責任

経営者と一体的な立場にあるといえるほどの権限、責任が与えられているかという観点から検討を行うことになる。

主な着目点は下表のとおりである。

①職務内容、権限及び責任	✓経営への参画状況
	・社内における地位（会社法上の役員を除いて序列何位か）
	・経営上の重要事項を決定する権限の有無
	・経営上重要な事項を決定する会議体への関与方法、影響力の程度（なお、会社全体ではなく特定の重要な部門に関するものでも認められる場合がある） ※経営方針や予算等を決定する社内の重要な会議に一切参加していない場合には経営者と一体的な立場にある者とはいえず、管理監督者性が否定される方向の事情になり得る。 　また、仮に参加していたとしても、ほとんど発言せず、意思決定に関与していないというような場合には管理監督者性が否定される方向の事情になり得る。
	✓監督権限、管理権限の有無・内容
	・労働者の業務遂行に関する指示・命令を行う権限の有無、程度
	・採用、解雇、人事考課を行う権限の有無、程度 ※対象者が単独で採用等を行っているわけではないとしても、採用面接等の選考過程に関与し、対象者の意見がそのまま尊重され採用が決まるといった実態がある場合には、管理監督者性が認められる方向の事情になり得る。
	✓職務内容
	・労働時間規制を受ける一般の労働者と同様の現場業務への従事の有無。 ※一般の労働者と同様の現場業務の割合が多い場合には一般の労働者と

| | 同様に労働時間規制を受けるべき立場であるとして、管理監督者性が否定される方向の事情になり得る。なお、相当な規模の会社で経営に参画することまで求めることは実際上、困難であり、ある担当部門を統括している等、全体ではなく一部において権限を有する場合でも管理監督者性が肯定される方向の事情にはなり得る。|

(b) ②勤務態様

勤務態様に関しては、労働時間規制になじまない立場にあると評価されるような、労働時間に関しての自由裁量があるか否かという観点で検討を行うことになる。

主な着目点は下表のとおりである。

	✓労働時間に関する裁量・拘束の有無・程度
②勤務態様	・出退勤時刻を自由に調整できるか。
	・出退勤時刻を厳格に厳守することが求められているか。
	・タイムカード等の記録に基づき出退勤・勤務時間に応じた賃金控除や人事評価でのマイナス評価がされているか。 ※出退勤、勤務時間に応じた賃金控除、人事評価でのマイナス評価が行われている場合には、労働時間規制になじまない働き方をしているとはいえないため、管理監督者性が否定される方向の事情になり得る。
	・日々の業務の内容や方針についての報告や承認手続は必要か。 ※業務内容等の報告が必要とされているとしても、単にその日行った業務内容を報告するにとどまるような場合には、部署内での業務状況の情報共有という意味合いで業務内容の報告を行っているにすぎないため、この点のみで直ちに管理監督者性が否定されるわけではない。もっとも、例えば、始業、終業時刻とともにその日の業務内容を記載した日報を提出し、その内容（特に労働時間の面）についてその都度承認を得ていたというような場合には、管理監督者性が否定される方向の事情になり得る。
	・長時間労働を強いられていないか。 ※長時間労働が常態化している場合には、形式上は自己の出退勤時刻について裁量があるように見えても実際上は裁量と呼べる範囲が乏しい

I 管理監督者

	ため管理監督者性が否定される方向の事情になり得る。
	✓ **部下の勤務態様との比較**
	・部下の勤務態様との差異の有無、程度

　なお、実務上、勤務態様に関連して、労働者側から、タイムカードによって労働時間を記録されていたことが管理監督者に当たらない理由の一つとして主張される場合がある。

　もっとも、平成31（2019）年4月から、労働安全衛生法上、使用者には、労働者についてタイムカード等の客観的な方法により労働時間の状況を把握することが義務づけられている（労安衛66条の8の3）。この「労働者」には管理監督者も含まれる。すなわち、使用者が管理監督者についてタイムカードによって労働時間を記録していたとしても、それは労働安全衛生法上の義務を果たしているにすぎず、その事実をもって直ちに管理監督者であることが否定されるわけではない。実際に、出退勤時にタイムカードを打刻していた労働者について、裁判所は「他の従業員と同様に出退勤時にタイムカードを打刻していたことは被告も認めるところであるが、労働時間の規制を受けない者に対しても出退勤の有無や健康管理等の目的でタイムカードの打刻を求めることは会社の対応として相応の合理性があるといえるから、上記事実をもって労働時間に裁量がないとはいえない。」と判断しており[★2]、タイムカードの打刻がなされていることのみで直ちに労働時間に裁量がないと判断されるわけではないことが示されている。

(c) **③賃金等の待遇**

　賃金全体において、職務内容、権限、責任に見合った待遇が与えられているかという観点で検討を行うことになる。

　主な着目点は下表のとおりである。

③賃金等の待遇	・役職に見合った賃金が支給されているか。
	・管理職就任前の自身の待遇と比較して優遇されているか。
	・実労働時間に基づいて算出される残業代が役職手当より高額になってい

★2　岐阜地判令6・8・8（令和4年（ワ）第263号）裁判所HP。

	ないか。 ・賃金が、一般の労働者である部下の賃金の総額（残業代を含む）よりも低くなっていないか。

　また、実務上、一般の労働者と比較して賃金が高ければ管理監督者性が直ちに認められると誤解している使用者も多い。

　もっとも、過去の裁判例に照らしても、管理監督者に当たるかの判断にあたっては、①職務内容、権限及び責任、②勤務態様が特に重視されている。そのため、①職務内容、権限及び責任、②勤務態様の順に実態を考慮し、この2点を考慮して経営者と一体的な立場にある者であるとはいえない場合には、③賃金等の待遇について検討するまでもなく管理監督者性が否定される場合もある[★3]。すなわち、一般の労働者と比較して高い賃金が支払われていたとしても、採用等の権限が十分に与えられておらず、経営方針等の決定にも関与していないような場合には、経営者と一体的な立場にある者とはいえず、管理監督者性が否定される可能性が高い。

　後述のとおり、高水準の賃金が支払われていた労働者の管理監督者性が否定された場合には、高額の割増賃金の支払いが命じられることになるという面もあるため、権限や責任が伴わない労働者の賃金を増額し、管理監督者として扱うことは避けるべきである。

2　裁判例の動向

(1)　近年の主な裁判例

　近年の管理監督者に該当するかが争点となった裁判例をいくつか紹介する。以下の裁判例の判断のポイントのとおり、各裁判例では、職務内容、権限及び責任、勤務態様、賃金等の待遇の3点に着目した判断がなされている。

裁判例	結論	事案の概要	判断のポイント
①東京地判令4・3・23労経速2490号19頁〔土地家屋調査	管理監督者に当たる。	原告は土地家屋調査士法人の社員兼従業員。当時社員は4名。月収50〜60万円。	【職務内容、権限及び責任】 ・社内で代表者に次ぐ地位であった。 ・現場実務の遂行方法の取決

★3　白石哲編著『労働関係訴訟の実務〔第2版〕』（商事法務、2018年）156〜157頁。

I 管理監督者

士法人ハル登記測量事務所事件〕		他の従業員に対する過度のパワハラを理由に解雇し、地位確認とともに残業代請求。	めや現場での従業員の指導は原告に任されていた。 【勤務態様】 ・勤務時間中に歯科医院に通院するなどしていたほか、自らの裁量で休日出勤や代休の日を決めていた。 【待遇】 ・同じく土地家屋調査士で社員でもある者よりも、月額10万円以上高く、他の従業員の基本給（年収450万円程度）よりも大幅に高い。
②大阪地判令4・8・29（令和2年（ワ）第30002号）LEX/DB〔F.TEN事件〕	管理監督者に当たる。	被告は、瓦・屋根材の販売・施工会社。 原告は、本社営業部長の地位にあり、基本給36万7500円、役職手当8万円、家族手当1万5000円であった。	【職務内容、権限及び責任】 ・原告より上位に配置されているのは、代表と専務のみであり、本社の営業部長であるとともに、営業所の監督も行っていた。 ・本社を含めて原告以外に「部長」が配置されていない。 ・主要部門の売上目標を立てていたこと、商品の値段決定に関する権限や稟議書等の決裁権限を有していた。 【勤務態様】 ・タイムカードはあったが、退勤時は打刻しておらず、平日もゴルフに参加するなど、労働時間に一定の裁量を有していた。 【待遇】 ・取締役よりも月額としては若干高額の給与であった。 ・賃金センサス上は、該当年齢区分の平均年収を下回るが、大企業と中小企業との間の賃金格差を考慮すれば、管理監督者としてふさわしくないものとはいえない。
③岐阜地判令6・8・8（令和4年（ワ）第263号）裁判所HP	管理監督者に当たる。	原告は、全国展開している中古自動車販売買取店の店長として勤務していた。	【職務内容、権限及び責任】 ・日々の買取営業（この店舗における中心的な業務）において本部の承認や決裁は不要

第5章　主な個別論点

				だった。 ・店舗の営業方法を決め、他の従業員に対し指揮命令を行う権限があった。 ・その他、店長には、買取金額を決定する権限、顧客への代金の振込の承認権限、買い取った車の販売方法を決定する権限があった。 ・従業員の採否の判断は基本的に店長に委ねられており、昇格に関しても店長の意見が重視されていた。 ・シフト決定、労務管理の権限も与えられていた。 【勤務態様】 ・タイムカードによって出退勤時刻を記録していたが、出退勤の有無や健康管理等の目的で打刻を求めることは相応の合理性があり、労働時間に裁量がないとはいえない。 ・店長は他の従業員よりも早く出勤して店舗の画像を投稿することを義務づけられていたが、開店準備とその確認を店長が自ら行うべきという考えから行っていたもので一定の合理性があるから、直ちに労働時間に裁量がないとはいえない。 ・遅刻、早退による減給等の不利益はなかった。 【待遇】 ・店長は基本給が月額58万円（他の従業員は月額16〜18万円台）。年収についても他の従業員は残業手当を含めても500〜600万円台に対し、店長は約1100万円。
④横浜地判令3・2・18労判1270号32頁〔アルデバラン事件〕	管理監督者に当たらない。	被告は訪問看護ステーションを運営する会社。原告は看護ステーションの管理者であった。	【職務内容、権限及び責任】 ・訪問看護ステーションの管理者として、利用者との契約件数やサービス提供内容の調

116

I 管理監督者

		月収は40万円。	整を通じて業務量の調整を行っていたが、訪問看護ステーションとしての日常の業務の一環というべきである。 【勤務態様】 ・シフト表を作成していたが、業務の分担を定めるものにすぎず、自己の裁量で労働時間を管理していたとは評価できない。 【待遇】 ・看護師としての資格を有していたこともふまえると、高額の給与とはいえない。
⑤東京地判令4・2・25（令和2年（ワ）第6075号）LEX/DB〔阪神協同作業事件〕	管理監督者に当たらない。	被告は運送業を営む会社。 原告は、支店長であったが、運転業務にも従事していたほか、各顧客の訪問、電話・メール応対、請求書などの書類作成・データ入力及び売上管理等の業務に従事していた。 基本給30万円、職務手当が5〜10万円支給されていた。	【職務内容、権限及び責任】 ・社長が随時報告を受けて指示をしており、自らの権限で契約締結や物品購入を行っていないことや、採用や解雇に関与したことはあるが、最終的な決定に関与したとは認められないうえ、自ら運転業務にも従事していた。 【勤務態様】 ・休暇や早退に関して社長に連絡を取っていることから、自由に出退勤をしていたとは認められない。 【待遇】 ・同年代のトラック運転手の平均より高額であるが、管理職の地位にあることによるものではなく、採用時に経歴・人脈を評価されていたことによるものであるから、管理監督者性を肯定する事情と評価できない。
⑥東京地判令4・3・30（令和2年（ワ）第20314号）LEX/DB〔ビーチャイニーズ事件〕	管理監督者に当たらない。	被告は、中国語の語学教室経営会社。 原告は、中国語の講師で、ある校の校長を務めていた。 月収は26〜27万円。	【職務内容、権限及び責任】 ・校長ではあるが、自身も講座を担当しており、業務の大半は中国語の講師としての業務であった。 ・採用面接を担当したことがあるが、採用権限まであった

				かは明らかでない。 【勤務態様】 ・シフト表に基づいて出勤していたこと、休日出勤には、事前に許可を得てから出勤していたことから、労働時間に裁量を有していたとはいえない。 【待遇】 ・原告の給与額が管理監督者にふさわしい待遇とはいえない。
⑦京都地判令4・5・11労判1268号22頁〔社会福祉法人セヴァ福祉会事件〕	管理監督者には当たらない。	原告は保育園に勤務する保育士。		【職務内容、権限及び責任】 ・勤務シフト表を作成していたが、管理職の地位を超えて、労務管理全般について責任を有する地位にあったとはいえない。 【勤務態様】 ・シフトに拘束されていたため、労働時間に裁量はない。 【待遇】 ・月額固定額は40万円前後。管理監督者にふさわしい待遇とはいえない。

(2) **裁判例をふまえた分析**

(a) **職務内容、権限及び責任**

　紹介した裁判例においても、裁判所は、特に、対象となる労働者の職務内容、与えられていた権限及び責任について、細かく事実を認定したうえで、経営と一体的な立場にあるといえるかどうかを判断している。そのため、訴訟で争うこととなった場合には、対象となる労働者に具体的にどのような権限及び責任が与えられ、与えられた権限及び責任に基づいて具体的にどのような職務を行っていたのかについて可能な限り詳細に主張立証することが必要となる。

　例えば、前掲岐阜地判令6・8・8（裁判例③）においては、対象となる労働者（店舗の店長）が店舗における重要な業務である中古車の買取業務に関して、査定担当者をどの従業員とするかを決定し、査定の結果、買取を行うか

どうかや、買い取る場合の買取金額を決定していたこと、買取を行った後の車の販売方法を決定していたことが認定されている。裁判所は、店舗の重要な業務に関して前述したような決定権限が与えられていたことをふまえると、「自身が店長を務める買取店という一店舗単位でみれば、当該店舗の実質的な経営者であると評価することができ、利益を生み出す主体である買取店の、被告における重要性に鑑みれば、買取店の店長は、被告の経営者と一体的な立場にあるとも評価することができる。」と述べ、結論として管理監督者性を認めている。

なお、この裁判所の判断をふまえると、仮に対象となる労働者が使用者全体の経営方針の決定等に関与していない場合であっても、使用者の事業の中の重要な部門において、その部門の実質的な経営者といえるような重要な権限が与えられている場合には、経営者と一体的な立場にある者に当たると考えられる。

(b) 勤務態様

管理監督者性が認められている前掲東京地判令4・3・23（裁判例①）及び大阪地判令4・8・29（裁判例②）では、対象となる労働者が、勤務時間中に私用（歯科医院への通院やゴルフコンペへの参加）によって外出しているものの、減給等はされていないという点等も考慮し、裁判所は労働時間に一定の裁量があったことを認めている。この点をふまえると、勤務時間中に私用での外出が自由にでき、外出した分の賃金控除等がされていないという事実は、労働時間に裁量が与えられていたことを基礎づける重要な事情の一つであることがわかる。

(c) 賃金等の待遇

管理監督者性が認められている前掲東京地判令4・3・23（裁判例①）、大阪地判令4・8・29（裁判例②）、岐阜地判令6・8・8（裁判例③）では、対象となる労働者に支給されていた賃金が、管理監督者ではない通常の労働者に支給されていた賃金と比較してかなり高水準の賃金であったことが、管理監督者としてふさわしい待遇が与えられていたという評価につながっている。このことからも、待遇面に関しては、対象となる労働者に支給されていた賃金と管理監督者ではない通常の労働者に支給されていた賃金との比較が重要となることがわかる。

他方で、前掲東京地判令4・2・25（裁判例⑤）では、同年代のトラック運転手の平均月収が28万5000円であるのに対し、対象となる労働者の月額支給額はおおむね50万円以上と高水準であった。しかし、裁判所は、対象となる労働者を採用した経緯をふまえると、対象となる労働者が賃金面で厚遇されていたのは、この労働者の過去の人脈を活かしたイベント関連業務を受注することへの期待からであり、管理者としての業務を行うことに伴う待遇ではないとして、管理監督者ではない通常の労働者に支給されていた賃金と比較してかなり高水準の賃金であったとしても管理監督者性を肯定する事情とはいえないと判断している。

このように、裁判所は、対象となる労働者に支給されていた賃金の額面の多寡だけでなく、採用の経緯等からその賃金の性質が管理者としての業務を行うことに伴って高額に設定されたものといえるかどうかという観点でも、管理監督者にふさわしい待遇が与えられていたかを検討している点には留意が必要である。

3　主張立証のポイント

使用者側が、対象となる労働者が管理監督者に当たることを主張立証する場合には、以下のような点に着目することが考えられる。

【①職務内容、権限及び責任】
- 対象となる労働者が会社の経営上重要な部門を統括する地位にあったこと★4。
- 対象となる労働者が会社の重要な経営事項を決定する会議に出席しており、この会議に主体的に参加していたこと★5。
- 対象となる労働者が従業員の採用面接を行っており、その場で採用の可否を決定していたこと。
- 対象となる労働者が、部下である従業員の人事評価を決定していたこと。

★4　このような事実を立証する方法として、組織図や社内の職務分掌に関する規程等が考えられる。
★5　このような事実を立証する方法として、対象となる労働者が参加した会議の議事録等が考えられる。

・対象となる労働者が、部下の従業員の勤怠管理（残業の承認、遅刻、早退、欠勤の管理等）を行っていたこと。

【②勤務態様】
・管理監督者ではない労働者は残業を行う場合には上長への申請及び承認が必要である一方、対象となる労働者は申請、承認が求められていなかったこと。
・勤務時間中に業務以外の事由（通院、私的な買い物等）によって自由に外出することができたこと。
・遅刻、早退があった場合でも賃金控除や人事評価でのマイナス評価が行われていないこと。

【③賃金等の待遇】
・管理監督者となる前と管理監督者となった後で賃金の総額（残業代も含めた金額）が上がっていること。
・実労働時間に基づいて算出される残業代が役職手当より高額になっていないこと。
・実労働時間当たりの賃金単価が、管理監督者ではない労働者よりも上回っていること。

4　実務上の留意点
(1) 管理監督者性が否定された場合の影響

実務上、権限や責任が与えられていないにもかかわらず、高水準の賃金を支払い管理監督者として扱っている場合はよく見受けられる。このような場合に管理監督者性が否定され、時間外労働、休日労働に対する割増賃金の支払いが必要となった場合、割増賃金の1時間当たりの単価を計算するにあたっては、当該労働者に支払われていた高水準の賃金を前提にしなければならない。そのため、必然的に、割増賃金の1時間当たりの単価が非常に高くなり、高額の割増賃金の支払いが必要になるという事態に陥ってしまう。
このような事態を回避する観点では、経営者と一体的な立場と説明できる

ような権限や責任を有していない労働者については、無理に管理監督者として扱うのではなく、労働時間を厳格に管理したうえで固定残業手当を支給する等した方が、残業代請求を受けた場合の影響を限定的にすることができる可能性がある。

(2) 管理職手当の返還請求

労働者側が自身は管理監督者には当たらないとして残業代請求を行ってきた場合、管理監督者に当たることを前提に支払っていた手当の返還を求めることができるかが問題になり得る。

この点に関しては、医師による残業代請求訴訟に対する反訴において、使用者による管理職手当（合計157万5000円）の不当利得返還請求が認められた事例[★6]がある。

この裁判例では、給与規則において「管理又は監督の地位にある職員に対し管理職手当を支給する。」と規定されていた。労働者側は、管理職手当は労基法上の管理監督者であるか否かとは無関係に支給される手当であると主張したうえで、管理職手当支給細則において医長（当該労働者が当時就いていた役職）が「管理職にある者」であると規定されていることを理由に、自身は管理職手当の受給権限があると主張した。もっとも、裁判所は、給与規則における「管理又は監督の地位にある職員に対し管理職手当を支給する。」との規定が、労基法41条2号の「監督若しくは管理の地位にある者」と類似した表現を用いていることからすれば、両規定は同一の内容を規定したものと理解するのが相当であって、管理職手当の支給対象者は労基法41条2号の管理監督者であると理解するのが相当であると述べ、当該労働者に管理職手当の受給権限がないと判断した。

この裁判例の判断をふまえると、管理監督者性が否定された場合に管理監督者であることを前提に支給していた手当の返還を求めるためには、就業規則もしくは給与規程において、当該手当の支給対象が労基法41条2号の管理監督者であることが示されていることが必要であるといえる。

そのため、管理監督者であることを前提に支給する手当に関しては、就業規則もしくは給与規程において、例えば、「管理職手当は労働基準法第41条

[★6] 東京高判令元・12・24労判1235号40頁〔社会福祉法人恩賜財団母子愛育会事件〕。

2号の管理監督者に該当する従業員に対し支給する。」といった規定を置くことが望ましい。

　もっとも、この裁判例は、対象となる労働者の基礎単価が高額になることや実労働時間が長時間であったという事情から、管理監督者性が否定された場合には未払い残業代が2500万円と高額になり、既に支給した管理職手当分を差し引いたとしても使用者側が2300万円以上を支払わなければならないような事案であった。そのため、裁判所がこのような事情から、結論の妥当性の観点もふまえ、管理職手当の返還を認めたという見方も考えられる。

　したがって、就業規則や給与規程において、「管理職手当は労働基準法第41条2号の管理監督者に該当する従業員に対し支給する。」といった規定を置いていたとしても、その他の事情によっては、訴訟において管理職手当の返還が認められない場合も考えられるため、その点は留意する必要がある。

(3) その他の労働者への影響（波及リスク）

　企業によっては、機械的に特定の役職以上の労働者を一律に管理監督者として扱っている場合もある。

　そのような場合に、管理監督者として扱われていた特定の労働者が残業代請求訴訟を行い、判決において管理監督者には当たらないとの判断が示された場合、当該判決の内容を知った他の管理監督者として扱われていた労働者が、自身も管理監督者には当たらないと主張して同様の残業代請求を行ってくる可能性が考えられる。

　このように、訴訟の判決において管理監督者性が否定された場合には、請求を行ってきた労働者以外の者との関係でも残業代請求が発生するリスクがある。

　そのため、管理監督者が争点となっている場合で、かつ法的に管理監督者であると認められる可能性が乏しい見通しの場合には、他の労働者に波及する可能性もふまえ、可能な限り、判決に至る前に解決することが望ましいといえる。また、同時に管理監督者の権限や範囲の見直しや、規定の見直しを行う必要がある。当該事後的な対応に関する点は、**第7章**の**Ⅲ**に記載する。

〔梅本　茉里子〕

Ⅱ　変形労働時間制

1　変形労働時間制の概要

　変形労働時間制は、変形期間内において1週間当たりの平均所定労働時間が法定労働時間を超えなければ、変形期間内の1週又は1日の所定労働時間が法定労働時間を超えても、所定労働時間の限度で法定労働時間を超えた取扱いをせず、使用者に割増賃金の支払義務を発生させない制度である。労基法は変形労働の単位期間として、1年（労基32条の4）、1か月（労基32条の2）及び1週間（労基32条の5）を認めている。

　具体例として、変形労働時間制が適法に採用されていれば、ある特定の日の変形後の所定労働時間が1日10時間の場合、実際の労働時間が10時間だったとしても、使用者は1日の法定労働時間（8時間）を超える時間外労働部分（2時間分）に対して割増賃金の支払義務を負わない。

　他方、変形労働時間制を採用したとしても、深夜割増賃金及び休憩・休日に関する適用は変わらないため、注意する必要がある。

【図表1】

変形労働時間制において時間外労働となる部分	
法定労働時間を超えた所定労働時間が定められている週や日の場合 　例：所定労働時間が1日10時間 　　　実労働時間が1日12時間	所定労働時間を超える実労働時間が時間外労働となる。 　例：所定労働時間のうち1日10時間を超える部分（2時間分）が時間外労働となる。
法定労働時間の範囲内で所定労働時間が定められている週や日の場合 　例：ある1日の所定労働時間が6時間 　　　その日の実労働時間が9時間	法定労働時間を超える実労働時間が時間外労働となる。 　例：実労働時間のうち法定労働時間を超える部分（8～9時間までの1時間分）が割増賃金支払義務のある時間外労働となる。 ※所定労働時間を超える部分（6～8時間までの2時間分）は法内残業

II 変形労働時間制

変形期間全体の労働時間が、法定労働時間の総枠を超える場合 例：1か月の総労働時間が月の法定労働時間を超える場合	となる。 ➡ 法定労働時間の総枠を超えた実労働時間が時間外労働となる。

【図表2】

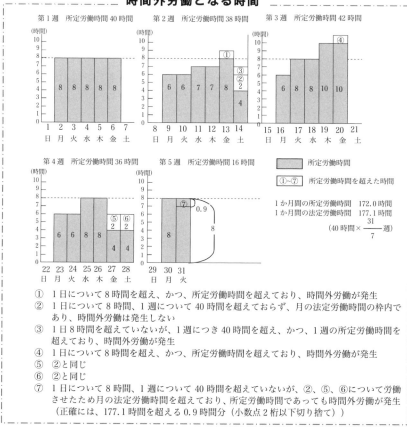

① 1日について8時間を超え、かつ、所定労働時間を超えており、時間外労働が発生
② 1日について8時間、1週について40時間を超えておらず、月の法定労働時間の枠内であり、時間外労働は発生しない
③ 1日8時間を超えていないが、1週につき40時間を超え、かつ、1週の所定労働時間を超えており、時間外労働が発生
④ 1日について8時間を超え、かつ、所定労働時間を超えており、時間外労働が発生
⑤ ②と同じ
⑥ ②と同じ
⑦ 1日について8時間、1週について40時間を超えていないが、②、⑤、⑥について労働させたため月の法定労働時間を超えており、所定労働時間であっても時間外労働が発生
（正確には、177.1時間を超える0.9時間分（小数点2桁以下切り捨て））

出所：厚生労働省静岡労働局作成資料[7]

---

[7] https://jsite.mhlw.go.jp/shizuoka-roudoukyoku/var/rev0/0123/3919/2017111615407.pdf

2 1か月単位の変形労働時間制

(1) 条　文

労基法32条の2
① 使用者は、当該事業場に、労働者の過半数で組織する労働組合がある場合においてはその労働組合、労働者の過半数で組織する労働組合がない場合においては労働者の過半数を代表する者との書面による協定により、又は就業規則その他これに準ずるものにより、1箇月以内の一定の期間を平均し1週間当たりの労働時間が前条第1項の労働時間を超えない定めをしたときは、同条の規定にかかわらず、その定めにより、特定された週において同項の労働時間又は特定された日において同条第2項の労働時間を超えて、労働させることができる。
② 使用者は、厚生労働省令で定めるところにより、前項の協定を行政官庁に届け出なければならない。

(2) 意　義

　労基法32条の2は、1か月単位の変形労働時間制について規定したものである。同条は、①労使協定又は就業規則その他これに準ずるものにおいて、②変形期間を1か月以内の期間とし、③変形期間を平均し1週間当たりの労働時間が法定労働時間（40時間）を超えない範囲内において、④変形期間における各日、各週の所定労働時間を特定すること、を要件として、1か月単位の変形労働時間制が採用できるとしている。
　1か月単位の変形労働時間制は、①労使協定、労使委員会の決議、もしくは労働時間等設定改善委員会の決議、又は②就業規則その他これに準ずるものにおいて、以下の事項を定める必要がある。

		根拠条文
①・②いずれの場合でも定めなければいけない事項	ⓐ変形期間及びその起算日	労基32条の2第1項 労基則12条の2第1項
	ⓑ変形期間における各日、各週の労働時間	労基32条の2第1項
	ⓒ労使協定又は就業規則その他これに準ずるものを労働者に周知させること	労基106条 労基則12条

①労使協定によって定める場合	⑦有効期間	労基則12条の2の2第1項
	④労使協定を所轄労働基準監督署長に届け出ること	労基32条の2第2項 労基則12条の2の2第2項
②就業規則によって定める場合	変形期間における各日の始業及び終業時刻	労基89条

(3) 労使協定と就業規則の関係

　労使協定は、労基法に違反せず、罰則の適用を受けないという免罰的効果をもつにすぎない。労働契約において労働者に変形労働時間制に従った労務提供を義務づけるためには、労働協約や就業規則において変形労働時間制の適用があることを定める必要がある。そこで、1か月単位の変形労働時間制を労使協定等により採用する場合でも、労使協定の締結と併せて就業規則への定めが必要となる。

　なお、就業規則において「1か月単位の変形労働時間制を採用し、具体的には労使協定で定めるところによる」旨の定めをおくことは、労使協定を就業規則の一部として取り扱う場合であれば可能とされている。もっとも、この場合、労使協定を締結するたびに就業規則の変更手続を行わなければならない[★8]。

(4) 「就業規則その他これに準ずるもの」の意義

　常時10人以上の労働者を使用する使用者は、就業規則を作成する義務を負う（労基89条）。そのため、就業規則の作成義務を負う使用者は、就業規則に変形労働時間制を採用する場合には、必ずその旨の定めを置かなければならない。「その他これに準ずるもの」という方法を採用してよいのは、常時10人未満の労働者を使用する使用者のみに限られるとされている（昭22・9・13発基17号、水戸地判昭56・11・5労判379号速報カード27頁〔茨交大洗タクシー事件〕）。

(5) 「特定された週」又は「特定された日」

　1か月単位の変形労働時間制を適用するには、労使協定又は就業規則その他これに準ずるものにおいて変形期間における各日、各週の労働時間をあら

[★8] 厚生労働省労働基準局編『令和3年版労働基準法(上)』（労務行政、2022年）426頁。

第5章　主な個別論点

かじめ特定しなければならない。ここでいう「特定」とは、就業規則等において、変形期間の各日、各週の所定労働時間を具体的に定めることをいう（最判平14・2・28民集56巻2号361頁・労判822号5頁〔大星ビル管理事件〕）。解釈例規においても、「労使協定による定め又は就業規則その他これに準ずるものにより、変形期間における各日、各週の労働時間を具体的に定めることを要し、変形期間を平均し週40時間の範囲内であっても使用者が業務の都合によって任意に労働時間を変更するような制度はこれに該当しない」とされている（昭63・1・1基発1号）。

また、労基法89条が、就業規則で始業時刻及び終業時刻を定めるよう義務づけていることから、変形労働時間制においても就業規則の中で、変形パターンにおける各日の労働時間の長さに加えて、始業時刻及び終業時刻も定める必要がある（昭63・1・1基発1号）。

もっとも、月ごとに勤務割表を作成する必要がある場合には、就業規則において各勤務の始業時刻及び終業時刻、各勤務の組合せの考え方、勤務割表の作成手続及び周知方法等を定め、この定めに従って各日の勤務割を変形期間の開始前までに具体的に特定することも可能である（昭63・3・14基発150号）。具体的には、就業規則に「始業、終業の時刻及び休憩時間は下記の表のいずれかとする。」、「勤務時間及び休日は、変形期間を開始する前日までに書面による方法で明示する。」という記載を設ける方法が挙げられる。

仙台高判平13・8・29労判810号11頁〔岩手第一事件〕は、下記の規定の内容が労基法32条の2第1項が求める「特定」の要件を満たしているかが問題となった事案である。

（勤務時間）

……

④　各変形期間内の特定の日については、1日の労働時間を短縮し、変形期間の法定労働時間を超えないように勤務割表を作成するものとする。

⑤　交替勤務の転換は、別に定める勤務割表に従い行う。

（勤務時間等の変更）

①　前条の始業・終業の時刻及び休憩の時間は、季節、又は業務の都合に

> より変更し、一定期間内の特定の日あるいは特定の週について労働時間
> を延長し、もしくは短縮することがある。この場合でも、1週間の労働
> 時間は、1か月を平均して40時間の範囲を超えないものとする。
> ② 前項の労働時間の延長、短縮及び特定の日、特定の週については事前
> に勤務割表で明示するものとする。

　裁判例は、「労働基準法32条の2及び前記労働基準局長の各通達（筆者注：昭63・1・1基発1号、昭63・3・14基発150号）の趣旨は、1か月の変形労働時間制を採用する場合には、使用者が日又は週に法定労働時間を超えて労働させることが可能となる反面、過密な労働により、労働者の生活に与える影響が大きいため、就業規則等において、単位期間内におけるどの日又は週が法定労働時間を超えるのかについてできる限り具体的に特定させ、それが困難であっても、労働者がその日又は週における労働時間をある程度予測できるような規定を設けておくべきことを要求している」としたうえで、「使用者が就業規則の各規定に従って勤務割表を作成し、これを事前に従業員に周知させただけで、同法32条の2の『特定された週』又は『特定された日』の要件を充足するものであるとするものではない。」として、上記規定は労働時間等に関して就業規則上何らの定めがなく、使用者が任意に決定可能な規定になっており、労働者がどのような場合に労働時間の変更が行われるのかを予測することは到底不可能であると判断した。

　また、名古屋地判令4・10・26労経速2506号3頁〔日本マクドナルド（変形労働時間制）事件〕（第一審）では、使用者の事業規模にかかわらず、就業規則にすべての勤務パターンを記載しなければならないと判断されている。筆者も、就業規則の改定作業に携わる際は、事業場ごとおけるシフトパターンを洗い出したうえで、当該事業場で想定されるシフトパターンすべてを網羅的に記載することとしている。

(6) 労働時間・労働日の変更の可否

　使用者が、業務の都合によって任意に労働時間を変更するような制度は、変形労働時間制には該当しない（昭63・1・1基発1号）。

　他方、特定後の労働時間の変更について、裁判例は、労基法32条の2が

第5章　主な個別論点

そのような変更条項を一切許さないとする趣旨ではなく、労働者から見てどのような場合に変更が行われるのか予測可能な程度に変更事由を就業規則に具体的に定めること（東京地判平12・4・27労判782号6頁〔JR東日本（横浜土木技術センター）事件〕、前掲仙台高判平13・8・29や、業務上やむを得ず変更が許される例外的、限定的な事由を就業規則に具体的に定める必要があると判断したものとして広島高判平14・6・25労判835号43頁〔JR西日本（広島支社）事件〕）を必要としている。これらの裁判例より単に「業務上の必要がある場合は、指定した勤務を変更する」という程度の定めでは違法となってしまうことが明らかとなっている。もっとも、変形労働時間制を採用している企業の中には、就労日等を柔軟に変更する目的から、変更事由を就業規則に具体的に定め厳格に運用することなく、勤務時間や労働時間の変更を頻繁に行ってしまっている企業もよく見受けられる。実際に相談を受ける際には、就業規則と運用実態を丁寧に確認すべきである。

(7)　**変形労働時間制における休日振替**

　1か月単位の変形労働時間制のもとで休日振替を行うと、あらかじめ特定されていない日や週に法定労働時間を超えて労働する場合が生じる。通達（前掲昭63・3・14基発150号）は、「休日振替の結果、就業規則で1日8時間又は1週40時間を超える所定労働時間が設定されていない日又は週に1日8時間又は1週40時間を超えて労働させることになる場合には、その超える時間は時間外労働となる」としている。したがって、休日振替がなされている場合は、割増賃金の支払いが必要になる可能性があるので、注意する必要がある。

3　1年単位の変形労働時間制
(1)　条　　文

労基法32条の4
①　使用者は、当該事業場に、労働者の過半数で組織する労働組合がある場合においてはその労働組合、労働者の過半数で組織する労働組合がない場合においては労働者の過半数を代表する者との書面による協定により、次に掲げる事項を定めたときは、第32条の規定にかかわらず、その協定で第2号の対象期間として定められた期間を平均し1週間当たりの労働時間が40時間を超

えない範囲内において、当該協定(次項の規定による定めをした場合においては、その定めを含む。)で定めるところにより、特定された週において同条第1項の労働時間又は特定された日において同条第2項の労働時間を超えて、労働させることができる。
② ~ ④ (以下略)

(2) 意 義

労基法32条の4は、1年単位の変形労働時間制について規定したものである。同条は、①労使協定において、②対象期間を1か月を超え1年以内の期間とし、③対象期間を平均して1週間当たりの労働時間が40時間を超えない範囲内において、④1日10時間、1週52時間を限度とし、かつ、連続して労働させる日数の限度が6日となるように、⑤対象期間における労働日及び、⑥労使協定の有効期間を定めること、を要件として、1年単位の変形労働時間制が採用できるとしている。

労基法32条の4の2は、1年単位の変形労働時間制の対象労働者であって、対象期間途中に採用された者及び同期間の途中に退職した者について賃金清算を規定している。同条の定める清算が必要な労働者とは、1年単位の変形労働時間制により労働させた期間が当該対象期間より短い労働者をいうとされており、同労働者該当性は、適用される1年単位の変形労働時間制ごと、すなわち、当該労働者に関してあらかじめ特定された労働日及び当該労働日ごとの労働時間が変更されることとなるか否かで判断する。

1年単位の変形労働時間制を採用するためには、労使協定を締結する必要がある。基本的な要件と根拠条文は下記のとおりである。

		根拠条文
労使協定等によって定めるべき事項	ⓐ対象となる労働者の範囲	労基32条の4第1項1号
	ⓑ対象期間(1か月を超え1年以内の期間)及びその起算日	労基32条の4第1項2号 労基則12条の2第1項
	ⓒ特定期間(対象期間中の特に業務が繁忙な期間)及びその起算日	労基32条の4第1項3号 労基則12条の2第1項
	ⓓ ⅰ 対象期間における労働日及び当該労働日ごとの	ⅰ 労基32条の4第1項4号・89条

	労働時間、(就業規則によって定める場合) 各日の始業及び終業時刻 又は ⅱ 対象期間を1か月以上の期間ごとに区分する場合は、各期間のうち対象期間の初日の属する期間(最初の期間)における労働日及び当該労働日ごとの労働時間、当該最初の期間を除く各期間の労働日数及び総労働時間	ⅱ 労基32条の4第1項4号
ⓔ 有効期間		労基32条の4第1項5号 労基則12条の4第1項

	1か月を超え1年以内の変形労働時間制	
	3か月以内	3か月を超える
基本的要件	変形期間を平均して週40時間、労使協定を締結して届出(就業規則への記載も必要)	
所定労働時間の特定方法	事業場の労働者代表(組合の同意を得て1か月ごとに書面で特定する)	
所定労働日数の限度	1年当たり313日(週休制による休日日数)	1年当たり280日(各週週休プラス7日の休日日数)
連続労働日数の上限	6日(繁忙な特定の期間は12日)	
1日・1週の所定労働時間の上限	1日10時間、1週52時間	
所定労働時間が48〜52時間の週の限度	なし	連続3週間以内 3か月に3週間以内
時間外労働の上限に関する特別の基準	なし (「1か月45時間、1年360時間」を基本とした通常の基準)	あり (「1か月42時間、1年320時間」を基本とした特別の基準)

 3か月を超える期間の変形労働時間制は、事前に業務の繁閑を見込んで労働時間を配分するため、突発的なものを除き、恒常的な時間外労働はないことを前提としている。そのため、時間外労働の上限である限度時間は一般の労働者より短い基準が定められている(上表参照)。

●コラム● 1年単位の変形労働時間制の変遷
 第三次産業の著しい増大等の社会情勢の変化に対応するため、昭和62(1987)

II　変形労働時間制

　年の労基法の改正によって、変形労働時間制が大幅に拡充され、1か月単位の変形労働時間制、3か月単位の変形労働時間制、1週間単位の非定型的変形労働時間制が設けられた。このうち3か月単位の変形労働時間制は、季節等により業務の繁閑の差があり、繁忙期には相当の時間外労働が必要となるものの閑散期には人員配置等に比較的余裕が生じることもあるため、労働時間の効率的な配分を行う目的で設けられた制度であった。
　しかしながら、業種によっては業務の繁閑が3か月の範囲に収まらないものも存在する。また年間単位で休日増を図ることが所定労働時間の短縮の観点からも有用であり、そのためには年間単位の労働時間管理をすることができるような制度を設ける方がよいとされた。その結果、平成5（1993）年の改正により変形期間は3か月から最長1年に延長された。
　また週40時間労働制が定着した後は、労働者の健康、生活リズム等に及ぼす影響に配慮しつつ、休日の確保によるゆとりの確保、時間外・休日労働の減少を図ることが一層重要であるとされた。そこで、平成10（1998）年改正により、時間外・休日労働の減少による総労働時間の短縮及び休日の確保を実現する目的で要件の見直しが行われた。

(3)　効　　果

　変形労働時間制が適用されると、使用者は、特定の週又は特定の日において、あらかじめ変形されたとおりに法定労働時間を超えて労働者に労働をさせることが可能になる。繰り返しになるが、労使協定の効力は労基法上の免罰的効果を有するにすぎず、労働契約上の義務づけにおいては、就業規則又は労働協約において労使協定同様の規定を設けることが必要になる。

(4)　**対象期間**

　1年単位の変形労働時間制の対象期間は、1か月を超え1年以内の期間に限るとされている。すなわち、変形の対象となる期間は、1か月を超え1年以内であれば、9か月間や10か月間でも構わないとされており、1年単位の変形労働時間制を採用することもできれば、1年間のうち一定期間の時期のみ適用対象とすることもできる。
　注意すべき点として、1年単位の変形労働時間制は決めた対象期間に単位を維持するとされている。労使の合意があっても、一度適用された対象期間

について変形労働の適用を中止することはできない★9。

(5) 労働時間の特定及び変更の可否

　1か月単位の変形労働時間制と同様に、労使協定等において、対象期間の各日、各週の労働時間を具体的に定めなければならない。また、就業規則の作成義務のある使用者は、就業規則において対象期間における各日の労働日の始業時刻・終業時刻を定めなければならない（労基89条）。

　特定された労働日又は週の労働時間を、対象期間の途中で変更することは、労使協定において定めたとしてもできないとされている（前掲昭63・3・14基発150号・婦発47号、平6・3・31基発181号）。

4　変形労働時間制とフレックスタイム制の比較

　1か月単位の変形労働時間制、1年単位の変形労働時間制、1週間単位の非定型的変形労働時間制、フレックスタイム制を比較すると、下表のとおりとなる★10。

		1か月単位の変形労働時間制	1年単位の変形労働時間制	1週間単位の非定型的変形労働時間制	フレックスタイム制
変形労働時間制についての労使協定の締結		○※1	○	○	○※2
労使協定の監督署への届出		○	○	○	
特定の事業・規模のみ				○（労働者数30人未満の小売業・旅館・料理店・飲食店）	
労働時間など	休日の付与日数と連続労働日数の制限	週1日又は4週4日の休日	週1日※3	週1日又は4週4日の休日	
	1日の労働時間の上限		10時間	10時間	

★9　厚生労働省労働基準局編『令和3年版労働基準法(上)』（労務行政、2022年）456頁。
★10　厚生労働省徳島労働局HP「変形労働時間制」より抜粋（https://jsite.mhlw.go.jp/tokushima-roudoukyoku/hourei_seido_tetsuzuki/roudoukijun_keiyaku/hourei_seido/jikan/henkei01.html参照）。

II 変形労働時間制

1週の労働時間の上限		52 時間[※4]		
1週平均の労働時間	40 時間（特例 44 時間）	40 時間	40 時間	40 時間（特例 44 時間）
時間・時刻を会社が指示できる	○	○	○	
出退勤時刻を個人が選択できる				○
あらかじめ就業規則等で時間・日を明記する必要	○	○		
就業規則変更届の提出（10人以上）	○（10人未満の事業場でも準ずる規程が必要）	○	○	○

※1　労使協定の代わりに就業規則でも可。
※2　就業規則にも定めが必要。
※3　対象期間における連続労働日数は6日（特定期間については12日）
※4　対象期間が3か月を超える場合は、回数等の制限がある。

5　裁　判　例

変形労働時間制については「特定された週」又は「特定された日」が問題となることが多い。以下の判例・裁判例が参考となる。

(1)　「特定された週」又は「特定された日」に関する判例・裁判例

【判例等一覧表】

事件名	判決年月日 出　　典	判旨の概要
大星ビル管理事件	最判平14・2・28民集56巻2号361頁・労判822号5頁	1か月単位の変形労働時間制を定めた労基法32条の2が適用されるためには、単位期間内の各週、確実の所定労働時間を就業規則等において特定する必要があるものと解されるとの前提に立ったうえで、労働協約又は就業規則において、「業務の都合により4週間ないし1箇月を通じ、1週平均38時間以内の範囲内で就業させることがある。」旨の定めでは直ちに変形労働時間制を適用する要件が具備されているものとは解されないとし、他の事情（「月別カレンダー」と呼ばれる具体的勤務割である勤務シフトが作成されていたこと等）をもって、就業規則等による各週、確実の就労時間の特定がされていると評価し得るか否かを

		判断するよう原判決を破棄して差し戻した。
学校法人関西学園（寮監・仮眠時間）事件	岡山地判平23・2・14労判1033号89頁	シフト表の作成が特定された週又は日の要件を満たすかについて、就業規則に単位期間及びその起算日の定めすらなく、また作成される個人別勤務表の内容、作成時期や作成手続等に関する定めすらないのであるから、本件就業規則による各週、各日の所定労働時間の特定がされていると評価することはおよそできないのであって、個人別勤務表の作成によって変形労働時間を適用する要件が具備されていたとみることはできないと判断した。
オーイング事件	福井地判令3・3・10（平成30年（ワ）第98号）LEX/DB	就業規則に各勤務の始業終業時刻、各勤務の組合せの考え方、勤務割表の作成手続及び周知方法が定められていなかった事案。 　裁判所は、「就業規則により1か月単位の変形労働時間制を採用するには、就業規則において、変形期間の各日、各週の労働時間を具体的に定める必要があるところ、業務の実態から、月ごとに勤務割を作成する必要がある場合には、就業規則において各勤務の始業終業時刻、各勤務の組合せの考え方、勤務割表の作成手続及び周知方法等を定めておき、それに従って各日の勤務割を変形期間の開始前までに具体的に特定することで足りるものとされる。」「しかし、前記被告の就業規則……においては、変形労働時間制における各勤務の始業終業時刻、各勤務の組合せの考え方、勤務割表の作成手続及び周知方法がいずれも定められていない。」「以上によれば、被告が採用する変形労働時間制は、労基法32条の2第1項の『特定された週』又は『特定された日』の要件を充足していない」として、「特定された週」又は「特定された日」の要件充足性を否定した。
日本マクドナルド（変形労働時間制）事件（第一審）	前掲名古屋地判令4・10・26労経速2506号3頁	裁判所は、「被告は就業規則において各勤務シフトにおける各日の始業時刻、終業時刻及び休憩時間について『原則として』4つの勤務シフトの組合せを規定しているが、かかる定めは就業規則で定めていない勤務シフトによる労働を認める余地を残すものである。そして、現に原告が勤務していたe店においては店舗独自の勤務シフトを使って勤務割が作成されていることに照らすと、被告が就業規則により各日、各週の労働時間を具体的に特定したものとはいえず、同法32条の2の『特定された週』又は『特定された日』の要件を充足するものではない。」と判断した。 　使用者（被告）は、全店舗に共通する勤務シフトを就業規則上定めることは事実上不可能であり、各店舗において就業規則上の勤務シフトに準じて設定された勤務シフトを使った勤務割は、就業規則に基づくものであると主張した。しかし、裁判所は「労働基準法32条の2は、労働者の生活設計を損なわない範囲内において労働時間を弾力化

		することを目的として変形労働時間制を認めるものであり、変形期間を平均し週40時間の範囲内であっても使用者が業務の都合によって任意に労働時間を変更することは許容しておらず（労働基準局長通達昭和63年1月1日基発第1号）、これは使用者の事業規模によって左右されるものではない。加えて、労働基準法32条の2第1項の『その他これに準ずるもの』は、労働基準法89条の規定による就業規則を作成する義務のない使用者についてのみ適用されるものと解される（労働基準局長通達昭和22年9月13日発基17号）から、店舗独自の勤務シフトを使って作成された勤務割を『その他これに準ずるもの』であると解することもできない。したがって、被告の主張は採用することができない。」と判断した。
日本マクドナルド（変形労働時間制）事件（控訴審）	名古屋高判令5・6・22労経速2531号27頁	前掲マクドナルド事件（第一審）の高裁判決である。 高裁判決は、1か月単位の変形労働時間制が有効であるためには、①就業規則その他これに準ずるものにより、変形期間における各日・各週の労働時間を具体的に定めることを要し、②就業規則において定める場合には労基法89条により各日の労働時間の長さだけではなく、始業及び終業時刻も定める必要があり、③業務の実態から月ごとに勤務割を作成する必要がある場合には、就業規則において各直勤務の始業終業時刻、各直勤務の組合せの考え方、勤務割表の作成手続及びその周知方法等を定めておき、各日の勤務割は、それに従って、変形期間の開始前までに具体的に特定することで足りるとされているところ、使用者が就業規則により各日、各週の労働時間を具体的に特定したものとはいえず、労基法32条の2の「特定された週」又は「特定された日」の要件を充足するものではないとして、第一審の結論を維持した。
セントラル・パーク事件	岡山地判平19・3・27労判941号23頁	あらかじめ1か月分のシフト表を掲示して告知していたものの、シフト表には休憩の総時間はもちろん、休憩時間の開始・終了時刻の記載がされていない事案につき、「日々の休憩時間の特定がなければ、単位期間内の各週、各日の所定労働時間も特定しないことは明らか」であると判断した。
富士運輸（割増賃金）事件	東京高判平27・12・24労判1137号42頁	契約書上変形労働時間制の定めがあり労使協定の届出もしているが、協定書に変形期間となる1か月以内の一定期間の特定がなく、シフト表を作成してあらかじめ示すこともしておらず前日又は当日に配車指示をしていた事案。 裁判所は、1か月単位の変形労働時間制が実施されていたとは認められないと判断した。
東洋テック事件	東京地判平28・1・13（平	使用者の作成する勤務予定表が就業規則上の変形労働時間制の規定を受けたものであったとしても、週平均労働時

事件名	判決年月日 出　典	判旨の概要
	成26年（ワ）第19178号）LEX/DB	間が40時間を超過するため、労基法32条の2所定の要件は満たさないと判断した。
	東京地判平22・4・7判時2118号142頁	就業規則では1か月単位とされていたものの半月ごとのシフト表しか作成せず、就業規則において変形期間すべてにおける労働日及び労働時間、変形期間の起算日を明らかにしていなかった事案。 裁判所は、労働時間の特定がなされていないとして変形労働時間制の適用を否定した。
バッファロー事件	東京地判平27・12・11判時2310号139頁	就業規則では変形期間の起算日を毎月9日と定めながら、毎月1日を起算日とするローテーション表による労働時間の特定を行っていた事案。 裁判所は、ローテーション表による定めは就業規則に違反し、翌々月1日から8日までの労働時間は特定されていないため、変形期間すべてにおける労働時間が特定されていないと判断した。

(2) 変形労働時間制を採用している場合の時間外労働該当性に関する判例・裁判例

事件名	判決年月日 出　典	判旨の概要
大星ビル管理事件	前掲最判平14・2・28民集56巻2号361頁・労判822号5頁	適法に1か月単位の変形労働時間制が導入されている場合には、「単位期間内の実際の労働時間が平均して法定労働時間内に収まっていれば、法定時間外労働にならないというものではない。すなわち、特定の週又は日につき法定労働時間を超える所定労働時間を定めた場合には、法定労働時間を超えた所定労働時間内の労働は時間外労働とならないが、所定労働時間を超えた労働はやはり時間外労働となる」と判断した。

(3) 労働日の変更に関する裁判例

事件名	判決年月日 出　典	判旨の概要
岩手第一事件	前掲仙台高判平13・8・29労判810号11頁	いったん特定された労働時間の変更に関する条項は、労働者からみて予測可能な程度に変更事由を具体的に定めることを要し、特定の週又は日の労働時間の短縮、もしくは延長につき、使用者が任意の決定し変更することができるとする本件就業規則の定めにつき、労基法上の制度趣旨に

		合致しないとした一審判決の判断を相当とした。
JR東日本（横浜土木技術センター）事件	前掲東京地判平12・4・27労判782号6頁	具体的に定めた各日・各週の所定労働時間を使用者が一方的に変更することは原則としてできないが、変更が労働者の不利益を及ぼさず、かつ、労働者にとって予測可能な程度に変更事由が具体的に就業規則に定められている場合には、その規定に基づいて使用者が労働者の同意なくして変更を行うことは可能であると判断したうえで、「業務上の必要がある」とするだけの定めでは労働者がどのような場合に変更が行われるかを予測することは到底不可能であり、変更はできないと判断した。

　上記のとおり、変形労働時間制の適用にあたっては、「特定された週」又は「特定された日」といえるか、変形労働時間制を採用している場合の時間外労働該当性、労働日の変更について等が問題となる。これらの裁判例をふまえた実務上の留意点等は以下のとおりである。

6　実務上の留意点及び主張立証のポイント
(1)　実務上の留意点（予防的ポイント）

　変形労働時間制が適法に採用されているといえるためには、①法の定める所定の要件を満たしているか（適法に制度が導入されているか）、②導入された制度が適法に運用されているか、という2つの視点から検討する必要がある。①に関しては就業規則等の定めが労基法の定める所定の要件を満たすか、②に関しては実際の運用がどのように行われていたのかが問題となる。

　変形労働時間制の適用が否定された場合は、労基法32条の定める原則に戻って法定時間外労働の有無を計算することになる。変形労働時間制が否定されると未払い残業代の金額が膨れ上がる可能性がある。このような事態を回避するためにも、変形労働時間制を導入する際は労基法所定の手続を必ず満たすように注意を払うべきである。制度の運用においては、勤務割表や労働日の変更手続は書面によって行う等、労使間において運用方法に疑義をなくしておくことが有用である。

(2)　主張立証のポイント
(a)　法の定める所定の要件を満たしているか（適法に制度が導入されているか）

裁判手続において、変形労働時間制が適用される旨の主張は賃金支払請求権の請求原因に対する抗弁に位置づけられる。そのため、変形労働時間制の適法性を立証する責任は使用者側にあることとなる。変形労働時間制の適用を主張する際は、証拠として就業規則その他それに準じるものを提出することになるが、就業規則の作成・届出手続（又は就業規則に準じるものが適法に周知されているか）が適法であるかという点を、争点を拡大させない限りにおいて、簡潔に主張立証する必要がある。

そのうえで、法所定の要件を満たしているかどうかを判断するにあたっては、労使協定の締結の有無及び就業規則上の定めがどのようになっているかに着目すべきであろう。労基法の定め及び裁判例に照らして、単位期間内におけるすべての勤務パターンが始業・終業時刻及び休憩時間を含めて記載されているかどうかを確認すべきである。職種ごとに代表的な勤務パターンを記載するだけでは、労基法所定の要件を満たさないと判断される可能性があることに注意が必要である。

(b) **制度が適法に運用されているか**

変形労働時間制は、就業規則に定められたパターン以外の働き方をさせてしまうと、その部分に関して適用が否定される可能性がある。前掲名古屋高判令5・6・22に従い、会社や事業場の規模にかかわらず、就業規則に定めたパターンに従って勤務表を作成する必要がある。

主張立証を行う際は、就業規則に加えて実際に作成した勤務表を証拠として提出するとともに、勤務表の周知方法等や実際の制度の運用方法を裁判官に具体的に伝えつつ、その運用方法を裏付ける証拠を書証として提出することになろう。

変形労働時間制において労働日の変更は原則認められないが、天災地変や機械の故障などといった緊急かつ不可避の事情がある場合や、予定していた業務の大幅な変動があったときなど、例外的な事由に基づく場合は、根拠規定がある場合に限り認められる。実務では、就業規則に労働者が特定可能な程度に変更事由を記載したうえで、やむを得ない場合に書面に該当事由を明記して労働日の変更を行うといった対応が考えられる。単に忙しい、人手不足などの理由ではシフトの変更は認められないという点に留意して、主張立証を検討する必要がある。

Ⅲ 裁量労働制

1 意　　義

　労基法は、専門業務型裁量労働制（労基38条の3）と企画業務型裁量労働制（労基38条の4）の2つの裁量労働を定めている。本稿では、専門業務型裁量労働制を「専門型」、企画業務型裁量労働制を「企画型」、両者を合わせて「裁量労働制」とする。

　裁量労働制は、仕事の性質上その遂行の方法を大幅に労働者の裁量に委ねる必要があることから、使用者が業務の遂行の手段や時間配分の決定等に関して具体的な指示を行うことが困難な業務に従事する労働者について、法の定める手続によってみなし労働時間を定め、それに基づいて労働時間の算定を行うものである。

　裁量労働制の適用によって実際の労働時間にかかわらずみなし労働時間制が適用されることから、厳格な手続や運用が要求されている。厚生労働省による就労条件総合調査（令和5（2023）年）によると、専門業務型裁量労働制を導入している企業は2.1％、企画業務型裁量労働制を導入している企業はわずか0.4％にとどまっている。

　残業代請求において、裁量労働制の適用は主に使用者側からの抗弁として主張される。裁量労働制の適用を主張するには、導入手続や運用実態が法に合致していることを丁寧に主張立証していく必要がある。

2　法改正に伴って生じる新たな手続

　裁量労働制に関する省令・告示の改正により、令和6（2024）年4月1日以降、新たに又は継続して裁量労働制を導入するためには、すべての事業場で、必ず以下の対応を行ったうえで、労働基準監督署に協定届・決議届の届出をすることが求められるようになった。

【専門型】
・専門型を適用するにあたり本人の個別同意を得ること。
・同意をしなかった場合に不利益な取扱いをしないことを労使協定に定め

ること。
※上記事項は、企画型では既に労使委員会の決議事項に含まれている。
【専門型・企画型】
・同意の撤回の手続、同意とその撤回に関する記録を保存することを、専門型は労使協定で、企画型は労使委員会の決議で定める必要がある。
【企画型】
・労使委員会の運営規程に①賃金・評価制度の説明事項、②労使委員会が企画型の実施状況の把握と運用改善を行うこと、③労使委員会を6か月以内ごとに1回開催することを定め、そのとおり実施する。

以下では、労使紛争において、企画型と専門型で問題となる点に触れることとしたい。

3　専門業務型裁量労働制
(1) 対象業務

専門型は、厚生労働省令(労基則24の2の2第2項、令5・3・30厚労告115号等)によって定められた20の業務に限り、事業場の過半数労働組合又は過半数代表者との労使協定を締結することで初めて適用可能となる。

(1) 新商品若しくは新技術の研究開発又は人文科学若しくは自然科学に関する研究の業務
(2) 情報処理システム(電子計算機を使用して行う情報処理を目的として複数の要素が組み合わされた体系であってプログラムの設計の基本となるものをいう。(7)において同じ。)の分析又は設計の業務
(3) 新聞若しくは出版の事業における記事の取材若しくは編集の業務又は放送法(昭和25年法律第132号)第2条第28号に規定する放送番組の制作のための取材若しくは編集の業務
(4) 衣服、室内装飾、工業製品、広告等の新たなデザインの考案の業務
(5) 放送番組、映画等の制作の事業におけるプロデューサー又はディレクターの業務
(6) 広告、宣伝等における商品等の内容、特長等に係る文章の案の考案の業務(いわゆるコピーライターの業務)

(7)　事業運営において情報処理システムを活用するための問題点の把握又はそれを活用するための方法に関する考案若しくは助言の業務（いわゆるシステムコンサルタントの業務）
(8)　建築物内における照明器具、家具等の配置に関する考案、表現又は助言の業務（いわゆるインテリアコーディネーターの業務）
(9)　ゲーム用ソフトウェアの創作の業務
(10)　有価証券市場における相場等の動向又は有価証券の価値等の分析、評価又はこれに基づく投資に関する助言の業務（いわゆる証券アナリストの業務）
(11)　金融工学等の知識を用いて行う金融商品の開発の業務
(12)　学校教育法（昭和22年法律第26号）に規定する大学における教授研究の業務（主として研究に従事するものに限る。）
(13)　銀行又は証券会社における顧客の合併及び買収に関する調査又は分析及びこれに基づく合併及び買収に関する考案及び助言の業務（いわゆるM＆Aアドバイザーの業務）
(14)　公認会計士の業務
(15)　弁護士の業務
(16)　建築士（一級建築士、二級建築士及び木造建築士）の業務
(17)　不動産鑑定士の業務
(18)　弁理士の業務
(19)　税理士の業務
(20)　中小企業診断士の業務

　対象業務該当性は、実態が厚生労働省令の定める業務に合致しているかどうかという観点から厳格に判断される。例えば、「(9)ゲーム用ソフトウェアの創作の業務」は、「『創作』には、シナリオ作製（全体構想）、映像制作、音響制作等が含まれます。」、「専ら他人の具体的指示に基づく裁量権のないプログラミング等を行う者又は創作されたソフトウェアに基づき単にCD-ROM等の製品の製造を行う者は含まれません。」等と適用されない場面が具体的に示されている★[11]。すなわち、労働条件通知書等の業務の内容に

★11　厚生労働省パンフレット「専門業務型裁量労働制の解説」6～8頁（https://www.mhlw.

「ゲーム用ソフトウェアの創作等」と記載されているだけでは裁量労働制の対象業務に該当するとはいえず、実際に労働者本人が使用者の具体的指示を受けることなくシナリオ・映像・音響等の制作を行っている必要がある。

また、通達（昭63・3・14基発150号、平12・1・1基発1号）は、①数人でプロジェクトチームを組んで開発業務を行っている場合で、そのチーフの管理の下に業務遂行、時間配分が行われている者や、プロジェクト内で業務に付随する雑用、清掃等のみを行う者は専門型の対象にならないこと、②研究開発業務に従事する者を補助する助手、プログラマー等も、裁量労働制の適用対象者になり得ないことを明示している。

このように、専門型の適用対象業務該当性は、業務の内容や労働実態から厳格に判断される。

(2) 手　　続

(a) 導入手続の流れ

裁量労働制の適用が問題になった場合、手続に不備があることを理由に裁量労働制の適用が否定されることがある。残業代請求において専門型の適用を抗弁として主張する場合は、専門型の導入手続が満たされていることを丁寧に主張する必要がある。

導入手続の流れは以下のとおりである。

i	・労使協定の締結
ii	・労働契約や就業規則等の整備、就業規則の周知 ・所轄労働基準監督署への協定届の提出
iii	・労働者本人の同意を得る
iv	・制度の実施

●コラム●　就業規則の周知性

労基法106条1項は「使用者は、……就業規則……を、常時各作業場の見やすい場所へ掲示し、又は備え付けること、書面を交付することその他の厚生労働省令で定める方法によつて、労働者に周知させなければならない。」として、使用者に対して就業規則を労働者に周知する義務を定めている。この周知の方

---

go.jp/content/001236401.pdf）。

法について、労基法施行規則52条の2は、①常時各作業場の見やすい場所へ掲示し、又は備え付けること、②書面を労働者に交付すること、③その他厚生労働省令で定める方法（磁気テープ、磁気ディスクその他これらに準ずる物に記録し、かつ、各作業場に労働者が当該記録の内容を常時確認できる機器を設置すること、のいずれかによる旨を規定している。

例えば、社長や役員などの机の引出しの中や鍵付きのキャビネット内に保管されているような場合は、作業場の「見やすい場所」に掲示されているという評価は困難であるとして、周知性がないと判断される可能性が高い。裁量労働制のように制度の適用の有無が問題になった場合には、就業規則が効力をもつかどうかも問題になるので必ず就業規則が周知されているかを確認する必要がある。

(b) **労使協定で定めるべき事項**

専門型は、適用事業場ごとに★12 以下の事項を書面によって定めた労使協定を締結し（労基38条の3第1項）、所轄の労働基準監督署に協定届を提出しなければならない（同条2項）。また、労使協定の締結は労基法上適法とする効果を有するものであるため、個々の労働者に適用を及ぼすためには、労働協約、就業規則、個別労働契約において労使協定と同様の内容を定めておく必要がある。さらに、令和6（2024）年4月1日からは、各労働者に必要事項を説明して個別同意を得なければならないこととなった。

≪労使協定で定めるべき事項一覧≫
① 制度の対象とする業務（省令・告示により定められた20業務）
② 1日の労働時間としてみなす時間（みなし労働時間）
③ 対象業務の遂行の手段や時間配分の決定等に関し、使用者が適用労働者に具体的な指示をしないこと
④ 適用労働者の労働時間の状況に応じて実施する健康・福祉確保措置の具体的内容
⑤ 適用労働者からの苦情処理のために実施する措置の具体的内容
⑥ 制度の適用にあたって労働者本人の同意を得なければならないこと
⑦ 制度の適用に労働者が同意をしなかった場合に不利益な取扱いをして

★12　京都地判平18・5・29労判920号57頁〔ドワンゴ事件〕。

第 5 章　主な個別論点

はならないこと
⑧　制度の適用に関する同意の撤回の手続
⑨　労使協定の有効期間（※ 3 年以内が望ましい）
⑩　労働時間の状況、健康・福祉確保措置の実施状況、苦情処理措置の実施状況、同意及び同意の撤回の労働者ごとの記録を労使協定の有効期間中及びその期間満了後 3 年間保存すること

(c)　**労働者の個別同意**
　令和 6 （2024）年 4 月 1 日より専門型を適用する場合には労働者の個別同意が不可欠となった（令 5・3・30 厚労省令 39 号、令 5・3・30 厚労告 115 号）。労働者本人に説明すべき事項は、以下の 3 点とされている。
①　対象業務の内容や労使協定の有効期間を始めとする労使協定の内容等
　　──専門型の制度の概要（みなし労働時間を含む）
②　同意した場合に適用される賃金・評価制度の内容
③　同意をしなかった場合の配置及び処遇
　厚生労働省は、就業規則等による包括的な同意は「個別の同意」に当たらないとして、各労働者から書面による同意書を取得し、当該書面を有効期間及びその有効期間満了後 3 年間保存するよう求めている。また、この同意は「自由な意思に基づいてされたもの」である必要がある。
　厚生労働省は、労働者に対して、裁量労働制に同意した場合に適用される評価制度、これに対応する賃金制度の内容、同意しなかった場合の配置及び処遇について同意取得前に説明するよう求めている。仮に同意に先立って誤った説明を行ったことなどにより、労働者が裁量労働制の適用の是非について検討や判断が適切にできないままに同意に至った場合などは、自由な意思に基づいてされたものとは認められないという見解を示している[★13]。この同意は「いつでも」撤回することができるとされている点で、注意が必要である。

(3)　**効　　果**

[★13]　厚生労働省労働基準局労働条件政策課・事務連絡「『令和 5 年改正労働基準法施行規則等に係る裁量労働制に関する Q ＆ A』について」（令和 5 （2023）年 8 月 2 日）。

上述のとおり、専門型が適用された労働者は、実際の労働時間数にかかわらず、労使協定で定めた時間数を働いたとみなされる。ただし、労基法が定める休日労働や深夜労働の規制は除外されない。そのため、休日労働や深夜労働の割増賃金は発生する。

4　企画業務型裁量労働制
(1)　対象業務

　企画型は、対象業務の存在する事業場で、企画、立案、調査及び分析の対象業務を行う事務系労働者について、業務の遂行手段や時間配分を自らの裁量で決定し、使用者が具体的な指示をしない制度であり、労使双方の要望をふまえて平成10(1998)年に創設された。企画型を導入するには、労使委員会の設置、労使委員会における裁量労働に関する決議及びその届出が必要である。労使委員会において当該業務や業務に必要な時間等を決議した場合、その業務に従事した労働者は決議で定めた時間労働をしたものとみなされる。

　企画型の根拠条文は労基法38条の4である。同法1項は、対象業務について、①事業の運営に関する事項についての、②企画、立案、調査及び分析の業務であって、③当該業務の性質上これを適切に遂行するにはその遂行の方法を大幅に労働者の裁量に委ねる必要があるため、④当該業務の遂行の手段及び時間配分の決定等に関し使用者が具体的な指示をしないこととする業務、と定めている。

　また、「労働基準法第38条の4第1項の規定により同項第1号の業務に従事する労働者の適正な労働条件の確保を図るための指針」((平11・12・27労告149号)、以下、「指針」という)は、上記①〜④の内容について以下のとおり具体的に定めている。

①事業の運営に関する事項	事業の運営に影響を及ぼす事項や、当該事業場にかかる事業の運営に影響を及ぼす独自の事業計画・営業計画についての業務。 (例) 本社・本店で行われる企業全体の営業方針や、事業本部で策定する主要な製品・サービスについての事業計画等。

②企画、立案、調査及び分析の業務	企画、立案、調査、分析という相互に関連しあう作業を組み合わせて行うことを内容とする業務。ここでいう「業務」は、部署が所掌する業務ではなく、個々の労働者が使用者に遂行を命じられた業務をいう。
③業務の性質上これを適切に遂行するにはその遂行の方法を大幅に労働者の裁量に委ねる必要がある	当該業務の性質に照らし客観的にその必要性が存在する業務をいう。
④業務の遂行の手段及び時間配分の決定等に関し使用者が具体的な指示をしない	企画等の業務を、いつ、どのように行うか等について広範な裁量が労働者に認められていることをいう。企画等を行う業務であっても、上司から指示を受け、その監視下で作業をするものは除外される。

(2) 手　　続

　企画型も、残業代請求においては専門型と同様に手続が適法であることを立証する必要がある。以下、導入手続について簡潔に説明する。
≪導入にあたり必要なステップ ⅰ～ⅴ ≫

ⅰ	・労使委員会の設置
ⅱ	・労使委員会による決議
ⅲ	・個別の契約や就業規則の整備 ・所轄労働基準監督署への届出
ⅳ	・労働者本人の同意を得る
ⅴ	・制度の実施

　導入手続において専門型と大きく異なるのは、労使委員会の設置及び決議が必要である点である。他方、労働契約や就業規則の整備、労働者本人の自由な意思による同意が必要な点については専門型と同様である。労使委員会の設置にあたり必要な事項及び決議事項は下記のとおりである。

労使委員会の設置	労使委員会の決議
① 委員会の委員の半数については、当該事業場に、労働者の過半数で組織する労働組合がある場合においてはその労働組合、労働者の過半数で組織する労働組合がない場合においては労働者の過半数を代表する者に任期を定めて指名されること ② 委員会の議事について、議事録が作成・保存されるとともに、労働者に対する周知が図られていること	決議要件：委員の5分の4以上の多数決必要的決議事項： ① 対象業務 ② 対象労働者の範囲 ③ みなし労働時間 ④ 対象労働者の苦情処理の措置 ⑤ 対象労働者の同意を得なければならない旨及びその手続、不同意労働者に不利な取扱いをしてはならない等

　企画型の対象労働者の範囲は、「対象業務を適切に遂行するための知識、経験等を有する労働者」とされている（労基38条の4第1項2号）。具体的な範囲は、対象業務ごとに異なり得るが、対象者の範囲を特定するために必要な職務経験年数、職能資格等の具体的な基準を明らかにする必要があり、常態として対象業務を行っていることを要するとされている。指針では、大学新卒者であっても全く職務経験がないものは対象労働者に該当しないとされている。また、労使決議が、客観的にみて対象労働者に該当しない者を含めたとしても、当該労働者について企画型の効果は生じないとされている。

(3) 効　果

　専門型と同様、労使決議で定めた時間数を働いたとみなされる。労基法が定める休日労働や深夜労働の規制は除外されない点も同様である。

5　裁判例の動向

(1) 労使協定に関する裁判例

① 東京地判平12・2・8労判787号58頁〔シーエーアイ事件〕

　雇用契約や就業規則に裁量労働制の規定が置かれていたが、対象業務やみ

なし時間の記載をした労使協定が存在せず、協定届が提出されていなかったことにより、法定の要件を満たさないとされた。

② 松山地判令5・12・20労経速2544号3頁〔学校法人松山大学事件〕

大学が適格性を有する過半数代表者との間で専門型についての労使協定を締結したとは認められないとして、就業規則の有効性を判断することなく、専門型の適用が否定された。

(2) 対象業務に関する裁判例

① 大阪高判平24・7・27労判1062号63頁〔エーディーディー事件〕

システムエンジニアの従業員が行う販売管理ソフトのカスタマイズ業務はシステム設計の一部にすぎないことに加え、当該事案における業務の納期もタイトであったことから、専門型の対象業務該当性を否定した。

② 東京高判平26・2・27労判1086号5頁〔レガシィほか1社事件〕

確定申告などの業務を行っていたものの税理士資格は有していなかった労働者について、「税理士の業務」には税理士資格を有しない者は含まれないとして専門型の適用を否定した。

③ 東京地判平30・10・16判タ1475号133頁〔インサイド・アウト事件〕

ウェブサイト上に掲載されるバナー広告の制作業務につき、使用するキャッチコピーや写真に指示が出されていたことや納期がタイトであることから、専門型の対象業務である「広告等の新たなデザインの考案の業務」の該当性を否定した。

6 主張立証のポイント

(1) 総　　論

訴訟上問題となりやすいのは、手続面（労使協定の締結状況）、対象業務該当性の2つである。

(2) 手 続 面

手続面に関しては、専門型においては労使協定が有効に締結されていること、企画型においては労使委員会の決議が有効に行われていることが不可欠である。手続面に瑕疵があると、先に掲げた裁判例のようにそれを理由に裁量労働制の適用が否定されてしまう。

特に労使協定の過半数代表者に関しては、前掲松山地判令5・12・20が参

考になる。同裁判例は、「過半数代表者の適格性が認められるためには、①事前に締結を予定する労使協定の対象が明確化され、かつ、具体的な不利益の内容や程度についての情報提供や説明などがされ、過半数代表予定者に当該協定を締結することの適否を判断する機会が与えられていること、②その選出手続が、投票、挙手等の民主的な方法によるものであり、使用者の意向に基づき選出されたものでないこと、③実際に労使協定締結時においても、当該事業場の過半数の労働者がその候補者を支持していると認められる手続がとられていること等を要する。」と判示している。ゆえに、上記判断要素を意識して、適格性を有する過半数代表者との労使協定が締結されたことを丁寧に主張立証しなければならない。

また、法は労使協定に記載すべき事項を明確にしており、前掲東京地判平12・2・8では必要な記載がないことを理由に専門型の適用を否定している。ゆえに、労使協定等を証拠提出する場合は、法所定の事項が労使協定等に記載されていることを準備書面で端的に指摘する必要がある。

(3) **対象業務該当性**

裁量労働制の対象業務は重大な営業秘密を含んでいることが多い。そのため、裁判官と双方代理人で丁寧に争点整理を行い、取引先と守秘義務を負うような場合には民事訴訟法92条に基づく閲覧制限の申立てを検討するといった対応が必要であろう。

対象業務該当性について、裁判例は実際の業務の遂行状況から裁量労働制の適用の有無を判断している。ゆえに、使用者側としては、労働者本人に業務の遂行方法及び労働時間について裁量権があったことを主張するとともに、その裁量権を裏付ける証拠を提出することがポイントである。例えば、本人が業務スケジュールの策定や締切りを決定していた資料を証拠として提出する場合、そのような資料として、作業工程表や当該作業の実施状況を裏付けるメールやチャットの履歴、成果物の納入方法やその状況に関する取引先とのやり取り、進捗状況の報告状況（それに付随する上長のコメントの有無）、出退勤時刻の決定や報告の方法及びそれに付随する上長のコメントの有無等が考えられる。

労働時間に裁量を認める資料として、ICカード等による事業場への入退室履歴やチャットツールにおける勤怠報告履歴等を提出することが考えられ

る。仮に裁量労働制の適用が否定された場合には、未払い賃金の金額が問題となるため、労働時間や休憩時間を具体的に特定する資料は提出しなければならない。なお、指針は、裁量労働制であっても健康・福祉確保措置の観点から労働時間を把握することを求めている。ゆえに、事業場への入退室時刻を記録することは裁量労働制の適用と矛盾しないものと解される。

〔中村　景子〕

Ⅳ　事業場外労働のみなし労働時間制

1　制度の概要
(1)　適用要件

　事業場外労働のみなし労働時間制（労基38条の2）とは、労働者が事業場外で業務に従事した場合について、その労働時間を算定し難いときは、一定の労働時間業務に従事したとみなす制度である。

　この事業場外労働のみなし労働時間制の適用要件は、

　①労働者が事業場外で労働に従事したこと

及び

　②その事業場外での労働時間を算定し難いこと

という2つである。

　このうち、①について、事業場内における業務と事業場外における業務が混在をする場合には、以下のように考えるという行政の見解が示されている（東京労働局・労働基準監督署「『事業場外労働に関するみなし労働時間制』の適正な運用のために」）。

> ア　「所定労働時間≧通常必要時間＋事業場内の労働時間」の場合、その日は事業場内の労働時間を含めて所定労働時間労働したとみなされることになり、その日の労働時間は次のとおりとなります。
> 　　　　所定労働時間（労働基準法第38条の2第1項本文）
>
> イ　「所定労働時間＜通常必要時間＋事業場内の労働時間」の場合、事業

場外労働は通常必要時間とみなされることになり、その日の労働時間は次のとおりとなります。
通常必要時間＋事業場内の労働時間（労働基準法第38条の2第1項ただし書）

　実務上、問題となることが多いのは、②の要件であり、この点については、以下の行政通達が出されている（昭63・1・1基発1号・婦発1号）。

　事業場外労働に関するみなし労働時間制の対象となるのは、事業場外で業務に従事し、かつ、使用者の具体的な指揮監督が及ばず、労働時間を算定することが困難な業務であること。したがって、次の場合のように、事業場外で業務に従事する場合であっても、使用者の具体的な指揮監督が及んでいる場合については、労働時間の算定が可能であるので、みなし労働時間制の適用はないものであること。
　①　何人かのグループで事業場外労働に従事する場合で、そのメンバーの中に労働時間の管理をする者がいる場合
　②　事業場外で業務に従事するが、無線やポケットベル等によって随時使用者の指示を受けながら労働している場合
　③　事業場において、訪問先、帰社時刻等当日の業務の具体的指示を受けたのち、事業場外で指示どおりに業務に従事し、その後事業場にもどる場合

(2) 効　　果
　事業場外みなし労働時間制の適用が認められる場合には、その事業場外での労働については、所定労働時間数の労働をしたものとしてみなされる。また、事業場外での労働を遂行するためには所定労働時間を超えて労働することが必要となることが通常であるという場合には、厚生労働省令の定めるところにより、その通常必要とされる時間をみなし労働時間とするということになっている（労基38条の2第1項ただし書）。
　さらに事業場外みなし労働時間制が適用される場合であっても、深夜労働及び休日労働といった労働時間の配分に関する規定の適用は排除されない。そのため、深夜労働や休日労働がなされた場合には、使用者は所定の割増賃

金を支払う必要がある。

2　判例・裁判例の動向
(1)　事業場外みなし労働時間制に関する最高裁判例
① 最判平 26・1・24 裁判集民 246 号 1 頁・労判 1088 号 5 頁〔阪急トラベルサポート（派遣添乗員・第 2）事件〕

この事件では、募集型の企画旅行における添乗員の業務への事業場外みなし労働時間制の適用の可否が問題となった。最高裁判所は、ツアーの内容に応じてあらかじめ旅行日程や目的地が定められていること、これにより添乗員の業務の内容があらかじめ具体的に確定されており、添乗員が自ら決定できる事項の範囲及びその決定に係る選択の幅は限られていること、旅程の管理等の状況を具体的に把握することができる添乗日報によって、業務の遂行の状況等の詳細かつ正確な報告を求められており、その報告の内容については、ツアー参加者のアンケートを参照することや関係者に問合せをすることによってその正確性を確認することができることから、事業場外みなし労働時間制の適用を否定した。

② 最判令 6・4・16 労判 1309 号 5 頁〔協同組合グローブ事件〕

この事件では外国人技能実習生の指導員（キャリア職員）として勤務する労働者への事業場外みなし労働時間制の適用の可否が問題となった。

当該判例において最高裁判所は「本件業務は、実習実施者に対する訪問指導のほか、技能実習生の送迎、生活指導や急なトラブルの際の通訳等、多岐にわたるものであった。また、被上告人は、本件業務に関し、訪問の予約を行うなどして自ら具体的なスケジュールを管理しており、所定の休憩時間とは異なる時間に休憩をとることや自らの判断により直行直帰することも許されていたものといえ、随時具体的に指示を受けたり報告をしたりすることもなかった」と判示し、業務の内容・性質から労働者の事業場外における勤務の状況を具体的に把握することが容易であったと直ちにはいい難いと判断した。

そのうえで原審の認定のポイントを、「①その記載内容につき実習実施者等への確認が可能であること、②上告人自身が業務日報の正確性を前提に時間外労働の時間を算定して残業手当を支払う場合もあったことを指摘した上で、その正確性が担保されていた」と評価した。この認定について最高裁判

所は、「上記①については、単に業務の相手方に対して問い合わせるなどの方法を採り得ることを一般的に指摘するものにすぎず、実習実施者等に確認するという方法の現実的な可能性や実効性等は、具体的には明らかでない。」とした。また、「上記②についても、上告人は、本件規定を適用せず残業手当を支払ったのは、業務日報の記載のみによらずに被上告人の労働時間を把握し得た場合に限られる旨主張しており、この主張の当否を検討しなければ上告人が業務日報の正確性を前提としていたともいえない上、上告人が一定の場合に残業手当を支払っていた事実のみをもって、業務日報の正確性が客観的に担保されていたなどと評価することができるものでもない。」とし、破棄差戻しの判断を示している。

(2) **事業場外みなし労働時間制の適用を否定した裁判例**

③　東京地判平22・10・27労判1021号39頁〔レイズ事件〕

この事件では、外勤の営業員への事業場外みなし労働時間制の適用の可否が問題となった。裁判例では、原則として、会社に出社してから営業活動を行うのが通常であって、出退勤においてタイムカードを打刻していること、営業活動についても訪問先や帰社予定時刻等を被告に報告し、営業活動中もその状況を携帯電話等によって報告していたことから、事業場外みなし労働時間制の適用を否定した。

④　東京高判令4・11・16労判1288号81頁〔セルトリオン・ヘルスケア・ジャパン事件〕(控訴審)

本件は業務管理システムを導入している営業職について事業場外みなし労働時間制の適用を否定した。具体的には、原告は製薬会社の営業職であり、営業職員は月1回の定例会議以外は自宅から営業先に直行直帰する働き方をしていた。また、週報の記入義務があり、社用車にはGPSが搭載されているがエンジンのオンオフ時点の時間と位置情報のみ記録され、会社貸与のスマートフォンからログインする方法で始業時刻と終業時刻の勤怠管理をしていた(位置情報も記録打刻については業務終了時に打刻するように何度も周知)。他方で、被告は始業時刻と終業時刻以外の記録を取得していなかった。そのうえで被告は固定残業手当(月40時間相当分)を支給し、特定の日に集中して時間外労働が発生することがあるため、被告は事前申請に基づき月40時間を超えて残業をする場合は事前申請を厳格に求めていた(何度も周知メールを送っていた)。

当該事案において裁判所は、「週報は、エクセルの1枚の表に、1週間単位で、当該 MR が担当する施設ごとに、業務を行った日付とその内容とを入力するものであり、内容欄のセルには相当の文字数の文章を自由に入力することができるから(略)、被控訴人は MR に対し、週ごとに、事後的にではあるが、MR が1日の間に行った業務の営業先と内容とを具体的に報告させ、それらを把握することが可能であったといえる。」とした。「また、週報には始業時刻や終業時刻等の記入欄はないものの、被控訴人は、平成30年12月、従業員の労働時間の把握の方法として本件システムを導入し、MR に対して、貸与しているスマートフォンから、位置情報を ON にした状態で、出勤時刻及び退勤時刻を打刻するよう指示した上、月に1回『承認』ボタンを押して記録を確定させ、不適切な打刻事例が見られる場合には注意喚起などをするようになった。」とし、「そうすると、平成30年12月以降、被控訴人は直行直帰を基本的な勤務形態とする MR についても、始業時刻及び終業時刻を把握することが可能となったものといえる。」と判断した。加えて「月40時間を超える残業の発生が見込まれる場合には、事前に残業の必要性と必要とされる残業時間とを明らかにして残業の申請をさせ、残業が必要であると認められる場合には、エリアマネージャーから MR に対し、当日の業務に関して具体的な指示を行うとともに、行った業務の内容について具体的な報告をさせていたから、本件システムの導入後は、MR について、一律に事業場外労働のみなし制の適用を受けるものとすることなく、始業時刻から終業時刻までの間に行った業務の内容や休憩時間を管理することができるよう、日報の提出を求めたり、週報の様式を改定したりすることが可能であり、仮に、MR が打刻した始業時刻及び終業時刻の正確性やその間の労働実態などに疑問があるときには、貸与したスマートフォンを用いて、業務の遂行状況について、随時、上司に報告させたり上司から確認をしたりすることも可能であったと考えられる。」とも示した。

(3) 事業場外みなし労働時間制の適用を肯定した裁判例
① 東京高判平30・6・21労経速2369号28頁〔ナック事件〕
この裁判例も外勤の営業員が問題となった裁判例である。裁判例は、営業活動の「態様は、訪問スケジュールを策定して、事前に顧客に連絡を取って訪問して商品の説明と勧誘をし、成約、不成約のいかんにかかわらず、その

結果を報告するというものであ」ったこと、「訪問のスケジュールは、チームを構成する一審原告を含む営業担当社員が内勤社員とともに決め、スケジュール管理ソフトに入力して職員間で共有化されていたが、個々の訪問スケジュールを上司が指示することはなく、上司がスケジュールをいちいち確認することもなく、訪問の回数や時間も一審原告ら営業担当社員の裁量的な判断に委ねられていた」こと、「個々の訪問が終わると、内勤社員の携帯電話の電子メールや電話で結果を報告したりしていたが、その結果がその都度上司に報告されるというものでもなかった」こと、「帰社後は出張報告書を作成することになっていたが、出張報告書の内容は極めて簡易なもので、訪問状況を具体的に報告するものではなかった」ことから、事業場外みなし労働時間制の適用を認めている。

② 東京地判令4・3・30労判1288号88頁〔セルトリオン・ヘルスケア・ジャパン事件〕（第一審）

前掲東京高判令4・11・16〔セルトリオン・ヘルスケア・ジャパン事件〕（控訴審）(2)④の第一審である。裁判所は、「原告の各日の具体的な訪問先や訪問のスケジュールは、基本的には原告自身が決定しており、上司であるエリアマネージャーが、それらの詳細について具体的に決定ないし指示することはなく、各日の業務スケジュールについては原告の裁量に委ねられていたといえる。」とし、「被告は、原告を含むMRに対し、週1回、訪問した施設や活動状況を記載した週報を上司であるエリアマネージャーに提出するよう指示していたが、証拠によれば、週報の内容は極めて軽易なものであり、何時から何時までどのような業務を行っていたかといった業務スケジュールについて具体的に報告をさせるものではなかったことが認められる。」と認定した。また、「被告では、平成31年1月以降は、原告を含むMRに対し、『F』といったシステムに、訪問先の施設、当該施設側の担当者及び活動結果の種別等の情報を入力させていたが、同システムは、顧客管理のために用いられていたものであり、各日の業務スケジュールについて具体的に入力するものであったとは認められない。」とし、「さらに、被告は、原告を含むMRに対し、被告の備品であるスマートフォンを用いて本件システムにログインした上で出退勤時刻を打刻するよう指示しており、また、打刻を登録した際の場所が記録されるように、スマートフォンの位置情報を本件システムが利用

第5章　主な個別論点

できるようにした状態で打刻の登録を行うよう指示していたが、本件システムによる記録から把握できるのは、出退勤の打刻時刻とその登録がされた際の位置情報のみであり、出勤から退勤までの間の具体的な業務スケジュールについて記録されるものではなかったことが認められる。」と認定し原告の勤務状況を被告が把握することは困難と判断した。原告は当該裁判において「被告が原告の勤務状況を具体的に把握することが困難であったとは認められない事情として、被告は、原告が営業先に行く際に使用していた社用車にGPSを搭載していたことや、被告が、本件システム上の位置情報取得機能を利用することによって、勤務時間中の原告の所在を把握していた」と主張していたが、「被告が社用車のGPS機能によって把握できるのは、エンジンのオンオフ時点の時間と当該時点における位置情報に限られ、また、本件システムによる記録から把握できるのは、出退勤の打刻時刻とその登録がされた際の位置情報に限られるから、これらの記録からMRのスケジュールを網羅的に把握することはできない。」と認定し、「そもそも、認定事実のとおり、原告は、営業先の訪問に当たって、GPSが搭載された社用車を使用せずに、公共交通機関を利用することが多かった上、本件システムの導入後約9か月間は、パソコンないしスマートフォンの位置情報機能を切った状態で本件システムを利用していたため、その間の原告の出退勤打刻時の場所の記録はされていなかったことも踏まえると、社用車のGPSや本件システムに係る記録によって、原告の勤務状況を具体的に把握することはできなかったものと認められる。」とした。

(4)　裁判例の整理

　裁判例においては「労働時間を算定し難い」と判断をするにあたって、業務指示の性質に着目し、この点について詳細な認定を行う傾向がある。前掲最判令6・4・16〔協同組合グローブ事件〕((1)②)においても「実習実施者に対する訪問指導のほか、技能実習生の送迎、生活指導や急なトラブルの際の通訳等、多岐にわたる」という認定から議論を始めており、訴訟となった際にこの使用者においてこの点の立証を行うことが求められることがうかがえる。

　また、労働時間の管理の方法についても争点となるが、前掲東京地判令4・3・30〔セルトリオン・ヘルスケア・ジャパン事件〕（第一審）((3)②)で認

定をされているようにシステムによる管理が可能であるか否かという点のみをもって結論が決定するものではないという点については注意が必要である。

3　主張立証のポイント（「労働時間を算定し難い」の判断方法）

　裁判所は、「その事業場外での労働時間を算定し難い」という要件を充足するか検討をするにあたり、「①業務の性質内容と②使用者と労働者との間の業務に関する指示及び報告の方法・内容等、という2つの要素に照らし、使用者が労働者の業務の状況を具体的に把握することが困難であるといえるか」という基準で判断をしていると考えられる★14。

　業務の性質については以下の点が検討要素として重要になる。
- ・スケジュールがあらかじめ決まりやすい業務か突発的な対応も多い業務か
- ・業務の遂行時間の見通しが立ちにくい業務か
- ・報告、管理はどのようになされていたか等を勘案

　前掲最判令6・4・16〔協同組合グローブ事件〕（2(1)②）においても働き方に裁量があったことと突発的な対応もあってスケジュールが可変的であり、労働者自身や使用者でもコントロールすることができない業務があったという点が原審を破棄した理由として重要なポイントになる。

　反対に進捗管理や成果物の管理が容易なものや突発的な業務はないもの、スケジュールの管理も使用者が行うようなものは適用が否定されると考えられる。

4　実務上の留意点

(1)　安易な適用の危険性

　通信技術が発達した現代では、従前よりも労働時間の把握は行いやすくなっていると考えられる。会社が導入しているシステムによっては、労働時間の把握が可能という判断も十分に考えられるため、この点も確認をする必要がある。

★14　佐々木宗啓ほか編著『類型別労働関係訴訟の実務Ⅰ〔改訂版〕』（青林書院、2021年）235頁。

また、みなしの時間が適切であるかの確認も必要である。

特に、みなし時間を当該業務の遂行に「通常必要とされる時間」とするという制度を採用した場合には、この時間の算出方法の確認が必要である。「通常必要とされる時間」は行政の解釈上、「通常の状態でその業務を遂行するために客観的に必要とされる時間を指し」（昭63・1・1基発1号）、具体的には当該業務に必要であると推定される経験則上の平均値とされている。

(2) テレワークへの適用

テレワークにおいて労働時間が算定し難いといえるためには、①情報通信機器が、使用者の指示により常時通信可能な状態におくこととされていないこと、②随時使用者の具体的な指示に基づいて業務を行っていないこと、という条件を満たす必要がある（厚生労働省「テレワークにおける適切な労務管理のためのガイドライン」参照）。

特に①については、「『情報通信機器が、使用者の指示により常時通信可能な状態におくこととされていないこと』とは、情報通信機器を通じた使用者の指示に即応する義務がない状態であることを指す。なお、この使用者の指示には黙示の指示を含む。また、『使用者の指示に即応する義務がない状態』とは、使用者が労働者に対して情報通信機器を用いて随時具体的指示を行うことが可能であり、かつ、使用者からの具体的な指示に備えて待機しつつ実作業を行っている状態又は手待ち状態で待機している状態にはないことを指す。例えば、回線が接続されているだけで、労働者が自由に情報通信機器から離れることや通信可能な状態を切断することが認められている場合、会社支給の携帯電話等を所持していても、労働者の即応の義務が課されていないことが明らかである場合等は『使用者の指示に即応する義務がない』場合に当たる。」とされている[15]。

また、前掲最判令6・4・16〔協同組合グローブ事件〕（2(1)②）では補足意見においても「外勤や出張等の局面のみならず、近時、通信手段の発達等も背景に活用が進んでいるとみられる在宅勤務やテレワークの局面も含め、その在り方が多様化していることがうかがわれ、被用者の勤務の状況を具体的に把握することが困難であると認められるか否かについて定型的に判断す

---

[15] 厚生労働省「情報通信技術を利用した事業場外勤務の適切な導入及び実施のためのガイドライン」（平成30（2018）年2月22日）。

ることは、一層難しくなってきているように思われる。」としている。
　このことからも個々の証拠を吟味する必要性が高まっていると考えられる。

〔井山　貴裕〕

第6章

業種別の特色

第6章 業種別の特色

Ⅰ 運送業

1 運送業の特色

運送業は残業代のトラブルが非常に多い業種である。

運送業は遠方に積荷を運ぶ経路が存在し、この場合長時間の拘束が予定され、1日で到着が困難である遠方地への運搬の場合には、勤務が2日間にまたがるといった業種である。そのため、その業務のモデルとして長時間の拘束が不可避で発生するという特色がある。

このことから実労働時間の論点が頻出する。

また、わかりやすい賃金制度が運転手からの納得感も得やすいこともあり、複雑な計算が発生しない1日働けばいくらという日給制や1区間の走行当たりいくらといった賃金制度が採用されることも珍しくない。さらに、運送業を経営する使用者が荷主から受け取れる報酬は運転手の賃金と連動するものではないため、荷主から支払われる報酬の範囲内で運転手の賃金を捻出する必要があるという特色もある。

このような賃金制度であるため、残業代のトラブルにおいて、残業代の基礎単価となる賃金は何を対象とするかという点や固定残業代として既払いが存在するかといった点も争点となりやすい。

2 運送業で問題となりやすい賃金制度(固定残業代を除く)

(1) 日給制

問題となる日給制とは、例えば「日給1万円」とし、その日は何時間働いても1万円としている場合である。使用者としては、運転手への説明のしやすさ、わかりやすさの観点、また、あらかじめ時間外労働が想定されることからそれを見越して1万円という設定にすることがある。しかし、(よくある誤解であるが)日給というのは、1日何時間働いても、という考え方ではない。使用者が決めた所定労働時間(例えば8時間)を働いた場合に1万円が支払われるという賃金の計算方式である。そのため、仮に12時間の労働(8時間の通常勤務+4時間の残業)が発生した場合には、残業代は以下の計算で算定することになる。

> 【4時間の時間外労働があった場合】
> 　1万円÷8時間×1.25×4時間＝6250円（残業代）
> 　1万円（日給）＋6250円（残業代）＝1万6250円

　なお、日給に時間外労働の対価も含めるのであれば、時間外労働分が含まれていることを明記しなければならない。この場合の考え方は**第1章**で解説した固定残業代の考え方と同様になる。

　このように「1日いくら」方式は、わかりやすい点、求人の際に魅力的に見える点でメリットがあるが、特に明記しない限りは所定労働時間に対しての対価と判断される可能性が高い。所定労働時間内の通常の労働時間の賃金と判断された場合、割増賃金の基礎単価が非常に高額になるとともに、割増賃金の支払いとも認められないため、予想外に高額の未払い残業代が生じるリスクがある。

(2) 歩 合 給

　運送業においては、1便いくらといった歩合給の設定をする使用者も多い。

　歩合給を設定している使用者の中には、「当社はたくさん働けばその分歩合が多くもらえる。たくさん働くということは労働時間も長くなるので歩合給には残業代の要素も含まれる」として、歩合給を設定していれば残業代を支払わなくてもよいと誤解しているケースが散見される。しかし、歩合給は成果に応じた賃金であり、残業代とは別物である。

　まず、歩合給について労基法はどのように定めているかを解説する。労基法上は歩合給という単語は定められておらず、「出来高払制その他の請負制」と定められている（労基27条参照）。この出来高払いとは「労働者の製造した物の量・価格や売上げの額などに一定比率を乗じて額が定まる賃金制度」（菅野和夫＝山川隆一『労働法〔第13版〕』（弘文堂、2024年）382頁）を指すとされている。また、請負制とは「一定の給付の結果又は一定の出来高に対して賃金が決められるもの」（厚生労働省労働基準局編『令和3年版労働基準法(上)』（労務行政、2022年）388頁）を指すとされている。

　この「出来高払制その他の請負制」の割増賃金の時間単価の算出方法は労基法施行規則19条1項6号で規定されている。同号は「出来高払制その他

の請負制によって定められた賃金については、その賃金算定期間（賃金締切日がある場合には、賃金締切期間、以下同じ）において出来高払制その他の請負制によって計算された<u>賃金の総額</u>を当該賃金算定期間における、<u>総労働時間数で除した金額</u>」（下線は筆者）を割増賃金の時間単価とすると定めている。このように通常の賃金体系と相違が生じるのは、月給が所定労働時間の対価であるのに対し、出来高給の場合は、出来高に対応する賃金の中から所定労働時間内の労働の対価の部分を切り出すことが容易ではないことから、便宜的にこのような計算方法をとるとされている（財賀理行「判解」法曹時報74巻9号）。

裁判例（名古屋地判平3・9・6労判610号79頁〔名鉄運輸事件〕）においても、「請負給の場合には一定の労働時間に対応する一定の賃金が定められておらず、常に実際の出来高等に対応する賃金が請負給として支払われるから、時間当たり基礎賃金額の計算方法上も日給、月給等の場合と異なり、実際の支払賃金総額と総労働時間数によって算定することとしたものである。」とされ、同趣旨の解釈がなされている。また、同裁判例においても上記の趣旨から、「出来高払制その他の請負給制によって賃金が定められている場合には、時間外における労働に対しても通常の労働時間の賃金（右割増率の一に相当する部分）は既に支払われているから、割増部分に当たる金額、すなわち時間当たり賃金の2割5分以上を支給すれば足りる」とされている。

具体的には以下のような計算になる。

【例：1か月の給与が基本給15万円、歩合給が30万円、
　　　月の総労働時間が274時間、うち時間外労働時間が100時間の場合】

（基本給15万円に対する残業代）
　　15万円÷174時間×1.25×100時間≒10万7759円
（歩合給30万円に対する残業代）
　　30万円÷274時間×0.25×100時間≒2万7372円

このように「出来高払制その他の請負制」と判断された場合、総労働時間数で除するため割増賃金の時間単価が安くなり、割増賃金の金額は小さくなる。そのため、固定給となるのか、歩合給となるのかによって、割増賃金の計

Ⅰ 運 送 業

算結果は大きく異なり、当該賃金制度が「出来高払制その他の請負制」(歩合給)に該当するかという点が争点となりやすい。

(a) 歩合給に関する裁判例

① 東京地立川支判令5・8・9労判1305号5頁〔サカイ引越センター事件〕(第一審)

当該裁判例は引越し業者の運送業務を行っていた労働者の残業代請求の事案である。

売上額に応じて支給される賃金である業績給A(売上給)、作業件数と車格に応じて支給される賃金である業績給A(件数給)、現業職が、配車係の指示により、長距離運転(150km以上)、ピアノの搬出・搬入、応援、資材引取等の一定の作業を行った場合に、ポイント表に基づいて支給される賃金である業績給B、車両の洗車やワックスがけを行った場合に支給される賃金である愛車手当、無事故に関する所定の条件を満たした場合に支給される賃金である無事故手当について、いずれも出来高払制賃金に該当するかが争点となった。

結論としてはいずれも出来高払制賃金に該当しないと判断されている。

㋐ 業績給A(売上給)について

「売上額は、営業職が顧客との間で交渉し、営業責任者が決裁して決定されるものであり、直ちに現業職自身の労働給付の成果とはいえない。」「現業職の労働給付の成果とは作業量や運転距離であるところ、売上額は営業職の交渉力如何により必ずしも作業量等と一致しないこと、作業量等は助手の経験値や顧客の対応による影響を受けること、午前便に負担の大きい案件の割当てを受けるとその終了が遅くなり、午後便の配車の有無及び内容等にも影響し得ること等に照らすと、売上額は、現業職の労働給付の成果(作業量等)と必ずしも連動するものではない。」「さらに、業績給A(売上給)は、現業職が配車係から案件の割当て(配車)を受けて得られる賃金であるが、配車について客観的な基準はなく、配車係の裁量に委ねられている。」「被告は、運転手の力量等に応じた配車をしているから自助努力が反映されると主張し、証人C及び証人Dはこれに沿う供述をするが、運転手の力量等を評価する客観的基準を設けていたことを認めるに足りる証拠はなく、原告X1及び原告X2は、積極的に文句を述べる運転手には実入りのいい案件が割り当てられ、大人しくて文句の言えない運転手には負担の多い案件が割り当てられ

ていた等と供述することに照らし、証人C及び証人Dの上記供述はたやすく採用することができない。むしろ、配車係は、配車に当たり、午後便については午前便の進捗や、午前便と午後便を合わせた移動距離等といった事情を考慮し、月の中旬頃以降には全現業職の労働時間のバランスを考慮していたことも踏まえると、現業職の自助努力が反映される賃金であったとはいい難い。また、売上額とされる『車両・人件費値引後合計』額自体は現業職には示されておらず、また、営業職の売上給には上限は設けられていないのに対し現業職の売上給には上限が設けられているなど、現業職に対するインセンティブとしての機能も限定的であった。現業職としては結局のところ、売上額の多寡にかかわらず、専ら配車係が全体のバランスを考慮しつつ、裁量によって指示する案件の割当てに従って決められた作業をするほかはなかったといえる。したがって、業績給A（売上給）は、現業職の労働給付の成果に応じた賃金と実質的に評価することはできず、出来高払制賃金に該当するとは認められない。」

(イ) **業績給A（件数給）について**

業績給A（件数給）は、作業件数と車格に応じて支給される賃金である。しかし、引越しの規模は様々であり、規模の大きい案件であれば1日1件しかできないが、規模の小さい案件であれば4件回すことも可能であることなどに照らすと、作業件数は、現業職の労働給付の成果（作業量等）と必ずしも連動するものではない。また、前記(ア)と同様、案件の割当ては配車係が行うものであり、業績給A（件数給）は、現業職の自助努力が反映される賃金であったとはいい難く、実際、配車係は現業職の労働時間のバランス等に配慮して案件を割り当てていたことから、平均してみれば現業職間にさほどの差異が生じるものでもなかった。

したがって、業績給A（件数給）は、現業職の労働給付の成果に応じた賃金と実質的に評価することはできず、出来高払制賃金に該当するとは認められない。

(ウ) **業績給Bについて**

業績給Bは、現業職が、配車係の指示により、長距離運転（150km以上）、ピアノの搬出・搬入、応援、資材引取等の一定の作業を行った場合に、ポイント表に基づいて支給される賃金であり、現業職に義務づけられた業務の一

環の中で被告の指示に基づいて行われる特定の作業についてその内容に応じた手当を付けるものであって、前記(ア)と同様、現業職の自助努力が反映される賃金であったとはいい難い。

したがって、業績給Bは、現業職の労働給付の成果に応じた賃金と実質的に評価することはできず、出来高払制賃金に該当するとは認められない。

(エ) **愛車手当について**

愛車手当は、車両の洗車やワックスがけを行った場合に支給される賃金であるが、洗車等は、被告による定期的な指示に基づくものであり、労働契約上、現業職に義務づけられた引越作業に付随する業務（準備行為）であるとみられ、また、支給額も、1月に作業4回分までに制限されていたことをふまえると、現業職の労働給付の成果に応じて一定比率で定められた賃金とは評価することができず、出来高払制賃金に該当するとは認められない。

(オ) **無事故手当について**

無事故手当は、無事故に関する所定の条件を満たした場合に支給される賃金である。しかし、これらの条件を満たすことは、現業職の労働給付の成果（作業量等）と評価することができず、支給額も、定額（月額1万円）であった。したがって、無事故手当は、現業職の労働給付の成果に応じて一定比率で定められた賃金であるとはいえず、出来高払制賃金に該当するとは認められない。

② 東京高判令6・5・15労判1318号17頁〔サカイ引越センター事件〕(控訴審)

上記の裁判例①の控訴審の判決である。結論としては、原審を維持し、使用者側の控訴を棄却している。当該裁判例に出来高払いとは、「労働者の賃金が労働給付の成果に一定比率を乗じてその額が定まる賃金制度をいうものと解するのが相当であり、出来高払制賃金とは、そのような仕組みの下で労働者に支払われるべき賃金のことをいうと解するのが相当である」としたうえで、「控訴人において引越運送業務に従事する現業職は、引越荷物の積卸作業及び引越荷物の運搬を担っているのであり（以下、これらの業務を『作業等』という。）、労働内容の評価にあたっては、作業量や運搬距離をもってし、作業量や運搬距離をもって労働給付の成果というのが相当である。」とした。また、裁判所は使用者が本件の出来高（成果）は売上であると主張す

る点（業績給A）について、「『売上額（車両・人件費値引後額）』をもって労働給付の成果というのであれば、『売上額（車両・人件費値引後額）』は現業職が給付する労働内容、すなわち作業量等に応じたものであるべきである。」とし、本件において売上を成果と見ることを否定した。

また、業績給A（件数給）については「担当した件数が必ずしも作業量等と連動していないこと」、業績給Bについては、「ポイント表記載の作業を行った場合に支給される点で、当該作業を行っていない場合に比して、支給額が加算されるという関係にあるものの、他方で、ポイント表記載の各作業も具体的案件に応じて内容が異なるものであることからすれば、作業量等と連動しているものといえない。」こと、「愛車手当は支給上限が定められていること、無事故手当の支給はそもそも支給条件を充足するか否かによって決まることからすれば、『成果』とはいえない。」とした。

そのうえで、使用者の「業績給A（売上給）等が作業量と相関関係にあり、現業職間の実質的公平に資するものであるから、出来高払制賃金に該当する」という主張に対しては「法の予定する出来高払制というためには、このような緩やかな相関関係では不十分である」と結論づけた。

③　東京地判平27・9・8（平成24年（ワ）第33296号）LEX/DB〔横倉運送事件〕

運送業の大型手当が出来高払いに該当するかが問題になった裁判例である。

大型手当は、「大型車両を運転した者に支給されるものであり、具体的には一配送ルートの配送業務に従事した場合に1000円が支給され」る手当であった。他方で「実際の配車数には変動があり、原告らがそれぞれ受給している大型手当の額も、各月の配車数によって変動し、一定していなかった。」という事案であった。

裁判所は「大型手当は、配車決定された配送ルート数である『配送実績数』に応じて定められており、その性質上『出来高払制その他請負制によって定められた賃金』（労働基準法施行規則19条1項6号）に該当することが明らかである反面で、時間（同項1号）、日（同項2号）、週（同項3号）、月（同項4号）、または月、週以外の一定の期間（同項5号）によって定められた賃金でないことも明らかである。」「この点に関し、原告らは、運転という行為を被告らから請け負っているわけではなく、被告らの指揮命令下に運転と

いう労働を提供しているに過ぎず、配送物の量や金額の有無・多寡は問題にならないとして、『出来高払制その他請負制によって定められた賃金』であること」を争った。

これに対して裁判所は原告の主張を前提とすると「そもそも『出来高払制その他請負制によって定められた賃金』を観念できないことになりかねず、労働基準法37条及び同法施行規則19条1項6号がかかる賃金を認めていることと全く整合しないことになる。また、原告らは、運転実績の対価であれば、それは運転という労働の対価であって、他の手当と別異に取り扱うべき理由はないとも主張するが、ここで『出来高制その他請負制』というのは、売上や利益といった金銭的な成果に対して支払われるものには限られるわけではなく、労働者が処理した業務量や運転の距離、配送ルートの数など、業務上の成果に基づくものも含まれていると解するのが法の趣旨に合致するのであって、原告らの主張は法の趣旨に合致しない。」として、大型手当は、「出来高払制その他請負制によって定められた賃金」に該当すると判断した。

(b) **裁判例をふまえた考察**

裁判例①（前掲東京地立川支判令5・8・9）においては、労働者の「自助努力」が反映される仕組みとなっているかについて言及がなされている。しかし、同判決の控訴審である裁判例②（前掲東京高判令6・5・15）については「自助努力」に言及をすることなく、結論が導かれている。また、裁判例③のようにそもそもこの点について言及をしないものもある。このように「自助努力」が反映される仕組みとなっていることを必須の要件と解するかは見解が分かれるところである。

また、裁判例②おいて出来高払いとは「労働者の賃金が労働給付の成果に一定比率を乗じてその額が定まる賃金制度」とされているところ、「成果」をどのように特定（定義）しているかが裁判においては、重点的に審理されている。裁判例②では当該事案において売上を成果と見ることは否定をしているが、これは引越運送業務に従事する現場職に対する考え方であり、売上を「成果」とすることを一律に否定するものではない。裁判例③（前掲東京地判平27・9・8）においては、「配車決定された配送ルート数」が成果として肯定されており、あくまで当該職種に沿った成果を特定（定義）することが重要であると考えられる。

加えて、上述のとおり出来高払いと認定がなされた場合には割増賃金の計算において総労働時間に除す方法が用いられ、加えてその25%の割増賃金を支払うことで足りるため、割増賃金の金額は相対的に少額となる。そのため、割増賃金の支払い（労基37条）の潜脱と認定される制度設計と裁判所に判断をされてしまった場合、裁判においても厳しい判断を受ける可能性がある。そのため、保障給を含めて結果を評価することで労働時間の短縮につながる工夫をする等全体として合理性がある制度設計をする必要がある。

(3) **最低賃金割れ**

最低賃金の金額は毎年見直され、最低賃金の増額があった場合には使用者においても自社の賃金体系が変更後の最低賃金額を上回る額となっているか点検をする必要がある。ところが、これを怠り、1時間当たりの賃金額が最低賃金を割れてしまっている期間が発生していることが事後的に発覚する場合がある。この場合に未払い割増賃金をどのように計算するかが問題となる。この点について、裁判例（奈良地判平25・3・26労判1076号54頁〔帝産キャブ奈良事件〕）では、未払時間外割増賃金の基礎単価が最低賃金を下回る場合においては、最低賃金を基礎単価として時間外労働の割増賃金を計算し、最低賃金に満たない金額で実際に支払われた時間外割増賃金と最低賃金を基に計算をした割増賃金の差額を支払うべきであるという旨の判断が示されている。

3　長時間の労働の問題

第3章では運送業の労働時間に関する問題として、待機時間等を挙げた。その他に運送業において、労働時間の長さが問題となる争点としては、荷積み・荷卸しに要する労働時間の長さがある。

運送業においては、積荷を回収に行った先や積荷を届けた先において、運転手自身が荷物の積卸しの作業を行うということがある。

この時間について、自動車は動いていないため、前述のタコグラフ等においては労働をしている痕跡は残らない。また、積荷や現場の状況に応じて必要な時間も異なるため、労使の主張が食い違うことも珍しくない。

この争点では労働者が主張する時間よりも短い時間しか積卸しの作業をしていないということやそもそも当該現場では運転手が積卸しの作業を行うこ

とはないと使用者側は反論をすることになる。

この反論の立証をするにあたっては例えば日報に記載されている積卸しの時間を証拠とすることが考えられる。その他には、実際にその現場で作業をしている他の運転手の作業時間を計測し、これを根拠として当該労働者の積卸し時間の根拠とするといった立証方法が考えられる。

4 運送業で訴訟・交渉をする場合の留意点

(1) 波及のしやすさ

多くの使用者は運転手全員に対して同じ給与体系で賃金を支払っている。

そのため、仮に判決となった場合には、その判断がすべての運転手に適用されるというリスクも視野に入れなければならない。1人では200万円の支払いであったとしても10人からの請求となれば2000万円となり、使用者の経営に影響を与える危険がある。

特に、未払い残業代の請求に対し、直ちに残業代を支払った場合、他の労働者からも残業代請求の内容証明郵便が届く可能性が高まると思われる。中には、労働者側についた弁護士が、対象会社の他の労働者を積極的に勧誘することもある。最悪の場合、全社的に波及するリスクもはらんでいることを考えなければならない

(2) 波及を防ぐ交渉・訴訟戦略

当該労働者からの請求が、他の労働者に波及する可能性が高いと判断される場合には、安易な早期和解をするのではなく、慎重に検討する必要がある。

請求をしてすぐに支払いがあるということであれば、費用対効果を考えて自分も請求をしようと考えやすくなる。また、請求をした労働者は自分の成果を他の労働者にも話すという想定をすることも重要である。そのため、一定の金銭を支払って和解する際には、和解内容等について「正当な理由のない限り第三者に口外しない」等の守秘義務条項を設けることが多い。

使用者には、他の労働者からの残業代請求に波及しないよう慎重に対応することが求められる。

交渉をしっかりと行い場合によっては裁判も辞さずに対応にあたることで、使用者としてしっかりと対応する姿勢を見せることも重要である。

他方で時間をかけて交渉することによるデメリットは、解決のための金額

水準が上がりやすいという点にある。これは遅延損害金の金額が増えるという点や労働者側も弁護士を付けて手間暇をかけて争っていることからその投下資金を回収したいと考えるためである。

交渉にどこまで時間をかけるかという点についてはこの点も視野に入れなければならない。

また、請求者が在籍中である場合には、当該労働者との交渉にあたっては、訴訟による解決も辞さない姿勢を示し、その中で退職を前提とした和解も交渉の選択肢に入れるということも考えられる。

(3) 交渉中（交渉後）の対応

そもそも、賃金制度等に問題があるなら是正が必要である。労働者に報いるという意味合いも込めて、長時間労働を見込み残業代を含めて金額を高めに設定していたとしても、賃金規程や雇用契約書の定め方、労働者への説明が不十分であるために、いわゆる定額残業代制度が否定される場合がある。

この場合、残業代の支払いとして一切認められず、残業代として設定していた金額も計算基礎として高い割増単価を基に割増賃金の計算をし直すことになり、使用者側の想定と大きく異なる結果となる。同業他社に比べて高水準な給与を支払っていたとしても例外ではない。

交渉中においても適法な賃金制度への変更を検討する必要性は高い。

〔井山　貴裕〕

Ⅱ　飲食業

1　飲食業の特色

飲食業は、正社員（無期契約）だけではなく契約社員（有期社員）、アルバイト・パート社員など多種多様な労働者が存在する業種である。営業時間は法定労働時間（1日8時間）を超える店舗が多く、営業時間以外にも仕込みや納品・発注、店舗やトイレの清掃等といった業務が存在するため、人員体制やシフトの状況によって早出出勤や残業などが必要になりやすい。そのため、一般企業と比べると労働時間が長くなる傾向にある。このような傾向から、飲食業における残業代請求では、実労働時間が問題となることが多い。

また、飲食業では変形労働時間制やシフト制を採用している企業や、一定の時間外労働を想定して固定残業代を支払っている企業、店長を管理監督者として取り扱っている企業等がある。そのため、当該制度自体の有効性も争点になりやすい業種である。

2　飲食業で問題になりやすい論点

　飲食業を営む企業では、一般企業とは異なり営業時間に柔軟に対応する目的で変形労働時間制や、固定残業代や管理監督者の導入が多くなされていることは先に述べたとおりである。固定残業代（**第1章のⅥ2**）、管理監督者（**第5章のⅠ**）、変形労働時間制（**第5章のⅡ**）に関しては、使用者側における対応方針含めて解説しているため、参照されたい。

　本稿では、飲食店の残業代請求で問題となりやすい、アルバイトのシフト制に関する問題（それに付随する賃金減額の問題）を取り上げるとともに、飲食店における実労働時間の主張立証方法の特徴を説明する。

3　アルバイトのシフト制に関する問題・主張立証上の注意点

(1)　問題の所在

　飲食店では、正社員だけではなくアルバイトやパート社員を雇用していることが多い。フルタイムではないアルバイトやパート社員の勤務日をシフト表などで定めている場合、所定労働日数が週何日なのか、シフトカットによる賃金減額は可能なのかという問題が存在する。

(2)　裁　判　例

　参考になる裁判例として、東京地判令2・11・25労判1245号27頁〔シルバーハート事件〕がある。この裁判例は飲食業の事案ではないものの、フルタイムではない労働者に対するシフトカットに関する裁判例であるため、飲食業においても当てはまると考えられる。

　この事件は、労働者が、雇用契約の内容として勤務時間を週3日、1日8時間（週24時間）とする合意がなされていると主張し、仮に当該合意が認められないとしても、シフトカットが違法・無効であるとして被告会社を提訴した事案である。雇用契約書には「始業時刻午前8時00分、終業時刻午後6時30分（休憩時間60分）の内8時間」、「シフトによる」という記載だけ

があり、シフトを週3日組むという記載はなかった。原告は平成26年1月に被告に入社してすぐは介護業務に従事していたが、平成29年2月からは児童デイサービスで勤務した。同年10月、原告が団体交渉において児童デイサービスの勤務に応じない旨を表明し、被告では当該原告を含めた児童デイサービスのシフトを組むことが困難になった。原告が介護業務に従事していたときのシフトは1か月当たり13日から15日であったところ、平成29年8月のシフトは5日、同年9月は1日、同年10月以降は1日もシフトが組まれない状態となった。

　裁判所は、勤務時間に関する合意について、雇用契約書の記載内容に加えて必ずしも週3日のシフトが組まれていなかった事実や、他の職員との兼ね合いから、原告の1か月当たりの勤務日数を固定することは困難であったことを指摘し、原告が採用段階で勤務日数・時間が、週3日、1日8時間、週24時間を希望していたとしても、そのような合意の成立までは認められないと判断した。また、シフト削減に関しては、「シフト制で勤務する労働者にとって、シフトの大幅な削減は収入の減少に直結するものであり、労働者の不利益が著しいことからすれば、合理的な理由なくシフトを大幅に削減した場合には、シフトの決定権限の濫用に当たり違法となり得ると解され、不合理に削減されたといえる勤務時間に対応する賃金について、民法536条2項に基づき、賃金を請求し得ると解される。」と判断した。結論としては、本来のシフトが1か月当たり13日から15日であったところ、これを1か月当たり1日に減らしたシフトカットについては、合理的な理由はないからシフト決定権限の濫用に当たり違法であるとして、平成29年10月までの期間については民法536条2項に基づき賃金を請求し得る旨判断した。他方、同年11月以降については、原告が児童デイサービスにおいて就労しない旨を宣言し、シフトに組み入れることが困難であるという事情を理由にシフトの決定権の濫用があるとはいえないとした。

　本裁判例において特筆すべき点は、勤務日や勤務時間は「シフトによる」という労使の合意があり得ることを前提に判断している点にある。これを前提にすると、労働者の賃金請求は使用者がシフトによって決定した勤務時間に限って認められるように思われる。

(3) 「合理的な理由」とは

もっとも、同裁判例は、「シフトによる」という合意を前提にしても、「合理的な理由なくシフトを大幅に削減した場合」には民法536条2項に基づく賃金請求権を失わないと判断している。
　裁判所は、被告の平成29年11月以降のシフトの大幅な削減について、原告が就労を拒否したという事情から合理的理由の存在を肯定している。判旨に照らすと、原告に就労の意思のないことが明らかであり、かつ、シフトに組み入れることが困難であるという事情が存在すれば、シフトカットの「合理的な理由」の存在が認められるといえる。もちろん、雇用契約書に所定労働日等の記載がある場合は、その記載が優先されることになろう。

(4)　「大幅に削減した場合」とは

　本裁判例では、従前のシフトが1か月当たり13日から15日であったところ、①平成29年8月分のシフトは5日、②同年9月分は1日、③同年10月以降は0日となっている。このうち、合理的な理由のない大幅な削減と判断したのは、同年9月分及び同年10月分のみであり、同年8月分は含まれていない。もちろんシフトカットの経緯によると思われるが、10日ほどのシフトカットは直ちに「大幅な削減」と評価されない可能性がある。

(5)　その他の裁判例

　横浜地判令2・3・26労判1236号91頁〔ホームケア事件〕は、契約書に「出勤日の決め方は事前のシフトによってきめる」等と記載されていた事案である。裁判所は、所定労働日数に関する合意は勤務実態等をふまえて労使の意思を合理的に解釈すべきとして、勤務実態等から原告の所定労働日数を週4日と判断し、これに満たない日数につき民法536条2項に基づく賃金請求を認めた。
　東京地判令3・12・21労判1266号44頁〔医療法人社団新拓会事件〕は、労使間が固定した勤務日及び勤務時間を合意していたにもかかわらず、使用者が原告の同意なく一方的にこれを削減するという労働条件の切下げをすることは使用者の「責めに帰すべき事由」に当たり、違法無効であると判断した。

(6)　実務上の対応

　新型コロナウイルスの蔓延等により、多くの企業がアルバイト等のシフトカットを検討せざるを得なくなった。現在、新型コロナウイルスの影響は落

ち着きを取り戻しつつあるものの、今後天災や新たな感染症の蔓延、会社の経営難等によって、アルバイト等のシフトカットを検討しなければならない場面は存在し続けると思われる。

シフトカットが論点となった場合、所定労働日数について①労使間に一定の日数についての合意が成立しているか、②一定の日数の合意が成立しておらず単に「シフトによる」という合意が認められる場合は使用者のシフト決定権限に濫用が生じていないか、という枠組みで考えるとよいだろう。

①所定労働日数の合意に関しては、まずは雇用契約書の記載内容を確認すべきである。雇用契約書に明確な記載がない場合は、前掲横浜地判令2・3・26に照らして、労使間で所定労働日数・所定労働時間に関してどのような合意が形成されていたのか、雇用契約書の取り交わしの経緯や勤務実態を検討する必要がある。これにおいては、労使間の認識を裏付けるメールや採用面接時のやり取りを確認することが有用といえよう。勤務実態から一定の所定労働日数が認定され得る場合、前掲東京地判令3・12・21に照らして、この一定の日数のシフトを削減する合意があったか、また合意の存在が認定できないとしても、削減に関して使用者の「責めに帰すべき事由があるか」を検討することになろう。これにおいては、シフトを削減するに至った経緯、労働者への説明状況、実際にシフトを組む際のやり取りなどを確認し、労使間の認識に齟齬がないことを主張していくことになる。

②労使間の合意が「シフトによる」場合は、前掲東京地判令2・11・25に照らして、シフト決定権の濫用がないことを主張立証していくことになる。その中で、「合理的な理由なく大幅に行われた」シフト削減といえるかどうかについては、労働者がシフトを提出しない、就労を拒否している、シフトを組む際に大きな支障が生じる等の個別具体的な事情がないかを検討するとよいだろう。

4 実労働時間該当性・主張立証上の注意点
(1) 労働時間の該当性と立証方法
(a) 労基法上の労働時間

労基法上の労働時間とは、労働者が使用者の指揮命令下に置かれている時間をいい、使用者は労基法上の労働時間について賃金支払義務を負う。この

労働時間に該当するか否かは、労働者の行為が使用者の指揮命令下に置かれたものと評価できるか否かにより客観的に定まるものとされている（最判平12・3・9民集54巻3号801頁・労判778号11頁〔三菱重工業長崎造船所（一次訴訟・会社側上告）事件〕）。もっとも、この「指揮命令下に置かれた」という点は法的評価である。そのため、使用者側は、労働者の主張する早出出勤や残業が「使用者の指揮命令下に置かれた」と評価すべきでない場合は、当該判断の根拠なる事実を挙げて主張立証を行う必要がある。

(b) **始業・終業時刻の認定方法**

裁判所は、実労働時間について、まずは始業・終業時刻をどのように認定するかを検討する。東京地判平29・9・26労経速2333号23頁〔泉レストラン事件〕は、当事者間で始業・終業時刻に争いがない場合は争いのない時刻を採用し、争いがある場合（出勤の有無自体に争いがある場合を含む）は、当事者の主張の範囲でいかに始業・終業時刻を認定するかが問題となるとしている。

始業・終業時刻に争いがある場合、タイムカード等の労働時間を示す客観的な記録が存在する場合は客観記録を基に始業・終業時刻が認定される傾向にある（名古屋地半田支判平28・11・30労判1186号31頁〔ケンタープライズ事件〕（第一審））。これに対して、タイムカードが存在しない場合や、タイムカードの記録自体は存在するものの、当該記録以外に業務を行っていたという主張が労働者側よりなされる場合がある。この場合、使用者側は、勤務表やシフト表に記載された始業・終業時刻、ビルの入退館記録やセキュリティシステムの施錠・解錠記録、パソコンや業務用タブレットのログオン・ログオフ記録、LINEメッセージやメール等のやり取り等、できるだけ記録化された資料を収集し、労働者の労働時間を立証する必要がある。

前掲東京地判平29・9・26は、タイムカードが存在せず、勤務表とパソコンの開始・停止ログ履歴、労働者の作成した手帳が存在する事案であった。裁判所は、始業・終業時刻の認定について、パソコンのログ履歴をベースとしつつ、勤務表記載の時刻がパソコンの開始・停止時刻の範囲外にある場合は、勤務表の時刻を始業・終業と認定した。他方、手帳に関しては30分単位の大雑把な記載でありパソコンのログ履歴とも一致していないことから、正確性や客観性が乏しいとして認定の根拠資料から除外した。

各資料の記録の客観性は一般的に次のように考えられている。

第6章　業種別の特色

正確性・客観性が担保されやすい資料	正確性・客観性が乏しいとされやすい資料
・タイムカード ・入退館記録（ICカード等） ・パソコンのログオン・ログオフ履歴 ・電子メールの送信時刻 ・レジスターに記録されたレジ締めの時刻	・シフト表 ・出勤簿（自己申告制のもの） ・手書きの日記、手帳の記録

　労働時間の記録が複数存在する場合、裁判所は労働時間と資料の結びつきから証拠価値を判断し、労働時間と資料の結びつきが強く証拠価値が高いと判断した資料から労働時間を認定する傾向にある。労働時間との結びつきを強める・弱める要素は次のとおりである。

記録の種類	労働時間との結びつきを強める要素	労働時間との結びつきを弱める要素
出勤簿	・出退勤時にリアルタイムで、かつ、分単位で時刻を記入している	・事後的に記入している ・30分単位で記録されている
タイムカード等	・打刻時刻の前後に業務を行っていない ・分単位で記録されている ・業務を開始・終了する場所にレコーダーや機械が設置されている ・スマートフォン等で打刻をする際にGPS機能等があり、打刻場所が事業場であるとわかる	・打刻時刻の前後で業務を行っている ・レコーダーや機械の設置場所と業務の開始場所が離れている ・スマートフォン等からクラウド上での打刻が可能であり、打刻場所が不明
入退館の記録	・事業場外での業務が存在しない	・入退館時の記録と実際の始業・終業時刻が乖離している場合

パソコンの ログオン・ ログオフの 履歴	・業務開始の前後にログオン・ログオフをしており、ログオン・ログオフをした人物が特定できる（発注者が同一等） ・事業場内にパソコンが設置されている	・複数人が同じパソコンを使用しており、誰がそのパソコンのログオン・ログオフを行ったか不明（キッチンとホールで発注者が異なるが同じパソコンを使用する等） ・パソコンは原則電源を入れたまま
メールの 送信時刻	・メールの送信は事業場内に設置されたパソコンからのみ可能 ・業務終了時に売上報告等のメールを送信する等がルール化されている	・事業場外からでもメールの送信が可能 ・同じアドレスを複数人で共用している ・売上報告書等のメールの送信時刻が決まっていない
レジスター の締め時刻	・レジスターを締めた後に業務がほとんどない	・レジスターは顧客の有無にかかわらずラストオーダーが完了した時点で締めるものであり、締め後にも顧客がいる場合があるし片付け等の業務がある
シフト表	・作成されたシフト表記載の時刻どおり働いている ・シフト表の内容が変更されていない ・シフト表が分単位で作成されている	・作成されたシフト表とは異なる時間帯で働いている ・シフト表の内容が変更されている ・シフト表が分単位で作成されていない ・シフト表に書かれた時間以外にも働くことがある（残業・早出等）
日　報	・日報の記載以外に業務がない ・日報を提出して帰宅することがルール化されている	・日報に記録された業務開始・終了の時刻がなぜか毎日同じ ・日報に記載された以外の業務

		・がある ・日報提出後も業務がある
手帳	・紛争化する前から日常的に作成されている ・出退勤の時刻が記載されている	・紛争になってから作成されたもの ・紛争に関する事項しか記載がなく、業務以外の出来事の記載が一切ない等、事後的に遡って作成された可能性が高いもの ・出退勤の時刻が異常に長く記載されており、その他の客観的な記録と矛盾する

(2) 早出出勤
(a) 使用者側の主張骨子

労働者から早出出勤分の残業代の請求がなされた場合、①当該労働者が、労働者側が主張する時刻に事業所に出勤していたのか、②（前記①が認められる場合）早出出勤が使用者の指揮命令によるものか、という点が争点になる。

(b) 始業時刻の認定

タイムカードが存在する場合であって、労働者の主張する時刻に沿うタイムカードの記録がある場合は上記②の問題になる。他方、タイムカードが存在しない場合は、勤務表、ビルの入退館記録、セキュリティシステムの施錠・解錠記録、LINEでのやり取り等の客観的記録があるかを確認し、その記録と労働時間の結びつきを確認する。

上記のような記録が存在しない場合は、他のスタッフへのヒアリングや現在の出勤状況、当時の予約状況や仕込みの内容から、早出出勤の事実があったかを確認していくことになる。その際、主張書面に単に「仕込みの必要はないから早出残業の必要はない」と記載するだけでは足りず、どのような料理にどのような仕込みが必要か、コース料理や予約人数によって仕込みの量がどの程度変わるのか等、労働者の業務内容を具体的に説明しながら、なぜ仕込みが必要でないのか、早出残業の必要はないのかを例を挙げながら説明

する必要がある。

前掲名古屋地半田支判平28・11・30も、タイムカードに記載された始業時刻よりも早く出勤していた旨主張していた原告側の主張について、「原告の供述の内容や陳述書の記載によっても、仕込みをするための具体的な作業の内容や作業に要する時間など出勤時刻の1時間以上前に出勤して時間外の労働をしなければならない必要性についての具体的な供述や記載はなく、他にこれらを証する客観的な証拠もない。」として、「タイムカードの打刻時刻をもって、原告が本件店舗に出勤した時刻と推認され、同推認を覆すに足りる証拠もない。……したがって、この点についての原告の主張を採用することはできない。」と判断している。

(c) **指揮命令下にあるといえるか**

労働者が始業時刻よりも前に店舗に来ていた事実に争いがない場合、その時間が労基法上の労働時間に該当するかが問題になる。この点、厚生労働省策定の「労働時間の適正な把握のために使用者が講ずべき措置に関するガイドライン」(平成29 (2017) 年1月20日策定) では、「使用者の明示又は黙示の指示により労働者が業務に従事する時間は労働時間に当たる。」との見解が採用されており、裁判例も同様に判断するものが複数存在する（東京地判平20・2・22労判966号51頁〔総設事件〕、最判平19・10・19民集61巻7号2555頁・労判946号31頁〔大林ファシリティーズ（オークビルサービス）事件〕）。したがって、早出出勤が指揮命令下にあるといえるかは、「使用者の明示又は黙示の指示によるといえるか」が問題になる。

裁判例では、使用者が所定労働時間外の労働に従事している事実を認識しているにもかかわらず、これを禁止していない場合は黙示の指示が肯定される傾向にある（東京地判平29・3・13労判1189号129頁〔エターナルキャストほか事件〕）。そのため、使用者としては、早出出勤の認識がなかったことや、不必要な早出出勤は禁じる旨の指示をしていた事実などを主張していくことになる。

また、事業所に到着していたとしても仕込み等を行っていない場合は、当該時間を不就労時間として控除できるかが問題になる。この点、事業所に到着してから仕込みを始めるまでコーヒーブレイク等をしていた事実などを証拠等から立証できれば、実際に仕込みを始めた時刻を始業時刻と認定するこ

とも一応あり得る。使用者側は、実際に仕込みを始める様子を裏付ける資料、例えば、防犯カメラの映像やスマートフォンで撮影された画像の提出、他の労働者へのヒアリングといった対応の検討もあり得るであろう。

(3) **終業時刻**
(a) **使用者側の主張骨子**

労働者側から、仕込みや片付け・発注が終わらずに退勤が遅くなったとしてその分の残業代を請求されるケースがある。この場合、①当該労働者が、労働者側が主張する時刻まで事業所にいたのか、②（前記①が認められる場合）残業が使用者の指揮命令によるものか、という点が争点になる。使用者は、これらを意識して主張立証を行うことになる。

(b) **終業時刻の認定**

始業時刻と同様、タイムカードが存在する場合であって、労働者の主張する時刻にタイムカードの記録が存在する場合は、上記②の法的評価の問題になる。他方、タイムカードが存在しない場合には、客観的記録の存在を検討し、これらの記録が存在する場合は労働者の主張と整合するか、労働時間との結びつきはどうかを検討する。これらの記録が存在しない場合は、他のスタッフへのヒアリングや現在の退勤状況、当時の予約や作業状況等を検討し、退勤時刻を推認する必要がある。

前掲名古屋地半田支判平28・11・30〔ケンタープライズ事件〕（第一審）では、原告がタイムカード上の退勤時刻後に閉店作業として清掃業務や食材等の発注、日報の送信や翌日の準備を行っていたと主張したが、裁判所は「原告が行った仕込みの内容等について詳細に裏付けるものはなく（なお、サラダや刺身については、鮮度の確保の観点から前日の仕込みとは考え難く、その余も煮物等を除いて食中毒の防止等の見地から想像し難い。）」として、原告の主張に裏付けがないとしつつ、発注時刻や日報の送信時刻、業務終了後に賄いを食べることがあった事実から、タイムカード上の退勤時刻とは異なり、閉店後1時間をもって時間外労働に従事していたと判断した。当該裁判例に照らすと、早出出勤の論点と同様に、退勤までにどのような作業を行う必要があるのか、発注時刻や日報の提出、レジ締めの時刻はどうなっていたのかを細かく分析し、裁判官に時系列を意識して具体的に伝えていく必要がある。

(c) **指揮命令下にあるといえるか**

　基本的には前記(2)「早出出勤」で記載したとおり、黙示の指示があったかどうかが問題となる。作業内容からして労働者の主張する退勤時刻にはならないといういわゆるダラダラ残業や、従業員同士で話をしていたり賄いを食べているような作業を行っていない時間をどのように取り扱うかが問題になる。

　前掲名古屋地半田支判平28・11・30は、ラストオーダーと並行して作業することが可能であり、かつ他の従業員との協力状況に照らして合理的と思われる時間に限って残業時間を認定している。当該裁判例に照らすと、作業に要する合理的な時間を裏付ける資料を書証として示しながら説得的に主張を展開することが肝要である。作業をラストオーダーの対応と並行して行うことが可能なのか、自己研鑽や賄いに関してはどのようになっていたのかという点の実態も明らかにする必要がある。

(4) **休憩時間**

　ランチとディナーの営業の間に店舗を閉める場合、閉店している時間が休憩時間に当たるかが問題となる。この点、使用者としては、ランチ営業終了後に必要な作業と、ディナー営業開始前に必要な作業を具体的に挙げたうえで、当該作業が終了次第、従業員は賄いを食べるなどの方法で休憩を取っていた旨主張していくことが考えられる。

　また、いわゆる通し営業を行っている店舗では、従業員ごとに取得する休憩時間が異なり、かつ、来店客の状況によって左右されるといった事情も多々存在する。シフト表や休憩に関する記録、賄いの提供状況といった具体的なエピソードを挙げて、適切に休憩が取得できていたことを推認させる事情を主張していくことになる。

　これらの主張を行う際、単にこの時間帯は来客がいなければ適宜休憩を取ってもらっても構わない、というざっくりとした指示のみでは、現に客が来店したときは即時に業務に従事しなければならないと評価され、その時間は労働時間に該当すると評価される可能性があるので注意しなければならない（大阪地判昭56・3・24労経速1091号3頁〔すし処「杉」事件〕）。他方、休憩時間が来店客の状況に左右されるとしたうえで「一般的に繁忙であったと推認される金曜日、土曜日及び祝日の前日については30分としても不合理とはい

えないから、これらの日については30分、その余の日については1時間の休憩を取得したと推認する。」と判断するものもある（前掲名古屋地半田支判平28・11・30）。主張立証を行ううえでは、休憩時間に来店客がいなかったことに加えて、仕込み作業、電話対応、売上報告、発注業務なども存在しなかった事実にも着目し、主張立証する必要がある。

5 実務上の留意点

(1) 予防策

残業代請求の予防策としては、労働時間管理の徹底が重要である。タイムカード等の客観的記録による労働時間管理はもちろんであるが、早出出勤及び閉店後の作業に労働者に裁量をもたせてしまうと、黙示の指示の存在が認められてしまい、本来の作業に必要でない時間についてまで賃金を支払うことになりかねない。そのため、労働者の始業・終業時刻が不必要に早い・遅い時刻にならないように留意した指導を行う必要がある。

(2) 残業代請求がなされた場合の留意点

労使紛争においては、労働者の実際の働き方と最も強く結びつく資料を早期に決定し、当該資料から始業・終業時刻及び休憩時間を算定すべきである。例えば、多くの飲食店では事業場にタイムカード（IC打刻アプリ）等を導入していると思われるが、この打刻時刻以外に業務がなかったかどうかは、当該労働者の所属する事業所の店長や同僚から丁寧にヒアリングをしておく必要があるだろう。

●コラム● **特例措置対象事業場の法定労働時間**

特定の事業場のうち、常時10人未満の労働者を使用する場合、1週間の所定労働時間を1日8時間、1週44時間とすることが可能である。この場合、法定外時間外労働は1日8時間、1週44時間を超える部分となる。

下記の業種に該当する常時10人未満の労働者を使用する事業所が特例措置対象事業場に該当する。

商業	卸売業、小売業、理美容業、倉庫業、その他の商業
映画・演劇業	映画の映写、演劇、その他興業の事業

保健衛生業	病院、診療所、社会福祉施設、浴場業、その他の保健衛生業
接客娯楽業	旅館、飲食店、ゴルフ場、公園・遊園地、その他の接客娯楽業

　特例措置対象事業場を理由に所定労働時間を1週44時間とする場合であっても、行政庁への届出は不要である。
　特例措置対象事業場に該当することで、週40〜44時間までの分については割増対象とならないことから減額の一つの理由となる。飲食業や理美容業は特例措置対象事業場の対象であるため、従業員数が10人未満である場合はこの点も念頭に置いて主張立証を組み立てるとよい。

III　理美容業

1　理美容業の特色

　美容師や理容師は、美容室や理髪店に就職した後、見習い期間として営業時間外にヘアカット等の練習を行うことが一般的とされている。その結果、営業時間以外にも拘束時間が発生し、長時間労働となりやすい特色がある。また、休憩時であっても、店舗の営業時間内は電話対応や来店客の受付対応等の業務が発生する場合もあり、休憩時間がいわゆる「手待ち時間」に当たるとして、労働時間該当性が肯定されるケースも存在する。本稿では、美容師や理容師（以下、「美容師等」という）からの残業代請求において、実務上論点となりやすい点を解説する。

2　役職ごとの業務と主な論点

(1)　アシスタント

　美容師等は、専門学校等を卒業し、理容師又は美容師国家資格を経て、美容室や理髪店に入社することが多い。通常、国家資格を取得したばかりの美容師等は、美容室や理髪店に入社してもすぐに顧客のヘアカット等を担当することはなく、アシスタント（※具体的な名称は店舗ごとに異なる）として先輩社員等から指導を受けながら見習い業務に従事する。その主な業務は、営業時間前後の清掃や片付け、新人研修、ヘアカット・シャンプー・カラーリン

グ・パーマネント・着付け・メイク・ヘアアレンジ等の練習時間、顧客からの電話対応、来店者への受付対応、次回予約の日程調整、顧客の予約管理業務、カットモデルのスカウト、自己研鑽を目的とする各SNSへの写真・動画の投稿及び投稿のための準備等が挙げられる。特に、顧客からの電話対応や来店者への対応は、アシスタントが休憩時間中であっても対応し、必要に応じて先輩社員等に指示を仰ぐという場面も多く存在する。この時間が、いわゆる「手待ち時間」として労働時間に該当するかが問題となる。

また、アシスタントは営業終了後に、マネキンや自身で見つけたヘアモデルのヘアカット等を行う方法で自己研鑽を積むことが多いと思われる。この自己研鑽を経て先輩社員や店舗の責任者から認められて初めて顧客のヘアカット等を行うことが可能になることが多いと思われる。

以上から、アシスタントである美容師等からの未払い残業代請求においては、①練習時間の労働時間該当性、②手待ち時間の労働時間該当性が主に問題となることが多い。

(2) **ヘアスタイリスト**

見習い期間を経た美容師等はヘアスタイリスト（※具体的な名称は店舗ごとに異なる）として、顧客のヘアカット、カラーリング、パーマネント等の技術的な部分を担当することが一般的と思われる。ヘアスタイリストの場合、顧客対応が連続するため休憩を取ることができないため、カラーリングやパーマネントの待ち時間に休憩を取りつつ、アシスタントの代わりに行った電話対応や来店者対応が存在したと主張されることがある。

また、ヘアスタイリストに就任すると、顧客から指名されて対応する場面も増加する。多くの美容室や理髪店では「指名料」を設けており、賃金形態も月額固定給ではなく歩合制を採用している店舗も見受けられる。

ゆえに、ヘアスタイリストからの残業代請求においては、①実労働時間（休憩時間の有無）、②賃金制度の有効性（主に歩合給）が問題となることが多い。歩合給に関する論点は前記Ⅰ2(2)に解説があるため、本稿では割愛する。

(3) **店長・トップスタイリスト等**

ヘアスタイリストで経験を積み、店舗の店長やトップスタイリスト（※具体的な名称は店舗ごとに異なる）に就任することが多い。トップスタイリストや店長になると、業務内容には企画やマネジメントが加わる。具体的には店舗

で打ち出すイメージの決定や、アシスタント・ヘアスタイリストの指導、売上管理、経営計画の策定等にシフトしていき、プレイヤーからマネジメント業務に移行するといったものである。店長やトップスタイリストを労基法41条2号の「管理監督者」として取り扱い、労働時間管理を行っていない店舗も存在する。

そこで、店長・トップスタイリストからの残業代請求においては、①管理監督者該当性、②（管理監督者該当性が否定された場合は）実労働時間、が問題となることが多い。管理監督者に関する論点は**第5章**の**I**に解説があるため、本稿では割愛する。

3 練習時間の労働時間該当性
(1) ルーチェ事件

練習時間の労働時間該当性に関して判断した裁判例は多くはないが、当該点について判断したものとして東京地判令2・9・17労判1262号73頁〔ルーチェ事件〕が存在する。同裁判例は、練習時間の労働時間該当性が問題となったが、これを否定したものであり注目すべきである。

同裁判例の原告は、練習会の途中で帰宅することは許されておらず、原則として労働者全員が練習会に参加していたこと、体調不良等を理由として練習会に参加しない場合には被告の許可が必要であったこと、スタイリストに昇格した後に被告から練習が足りないといわれて練習会への参加を命じられたこと、練習会でのアシスタントの指導をする必要があったと主張した。しかし、原告の主張を裏付ける証拠がないとして、上記主張を前提に、練習会が使用者の指揮命令下に置かれていたと評価することはできないと結論づけ、労働時間該当性を否定した。

同裁判例の事案では、アシスタント（見習いの立場）である労働者に対して練習会に参加しないことを理由とする不利益を課していなかった。裁判所はこの事情から、仮にスタイリストに昇格するための経験を積む機会が練習会のほかにないとしても、このことから直ちにアシスタントである労働者が練習会への参加を余儀なくされていたということはできないと評価した。また、練習会に参加していた労働者は、練習のためのカットモデルとなる者を各自で調達し、練習会でカラー剤等の費用相当額をカットモデルとなった者

から徴収して使用者に支払っていたものの、カットモデルとなった者から個人的な報酬を受け取っていた。代表取締役が練習会の開始時刻や終了時刻を指示していたが、この指示は店舗の施設管理上の指示であった可能性も否定できず、練習不足に関する指摘は直ちに練習会への強制参加を促したものではないと判断した。

(2) **練習時間の労働時間該当性**

ルーチェ事件が練習会の労働時間該当性を否定した理由を分析すると、次の点が重視されたように思われる。

> ① 練習会に参加しないことに対する不利益を課していないこと
> ② カットモデルから個人的な報酬を受け取ることができたこと
> ③ 練習会からの途中帰宅が許されていないことや、参加を命じられたことについて、証拠上認定することができなかったこと

上記3点を俯瞰してみると、使用者の強制力が弱くむしろ自発的に行われている側面が強い場合に、指揮命令下に置かれた時間ではないとして練習会の労働時間該当性が否定されているように思われる。同裁判例の事案に加えて、練習会からの途中帰宅が許されていないことや参加を命じられたことを裏付けるメールやLINEメッセージ等の記録が存在し、練習会への参加が強制的にされていたといえれば、労働時間該当性が認められていた可能性も否定できない。

4 手待ち時間の労働時間該当性

(1) 手待ち時間か休憩時間か

休憩とされている時間であっても、使用者の指示があれば直ちに作業に従事しなければならない場合は、「手待ち時間」として労働時間該当性が認められる。当該手待ち時間は、運送業の運転手の待機時間において問題となることが多いが、美容師等においても施術をしていない時間帯の労働時間該当性が問題となることがある。

(2) ルーチェ事件

前掲東京地判令2・9・17で問題となった美容室は完全予約制であり、来

客のない時間など実際に業務をしていない時間が相当数存在していた。同裁判例は、練習時間の労働時間該当性と異なり、作業をしていない時間が「手待ち時間」に当たるとして、労働時間該当性を肯定した。

まず、同事件は、「証拠……及び弁論の全趣旨によれば、Ｐ３店における客の多くは被告Ｐ２による施術の予約客であり、原告を含む各従業員の主たる業務は、被告Ｐ２による施術の補助業務（カットの場合はシャンプーや髪を乾かすブロー）のほか、タオル等の洗濯や清掃等の業務であったが、１人の客に対する施術の補助業務は同時に複数の人数でする必要はなかったこと、原告が担当していたパソコンに関する業務は頻繁にあったわけではなかったことが認められる。そして、Ｐ３店では、原告のほかに３名の従業員がいたこと……に照らすと、少なくとも来客がない時間には原告が実際に業務をしていない時間が相当程度あったことが推認される。また、Ｐ４店における原告の業務量がＰ３店におけるそれよりも多かったと認めるに足りる証拠はない。」と述べ、原告が実際の業務をしていない時間が相当程度存在することは認めた。

そのうえで、「しかしながら、本件各店舗では完全予約制が採用されているところ……、当日予約も受け付けており……、来客の有無にかかわらず営業終了まで継続して開店し、かつ少なくとも客からの予約の電話等があり得る状態であったことが推認されることに照らすと、営業時間中に原告が業務をしていない時間があったとしても、直ちに労働からの解放が保障されていたとみることはできない。」「このことに関し、被告Ｐ２は、来客がない時間は従業員がそれぞれ自由に過ごすことを許しており従業員は自由に休憩を取得していたなどの旨供述等……するが、証拠……及び弁論の全趣旨によれば、本件各店舗では、従業員間の取り決めで、それぞれ交代で１人ずつ順番に20分の休憩を取得し、１回目の休憩を『１番』、２回目の休憩を『２番』と呼称していたこと、被告Ｐ２は上記取り決めに関与していないことが認められるのであり、来客がない時間に自由に休憩を取得することが許されているというのに、従業員が自発的に上記のような取り決めをして休憩を取得していたというのは不自然である。また、被告Ｐ２の上記供述等を裏付ける的確な証拠はない。」「したがって、被告Ｐ２の上記供述等は直ちに採用することができず、原告の勤務日のうち来客がない時間帯の大部分において労働か

らの解放が保障されていたと認めることはできない。」として、労働時間該当性を認めている。

同裁判例の判旨から、休憩時間該当性は、単に作業をしていないことを立証するだけでは足りず、労働から解放されているということを証拠を工夫して立証していく必要があることがわかる。具体的に述べると、来客のない時間に自由に過ごすことができていたことを立証するだけでは足りず、来客等があっても即時対応が不要であった事実、例えば実際に来客や電話があった際は休憩に入っていない労働者が対応していたという応対記録等の事実を証拠と合わせて立証していく必要がある。この他に来客等があっても即時対応が不要なケースは、別室で休憩を取り来客等があっても対応をしないようにシフト調整やルール決めをしているような場合が考えられる。使用者が労働者に対して対応が不要である旨伝えている証拠があるとなおよい。訴訟で提出する証拠は、使用者の作成するシフト表や休憩に関する連絡の記録（LINE、チャット、メール等）が有用であろう。

5　実務上の留意点

上述のとおり、理美容業における残業代請求は、労働時間該当性や賃金制度の有効性、管理監督者該当性等、様々な観点から問題となり得る。特に、労働時間該当性が問題となった場合は、①練習時間などの作業をしている時間、②作業をしていない時間、のいずれが問題となるのかを的確に整理する必要がある。

①練習時間などの作業時間が問題となった場合は、使用者からの指揮命令によるものではなく、あくまで美容師等としての自己研鑽の一環として自発的に行っていることを裏付ける主張を行う必要がある。具体的には、練習を行わなかったとしても不利益を課している事実がないこと、カットモデル等の調達や報酬の請求が労働者に委ねられていること等の事情をクローズアップすることが考えられる。また、使用者が練習時間を指定しているような場合は店舗の施設管理上指定せざるを得ない事情の有無を検討していく必要がある。労働者側から、アシスタント全員が練習時間に店舗に在籍している等の主張や、使用者が練習に参加するよう指示した旨のLINEメッセージの履歴等が提出された場合は、労働時間該当性が認められる可能性が高くなる

が、練習の時間帯は労働者自身で好きな時間に設定できるといった事情があれば、争う余地も存在するだろう。

　②作業をしていない時間に関しては、労働時間該当性が問題となる。この場合、「労働から解放されているか」を意識して主張立証を検討することが有用であろう。証拠上、単に来店客がゼロであり作業が発生していないことを裏付ける資料を提出するだけでは足りず、その時間中は即時対応が不要であることを使用者が明示した資料（応対記録・メール履歴・LINE メッセージの履歴・シフト表等）や労働者が休憩を取得していたことを示す資料の提出が必要となる。この資料として、来店客対応や電話対応の応対時の記録やメモ、例えば 30 分間の休憩を美容師同士で交替して回していたことを示す LINE 上でのやり取りや、労働者間で作成された休憩時間の記載された表等が挙げられる。これらの資料の提出がなされなければ、労働時間該当性が認められる可能性が高まるであろう。

〔中村　景子〕

IV　警備・介護・医療

1　警備・介護・医療業界の特色

　警備・介護・医療業界の特色は、夜勤が発生するというところにある。
　警備業界の場合には、夜間警備という形で宿直室に待機し、定期的に巡回を行うなどして、深夜の時間帯（22 時〜翌 5 時）まで勤務をするという働き方が通常業務として発生する。また、介護・医療業界においては、深夜の時間帯に待機をし、仮眠を取りつつ、ナースコール等の患者や利用者からの呼出しがあった場合や容態の急変があった場合に緊急で対応を迫られるということも珍しくない。
　これらの勤務形態は日勤から継続して就労ということになると、長時間労働にもつながりやすく、夜勤のみの勤務であったとしても深夜の割増しの適用があり、残業代の基礎単価は上がるという特色がある。
　この夜勤の時間帯については、仮眠をしている、呼出しがなければ活動をしていない、定期巡回の時間は活動をしていないといった不活動時間が含ま

第6章 業種別の特色

れていることが多い。

そのため、これらの時間について労働時間に該当するかという点が争点となりやすい傾向にあるのが、警備・介護・医療業界の特色である。

2 警備・介護・医療業界で問題となりやすい論点

この業界の残業代請求では多くの論点が登場する傾向にある。

夜勤の時間帯について、1か月当たりの夜勤について、あらかじめ一定の時間分の割増賃金を固定額で支給するという対応をしている使用者もあり、このような場合には固定残業代（第1章のⅥ2参照）が問題となる。

また、上述の業界の特色にあるように事業所に拘束されている時間の中に業務をしている活動時間と何もしてない不活動時間が混在していることなるため、労働時間の区別が曖昧になりがちである。

特に不活動時間について実労働時間に該当しないという主張を使用者側において行うことが多いため、本項ではその点について解説する。

3 夜勤の不活動時間の労働時間該当性に関する主張立証上の注意点

(1) 夜勤の不活動時間の労働時間該当性の判断方法

夜勤の不活動時間の労働時間該当性に関する判例（後掲最判平14・2・28民集56巻2号361頁・労判822号5頁〔大星ビル管理事件〕）において、労働時間とは「労働者が使用者の指揮命令下に置かれている時間」をいうと一般論を示した。そのうえで「実作業に従事していない仮眠時間（以下『不活動仮眠時間』という。）が労基法上の労働時間に該当するか否かは、労働者が不活動仮眠時間において使用者の指揮命令下に置かれていたものと評価することができるか否かにより客観的に定まるものというべきである」とした（下線は筆者、以下同様）。そのうえで「不活動仮眠時間において、労働者が実作業に従事していないというだけでは、使用者の指揮命令下から離脱しているということはできず、当該時間に労働者が労働から離れることを保障されていて初めて、労働者が使用者の指揮命令下に置かれていないものと評価することができる。したがって、不活動仮眠時間であっても労働からの解放が保障されていない場合には労基法上の労働時間に当たるというべきである。そして、当該

時間において労働契約上の役務の提供が義務付けられていると評価される場合には、労働からの解放が保障されているとはいえず、労働者は使用者の指揮命令下に置かれているというのが相当である。」と判断をした。

このことから夜勤における不活動時間においては、この労働からの解放が保障されているか否かという点が主張立証のポイントになると整理されており、一般論としてはこの点に実務上の争いは存在しない。

その後の判例や裁判例においてもこの基準が踏襲されている。

(2) **主張立証のポイント**

労働からの解放が保障されているか否かという点は、評価的要件となるため、個別の事案においては、これを基礎づける評価根拠事実の存否を立証することになる。

この労働からの解放についてどのような主張立証がなされているか、各判例・裁判例の状況を解説する。

(a) **労働時間該当性を肯定した事件**

① 最判平14・2・28民集56巻2号361頁・労判822号5頁〔大星ビル管理事件〕

当該事件では、ビル管理会社の泊まり込み勤務中の仮眠時間（午前9時から翌朝同時刻までの24時間勤務の間、合計2時間の休憩に加え、連続8時間の仮眠時間が存在）の労働時間該当性が問題となった。

最高裁判所は「仮眠室における待機と警報や電話等に対して直ちに相当の対応をすることを義務付けられているのであり、実作業への従事がその必要が生じた場合に限られるとしても、その必要が生じることが皆無に等しいなど実質的に上記のような義務付けがされていないと認めることができるような事情も存しないから、本件仮眠時間は全体として労働からの解放が保障されているとはいえず、労働契約上の役務の提供が義務付けられていると評価することができる。したがって、上告人らは、本件仮眠時間中は不活動仮眠時間も含めて被上告人の指揮命令下に置かれているものであり、本件仮眠時間は労基法上の労働時間に当たる」と判断をした。

② 東京地判平17・8・30労判902号41頁〔井之頭病院事件〕

当該事件では、病院看護職員の深夜仮眠時間の労働時間該当性が問題となった。

裁判所は「仮眠時間中はナースステーションとは別室で仮眠を取ることができ、通常は実際の労働をすることはない。しかし、1―4病棟においても、その他の病棟においても、ナースコールに対して仮眠・休憩時間でない看護職員だけでは対応ができないときや、起きている職員だけで対応できないような事故が発生したとき等、場合によっては、仮眠を中断して対応をしなければならないことがある。」と判断した。また、就業規則の休憩時間の記載の内容もこのような対応が発生することを前提として、仮眠時間においても対応は義務づけられていたとしている。

加えて、原告も勤務する病棟では「2人が仮眠中にうちの1人が仮眠を中断される場合は極めて少ないとまではいえないし、他の病棟では、仮眠を中断されることは非常に少ないものの、皆無に等しいとまではいえない。」とし、「仮眠時間は労働からの解放が保障されているとはいえず」、「被告病棟における深夜勤の仮眠時間は労働時間に該当するというべきである。」と結論づけた。

③　東京地判平30・1・30労経速2345号27頁〔富士保安警備事件〕

当該事件では、警備員の夜間の不活動時間の労働時間該当性が問題となった。

裁判所は「原告らは、巡回時以外には、警備ボックス又は守衛室での常駐を義務付けられており、仮眠時間以外に定められた休憩の時間帯はなく、仮眠時間帯であっても、守衛室から離れることは許されていなかった。」と判断した。これは実態としても原告が勤務する「本件センターは、150名弱の留学生が学生寮において生活を送っていたため、トラブル等が発生することも多く、近隣住民（とりわけ、パイロットマンションの住人）から直接苦情の電話が入ったり、近隣住民からの通報を受けた警察が来訪するなど、仮眠時間帯であっても、対応（実作業）を要する事態が発生することも少なくなかったものである（例えば、平成26年6月には、近隣住民からの午前0時以降の電話だけで4回（2日（午前0時25分、午前1時20分）、13日（午前3時58分）、26日（午前0時44分））あり、苦情報告書も作成されている」という点からも裏付けられるとした。

そのうえで、裁判所は「原告らが労働時間に該当しないことを自認する休憩時間……以外の時間帯については、客観的にみて、労働からの解放が保障

されていたとはいえず、労働者は使用者の指揮命令下に置かれていたものとして、労働時間に当たるものと認めるのが相当である。」と結論を導いている

④　東京地判令5・4・14労経速2549号24頁〔大成事件〕
当該事件では、ビルの警備の夜勤の仮眠時間の労働時間該当性が問題となった。

まず、裁判所は仮眠時間の勤務の実態として「当直設備員2名のうちいずれかの仮眠時間に当たる時間帯（割増賃金請求における労働時間の立証責任が労働者にあることを踏まえて、午後10時から翌日午前7時までであったことを前提に検討する。）においても、当直設備員らは、トラブル等に複数名で対応していたもので、」「2名以上で対応した件数は、平成29年2月から令和元年8月までの2年6か月間に少なくとも46件、原告らが対応したものだけでも33件に上り、その頻度は、1か月間に1件を上回るものであった。」と対応の頻度を問題とした。そのうえで、「本件業務日誌に記載された上記対応状況は、業務日誌転記ノートに貼り付けて被告に提出され、引継ぎの対象となっていたのであるから、被告が、上記のような対応状況を認識していたことは明らかである」とし、使用者がこの勤務実態を認識していたことも認定した。

また「本件業務日誌及び業務日誌転記ノートの扱いを踏まえれば、設備員が、本件業務日誌ないしその記載が転記された管理日報における過去の対応をマニュアル代わりに使用していたのは、被告の指揮命令に基づくものであったと認めるのが相当である。」とし、「当直設備員らは、被告から仮眠時間中であっても、トラブル等が生じた際には仮眠者を起こして2名で対応することを義務付けられていたと認めることができる。」と対応義務の存在を認めた。

そのうえ「設備控室に内線電話、緊急呼出装置、インターフォンが設置されていたほか、設備員は、勤務中、休憩・仮眠の時間であっても館内PHSの携帯を義務付けられ、仮眠時間中であっても、防災センターから容易に連絡を取ることができる状況にあり、仮眠に入る際、寝間着等ではなく、洗濯後の別の制服に着替えていたことをも踏まえれば、仮眠時間中の設備員も労働から離れることはできていなかったと認めることができ、原告らは、本件

仮眠時間中、労働契約に基づく義務として、設備控室における待機とトラブル等に対して直ちに相当の対応をすることを義務付けられていたと認めることができる。」とし、仮眠時間も労働時間に該当すると結論づけた。

⑤　千葉地判令5・6・9労判1299号29頁〔社会福祉法人A会事件〕

当該事件では、グループホームにおいて、入居者の支援をする業務を行っていた労働者の夜間の勤務の労働時間該当性が問題となった。

「被告の運営するグループホームにおいては、その性質上、毎日、午後9時から翌朝6時までの夜勤時間帯にも生活支援員が駐在する強い必要性があり、各施設につき1人の生活支援員が宿泊して勤務していたこと、入居者の多くは、知的障害を有し、中にはその程度が重い者や強度の行動障害を伴う者も含まれていたこと、特にグループホームDにおいては複数の入居者が頻繁に深夜又は未明に起床して行動し、その都度生活支援員が対応していたこと、原告は生活支援員としてDほか3か所のグループホームで勤務してきたことが認められる。」として労働時間に該当するとした。

(b)　**労働時間該当性を否定した事件**

①　東京地判平18・8・7労判926号53頁〔日本ビル・メンテナンス事件〕

当該事件では、2人1組のビル警備業務について別々の仮眠室で仮眠を取る形態の仮眠時間の労働時間該当性が問題となった。

裁判所は仮眠時間の対応頻度について、「本件別室での仮眠時間中の宿直業務への対応の状況をみると、まず、原告らは、地震や大雨の際に本件ビル内の点検に当たったことは数回しかないと述べており、そのような事態はまれであったものと認められる（原告らが本件ビルの宿直業務に従事していたのは、原告甲野が平成14年6月から平成16年8月までの2年2か月間、原告乙山が平成13年11月から平成17年5月の約3年7か月間であり、この間に地震、大雨などの事態にそれぞれ数回対応する必要があったにとどまるのであるから（原告らの勤務が月に12回程度であるとすると、数ヶ月に1回の割合である））。」と認定した。

「次に、緊急事態以外をみると、深夜、本件ビルの入退館者のためのドアの開閉などに対応する必要があった可能性は否定できないものの、現実にそのような事態はほとんど発生していない（原告甲野が8階に入居するテナントの従業員の要請に応じたことが1回あるのみである）。」とし「そうする

と、緊急時もそれ以外の場合も、原告らが常に仮眠時間中に宿直業務への対応を求められていたとは認められない。」と判断した。

仮眠時の執務環境について「独立した一室として、一応ベッドが用意され、宿泊施設としての最低限の体裁はあり、また、本件別室には、防災センターと結ばれたインターホンがあるほかは、警報装置など警備業務用の機器の設置もないのであるから、完全な静寂等が保たれていないとしても、仮眠を取ることは可能な環境であったものと認められる。」とした。

そのうえで、「本件別室での仮眠時間中、原告らは、実質的には、宿直業務という労働から離れることが保障されていたと評価することが相当であり、原告らについてみれば、本件別室での仮眠時間は、労働時間に当たらない」と判断した。

② 仙台高判平25・2・13労判1113号57頁〔ビソー工業事件〕

当該事件では、病院警備の仮眠時間の労働時間該当性が問題となった。

裁判所は仮眠時間の人数配置について「最低4名以上の警備員が配置され、仮眠・休憩時間帯においても、そのうち1名が守衛室で監視警備等業務に当たり、1名が巡回警備業務に当たる傍らまたは守衛室に待機して、突発的な業務が生じた場合にこれに対応する態勢がとられていたということができる。」とした。また、仮眠時間において労働者らは、「守衛室と区画された仮眠室において制服を脱いでパジャマ等に着替えて就寝して」いたとし、対応頻度についても「本件係争期間（2年8か月半）に10名の警備員が仮眠時間中に実作業に従事した件数は合計17件で、1人当たり平均にすると1年に1件にも満たず」、「その上、このうち仮眠時間を中断して実作業を行ったのは僅か4件にすぎず、うち3件は地震や火災といった突発的な災害に対応したものである。」とした。

さらに「休憩時間中に実作業に従事した件数についても合計42件で、1人当たり平均にすると約4件で概ね8か月に1回程度の頻度にすぎず、従事した時間も概ね短かった上、そのうち休憩時間を中断して実作業を行った件数は12件と、上記の3分の1にも満たないのである。」とし、「被控訴人（労働者）らにおいても、本件係争期間において仮眠・休憩時間中に原則的、一般的に労働を義務付けられているとの意識はな」かったとした。

加えて、使用者と使用者に警備を委託している会社の業務委託契約におい

ても「4名以上の警備員が常時業務に従事することまでが要求されていたわけではな」いとした。

以上から「仮眠・休憩時間中の警備員が常時、守衛室や仮眠室でも業務に従事する態勢を要求されて緊張感を持続するよう強いられてはいなかったというべきである。」とし、労働時間に該当しないと判断をした。

③　東京地判平28・7・14労判1148号38頁〔国・池袋労基署長（ライジングサンセキュリティーサービス）事件〕

当該事件では、警備業務をしていた労働者の仮眠時間の労働時間該当性が問題となった。

裁判所は「本件仮眠時間中、警備員は制服を脱いで、自由な服装を着用して仮眠室内のベッドで仮眠することが可能であったこと、仮眠中の警備員とは別に当務中の警備員が1名及び待機中（休憩中の場合を含む。）の警備員が1名存在しており、1名を受付に配置し、他の1名により緊急対応をすることが可能であったこと、実質的にも、税務大学校の警備において、仮眠中の警備員が現実に実作業に従事したことは、発症前6か月間で一度もなく、仮眠中の警備員が実作業に従事する必要が生じることが皆無に等しかったことなどに照らし、全体として労働からの解放が保障されていた時間であったと評価することができる。」とし、労働時間には該当しないと判断した。

④　静岡地判令4・4・22労経速2495号3頁〔全日警事件〕

当該事件では、新幹線沿線の警備業務をしていた労働者の仮眠時間の労働時間該当性が問題となった。

裁判所は「2時間の休憩時間中にJRからの緊急要請があった場合には直ちに相当の対応をすることが義務付けられているものの、静岡隊の隊員が休憩時間中に出動要請を受けたのは、平成30年度に1回、令和元年度に1回であり、隊員1人当たり2年に1回程度しかない。いずれも休憩時間中に出動した後、代替の休憩時間を取得している。」とし対応頻度の少なさを指摘した。

加えて「いずれの要請も悪天候時点検であったから、当日の天候により予測できるものであった。」こと及び「そもそも新幹線の線路等はJRが保守点検を尽くしており、被告の警備業務は補佐的役割であるので、勤務時間中も含めた静岡隊への出動要請は年10回前後であるし、休憩時間中の出動要

請に対して対応が遅れてもクレームや懲戒の対象にはならない。」ことも認定した。

　そのうえで「被告においては、休憩時間中の過ごし方も、多くの者は被告が選定した休憩場所で仮眠を取っているが、その場所から車で移動して別の場所で仮眠を取ることやトイレやコンビニに行くなど自由に過ごすことも許されている。」としたうえで「このように休憩時間中自由に過ごせることは、マニュアルが作成され研修が行われて警備隊員は熟知しており、原告らもトイレやコンビニに行ったりして自由に過ごし、管理者から注意を受けることもなかったものである。」と認定した。

　このことから「休憩時間については、JRからの緊急要請に対して直ちに対応する必要が生じることが皆無に等しいなど実質的に対応すべき義務付けがされていないと認めることができるような事情があるというべきである。」とし、「休憩時間は、労働基準法の労働時間に当たるとは認められない。」と判断した。

(c)　**裁判例の傾向・主張立証のポイント**

　上記の裁判例の傾向からすると、夜勤における不活動時間については、以下の点を考慮して、労働からの解放がなされていたか否かという点が検討されていると考えられる。

> ・不活動時間を過ごす場所が限定されているか（外出等の可否）
> ・服装は制服か私服か
> ・当直をする場合に何人体制で業務にあたっていたか
> ・夜勤の時間帯に突発的業務が発生する頻度はどのくらいか
> ・緊急事態が発生した場合に誰が対応するかという明確な決まりがあるか
> ・労働者の勤務の状況について使用者は認識をしているか

　特に夜勤の時間帯に突発的業務が発生する頻度が少ない場合には、労働時間該当性が否定される傾向にあるため、使用者側において反論する場合にはこの事情がないかの確認が重要になる。

　そして、この主張を検討するにあたっては、日報等の業務報告や申し送りの書面等の記録から1年等の一定の範囲期間の中で、突発的な業務の回数を

確認し、どの程度の緊急対応があったかということを立証する方策が有効な立証方法として考えられる。

また、場所や服装の拘束は、就業規則やマニュアル等から立証を行うこととなり、当日の人員についてはシフト表や勤怠記録から立証を行うことになる。

4　予防のポイント

(1)　労働時間に該当するか否かの正しい判断

まず、労働時間に該当するか否かの正しい判断が必要になる。労働時間に該当するか否かは客観的に定まるため、上記の事情を考慮しつつ、労働時間に該当すると判断されるリスクを正確に分析する必要がある。

(2)　労働時間管理の徹底

次に労働時間管理も重要である。夜勤に関する紛争において客観的な労働時間の記録が残っていないことがある。この場合、労働時間の主張立証責任は労働者にあるということから、労働者の立証が不十分であり、労働時間と認定されないということにはならない。むしろ裁判所は労働者が働いていたであろうと推測される痕跡から労働時間を認定する傾向にある。そのため、労働時間を管理していないことにより、使用者が想定している時間よりも長い時間が労働時間として認定されてしまうというリスクがある。

(3)　非労働時間であると整理する場合、労働からの解放の保障の徹底

労働時間に該当しないと整理するためには、夜勤の場合は複数体制とする、対応をしなくてよいとする業務を明確にする、緊急業務の頻度が少ない業務にするという状況を作り出す必要がある。

緊急業務が発生する頻度が多い場合には、労働時間に該当しないという前提での整理はリスクが大きいため、当初から労働時間に該当することを前提とした制度設計とすることが合理的であるケースもある。

〔井山　貴裕〕

第7章

事後対応

Ⅰ 固定残業代制度の規定・運用の見直し

1 事例❼-1 固定残業代制度

> 事例❶-1の運送会社Xを営むA社長は、労働者のために十分な賃金支払いをしていたと認識していたが、一定の解決金を支払う結果となったこともあり、これを機に固定残業代制度に関する規定や運用について法的不備がないように見直しを図りたいと考え、乙弁護士に引き続き相談をすることとした。

2 固定残業代・有効要件・リスク

(1) 固定残業代とは

第1章のⅥ2でも説明したが、固定残業代とは、労基法37条所定の計算方法による割増賃金の支払方法に代えて、実際の時間外労働や休日労働及び深夜労働（以下、「時間外労働等」という）の時間数にかかわらず、あらかじめ一定の時間分の金額を支払うものをいう。固定残業代の支払方法としては、基本給の中に固定残業代を含ませて支払う方法（例：基本給●●万円のうち●万円を固定残業代とする場合。「組込型」といわれることがある）と、手当として固定残業代を支払う方法（例：固定残業手当●万円として支給する場合。「手当型」といわれることがある）がある。

(2) 固定残業代の有効要件

固定残業代の有効要件に関しては、一般的に以下の要件が必要と考えられている[1]。

(a) 判別要件（明確区分性）

判別要件とは、通常の労働時間の賃金に当たる部分と割増賃金に当たる部分とを判別することができること（これらが明確に区分されていること）をいう。

判例において「使用者が労働者に対して労働基準法37条の定める割増賃金を支払ったとすることができるか否かを判断するためには、割増賃金として支払われた金額が、通常の労働時間の賃金に相当する部分の金額を基礎と

---

[1] 岩佐圭祐「いわゆる『固定残業代』の有効性をめぐる諸問題」判タ1509号39〜40頁参照。

して、労働基準法37条等に定められた方法により算定した割増賃金の額を下回らないか否かを検討することになるところ、……上記の検討の前提として、労働契約における基本給等の定めにつき、通常の労働時間の賃金に当たる部分と割増賃金に当たる部分とを判別することができることが必要」（下線は筆者、以下同様）（最判平29・7・7裁判集民256号31頁・労判1168号49頁〔医療法人社団康心会事件〕）である旨、判示している。

なお、手当型の場合は組込型と異なり、もともと基本給等と分かれているため、判別要件（明確区分性）について問題となりにくいが、手当の中に様々な趣旨を含むような場合には、同様に判別要件（明確区分性）あるいは判別要件の判断の前提として対価性の問題となる。

(b) **対価性要件**

対価性要件は、時間外労働等に対する対価としての性質を有していることをいう。

最判平30・7・19裁判集民259号77頁・労判1186号5頁〔日本ケミカル事件〕において、「使用者は、労働者に対し、雇用契約に基づき、時間外労働等に対する対価として定額の手当を支払うことにより、同条の割増賃金の全部又は一部を支払うことができる。そして、雇用契約においてある手当が時間外労働等に対する対価として支払われるものとされているか否かは、雇用契約に係る契約書等の記載内容のほか、具体的事案に応じ、使用者の労働者に対する当該手当や割増賃金に関する説明の内容、労働者の実際の労働時間等の勤務状況などの事情を考慮して判断すべきである。」として、固定残業代において時間外労働等に対する対価としての性質を有することが必要であり、対価性の判断に関する考慮事情についても判示している。

また、最判令2・3・30民集74巻3号549頁・労判1220号5頁〔国際自動車（第二次上告審）事件〕においても、「使用者が、労働契約に基づく特定の手当を支払うことにより労働基準法37条の定める割増賃金を支払ったと主張している場合において、上記の判別をすることができるというためには、当該手当が時間外労働等に対する対価として支払われるものとされていることを要するところ、当該手当がそのような趣旨で支払われるものとされているか否かは、当該労働契約に係る契約書等の記載内容のほか諸般の事情を考慮して判断すべきであり（前掲最高裁平成30年7月19日第一小法廷判

決参照)、その判断に際しては、<u>当該手当の名称や算定方法だけでなく、上記アで説示した同条の趣旨★2 を踏まえ、当該労働契約の定める賃金体系全体における当該手当の位置付け等にも留意して検討しなければならないというべきである。</u>」と判示している(なお、当該判例は、対価性要件は判別要件の前提として問題となるという位置づけをしている)。

さらに、最判令5・3・10裁判集民270号77頁・労判1284号5頁〔熊本総合運輸事件〕においても上記判例を引用し同様の判示★3 をしている。加えて、対価性(及び判別要件)に関して、新給与体系では、旧給与体系で<u>基礎賃金の一部であった基本歩合給が大幅に減額された一方で、調整手当を割増賃金として支払うことになったため、基礎賃金が大幅に減少することになったこと、実際の勤務状況</u>(1か月の時間外労働等は平均80時間弱)<u>に照らして想定し難い程度の長時間の時間外労働等を見込んだ過大な割増賃金が支払われる賃金体系が導入されたことが認められるものの十分な説明がされたともうかがわれないことから、新給与体系は、その実質において、時間外労働等の有無や多寡と直接関係なく決定される賃金総額を超えて割増賃金が生じないようにするために、旧給与体系下での基礎賃金の一部</u>(基本歩合給)<u>につき、名目のみを調整手当に置き換えて割増賃金として支払う賃金体系である</u>として対価性・判別要件を否定した。

(3) 差額清算の合意と実態について

★2 「労働基準法37条が時間外労働等について割増賃金を支払うべきことを使用者に義務付けているのは、使用者に割増賃金を支払わせることによって、時間外労働等を抑制し、もって労働時間に関する同法の規定を遵守させるとともに、労働者への補償を行おうとする趣旨」。

★3 「労働基準法37条は、労働基準法37条等に定められた方法により算定された額を下回らない額の割増賃金を支払うことを義務付けるにとどまり、使用者は、労働者に対し、雇用契約に基づき、上記方法以外の方法により算定された手当を時間外労働等に対する対価として支払うことにより、同条の割増賃金を支払うことができる。そして、使用者が労働者に対して同条の割増賃金を支払ったものといえるためには、通常の労働時間の賃金に当たる部分と同条の割増賃金に当たる部分とを判別することができることが必要である。

 雇用契約において、ある手当が時間外労働等に対する対価として支払われるものとされているか否かは、雇用契約に係る契約書等の記載内容のほか、具体的事案に応じ、使用者の労働者に対する当該手当等に関する説明の内容、労働者の実際の労働時間等の勤務状況などの諸般の事情を考慮して判断すべきである。その判断に際しては、労働基準法37条が時間外労働等を抑制するとともに労働者への補償を実現しようとする趣旨による規定であることを踏まえた上で、当該手当の名称や算定方法だけでなく、当該雇用契約の定める賃金体系全体における当該手当の位置付け等にも留意して検討しなければならないというべきである」と判断している。

第1章のⅥ2(4)においても説明をしているため詳細は割愛するが、要件とは整理されていないが、重要な考慮要素となり得るものとして、差額清算合意とその実態がある。差額清算合意とその実態がある場合には、使用者として固定残業代を残業代としての性質を有しているものとして運用しているといえることから、対価性の要件を認定するうえでの重要な考慮要素となる。

なお、もちろん、設定時間を超える残業がなく差額清算の実態がないことが不自然ではない事案もあるが、全く差額清算をしていない事案と、一部している事案では交渉のしやすさ、裁判等となった場合の裁判官の心証も大きく異なるように筆者としては思う。

(4) **固定残業代の合意について**

固定残業代の有効性が争われる事案では、当該有効要件の有無の問題の前提として、そもそも固定残業代としての合意があったのかという観点から問題となる事案も多い★4。なお、この場合は、判別要件(明確区分性)も同様に問題とされる場合もある。前掲注(★4)東京地判令4・4・12では、会社は、労働契約の締結の際における労働者との面談において、給料24万円のうち基本給が20万円、固定残業代が4万円である旨を説明し、これを承諾したと主張し、これに沿う会社担当者の証言と採用時の雇用通知書(「休日手当並びに深夜にかかる割増し分含む」等の記載)があったが、当該通知書には24万円のうちいくらが固定残業代であるのか具体的な内容に関する記載はなく、固定残業代の合意は認められないし、判別要件(明確区分性)も欠くと判断された。

(5) **固定残業代が無効とされた場合のリスク**

上記固定残業代の合意や有効要件が認められず、固定残業代が無効と判断されてしまうと、①支払ったはずの固定残業代相当額が残業代の支払いとして無効(未払い)となること、②固定残業代相当額が割増賃金としてではなく通常の賃金として組み込まれて計算され、1時間当たりの割増単価が高くなる(いわゆる「ダブルパンチ」といわれる状態となる)という状態が生じてしまう。その結果、計算をし直すと未払い残業代が数百万円程度となることも珍

★4 東京地判令4・4・12労判1276号54頁〔酔心開発事件〕。東京地判令3・3・4労判1314号99頁〔月光フーズ事件〕、東京地判令2・10・15(令和元年(ワ)第26798号)LEX/DB〔アクレス事件〕ほか。

しくなく、また時効が延長されたことにより1000万円を超えるような請求も以前より増えているように筆者としては実感している。1名で当該状況であるから、これが複数名で請求されるようなことになると非常に大きな経営リスクとなり得る。

> ●コラム● 法所定の算定方法による必要があるか
>
> 　使用者が労働者に対して割増賃金を支払う際に、労基法等に規定されている算定方法によらずに、「固定残業代●万円」等という支払方法がそもそも可能なのか問題となり得る。
>
> 　この点、行政解釈上は「労働者に対して実際に支払われた割増賃金が法所定の計算による割増賃金を下回らない場合には、労働基準法37条違反とならない」とされている（昭24・1・28基収3947号）。
>
> 　また、判例において「割増賃金の算定方法は、同条並びに政令及び厚生労働省令の関係規定（以下、これらの規定を『労働基準法37条等』という。）に具体的に定められているところ、同条は、労働基準法37条等に定められた方法により算定された額を下回らない額の割増賃金を支払うことを義務付けるにとどまるものと解され、労働者に支払われる基本給や諸手当（以下『基本給等』という。）にあらかじめ含めることにより割増賃金を支払うという方法自体が直ちに同条に反するものではない。」（最判平29・7・7裁判集民256号31頁・労判1168号49頁〔医療法人社団康心会事件〕）とも判示されている。
>
> 　以上から、割増賃金に関する諸規定が使用者に求めているのは、時間外・休日・深夜労働に対して同規定の基準以上の割増賃金を支払うことであって、法所定の算定方法による必要はなく、法所定の算定方法を下回らない限りは、固定残業代としての支払方法も適法である。

3　固定残業代の設定時間の多さ

　固定残業代の設定時間の多さについても**第1章**のⅥ2(5)で説明しており詳細は割愛するが、固定残業代の有効要件を満たすような場合でも、固定残業代に対応する設定時間が長すぎる場合、公序良俗違反等を理由に効力が否定される場合がある★5。

★5　月80時間分相当の時間外労働に対する固定残業代の定めは公序良俗に反し無効と判断した裁判例（東京高判平30・10・4労判1190号5頁〔イクヌーザ事件〕）がある。一方で、固定残業

Ⅰ 固定残業代制度の規定・運用の見直し

　また、運送業においては、以下のとおり通常の労働時間の上限規制と異なる例外的な取扱いとなることから、固定残業代の設定時間についても通常より長くできるかどうか実務上悩ましい問題がある。

【通常】
・時間外労働の上限は原則として月 45 時間・年 360 時間
・臨時的な特別の事情がなければこれを超えることができない。
※臨時的な特別の事情があって労使が合意する場合（特別条項）でも、以下を守らなければならない。
・時間外労働が年 720 時間以内
・時間外労働と休日労働の合計が月 100 時間未満
・時間外労働と休日労働の合計について、「2 か月平均」「3 か月平均」「4 か月平均」「5 か月平均」「6 か月平均」がすべて 1 月当たり 80 時間以内
・時間外労働が月 45 時間を超えることができるのは年 6 か月が限度

【自動車運転の業務】
・特別条項がある場合の時間外労働の上限が年 960 時間以内
・時間外労働と休日労働の合計について、
　――月 100 時間未満
　――2～6 か月平均 80 時間以内
　とする規制は適用されない。
・時間外労働が月 45 時間を超えることができるのは年 6 か月までとする規制の適用もない。

　この点、固定残業代の設定時間については、通常のとおり、時間外労働の上限の月 45 時間以内の設定にできるのであれば、設定時間が長いと指摘されるリスクが低く望ましい。また、80 時間という時間外労働がある場合はいわゆる過労死ラインといわれる水準での労働となり労災リスクという観点

代として時間外労働 70 時間、深夜労働 100 時間相当の業務手当の定めを有効とした裁判例（東京高判平 28・1・27 労判 1171 号 76 頁〔コロワイドＭＤ（旧コロワイド東日本）事件〕）がある。

209

からも問題となるし、恒常的な長時間労働を見込む設定について裁判官の心証としてもあまりよくないと思われる。

第1章のⅥ2(5)でも説明したように、裁判例上も明確な基準があるとはいい難い状況にあり、ぎりぎりを攻めて制度設計をするのはリスクが高すぎるように思う。そのため、できるだけ45時間以内にできないか検討し、45時間以上として設定を行うとしても可能な限り低い時間設定とすることが望ましい（かつ設定時間を超えた場合は差額清算を行う）。

また、できれば当該設定時間とした理由や根拠まで説明ができるように準備をしておくとなおよいと思う（過去の実績を基に固定残業代の時間を設定したという制度導入の際の検討資料等を残しておくことも有用である。その他、取引先が遠く、移動時間が長くなることを見込み、過去の実績からおおむねの時間を算出し行きと帰りそれぞれ1時間ずつの時間外労働の設定をすることにした等の理由が説明できるようにしておくのが望ましい）。上述したように全く差額清算をしていない事案よりも一部差額清算している事案の方が交渉のしやすさ、裁判等となった場合の裁判官に与える心証もよいことから、たまに超える程度の設定時間とし、労働時間を管理したうえ、差額清算を行うのがリスクヘッジとしては有用であると思う。

4　労働時間管理について

差額清算を行うためには適正な労働時間管理が前提となる。もっとも、細かな労働時間管理が煩雑であるため、固定残業代を導入しているようなケースもよく見受けられる（例①：始業時刻前、終業時刻後に業務はほとんどないが、少しの打刻ずれはあることから、その分の残業分に対する手当として固定残業代を導入している。例②：恒常的に終業時刻後、1時間の残業が発生することから、その分の残業分に対する手当として固定残業代を導入している等）。当該場合であっても、運用上は毎月設定時間を超えていないかの確認作業が必要であり、毎月労働時間管理をし、設定時間を超えていないかが一目でわかる資料の作成をしておくことが望ましい。

5　制度変更に関する留意点・具体的な方法について

次に、固定残業代制度に法的不備がある場合、法的不備を解消するための制度変更に関する留意点・具体的な方法について説明をする。

I 固定残業代制度の規定・運用の見直し

　固定残業代制度に法的不備があり、これを支払う賃金総額を変えずに変更しようとすると不利益変更となることが予想される(例えば、基本給30万円に固定残業代を含むと規定してあった固定残業代制度について判別要件(明確区分性)を欠くとして否定された場合で、使用者としては、基本給25万円＋固定残業代5万円としたいケース：この場合、賃金総額は変わらないが、基本給が30万円から25万円に下がり、かつ固定残業代が5万円分を超えないと残業代も支払われないことから不利益変更となる)。

　固定残業代の制度変更が不利益変更に該当する場合には、変更手続としては対象となる労働者の個別同意をとるか(労契9条本文)、就業規則による変更(労契10条)等により行うことになる。

　実務上は可能であれば労働者の個別同意を取った方がリスクは少ないが個別同意があったとしても直ちにその変更が有効であると認められるわけではない。

　労働者の同意の有無については「当該変更を受け入れる旨の労働者の行為の有無だけでなく、当該変更により労働者にもたらされる不利益の内容及び程度、労働者により当該行為がされるに至った経緯及びその態様、当該行為に先立つ労働者への情報提供又は説明の内容等に照らして、当該行為が労働者の自由な意思に基づいてされたものと認めるに足りる合理的な理由が客観的に存在するか否かという観点からも、判断されるべきものと解するのが相当」(最判平28・2・19民集70巻2号123頁・労判1136号6頁〔山梨県民信用組合事件〕)と判示されている。

　上記は総合考慮で判断されるものであり、どこまで労働者に情報提供や説明をすれば足りるのか実務上非常に悩ましい。

　また、前掲最判令5・3・10においては、制度変更に関して不利益に変更されたのにもかかわらず十分な説明がされていないことから、従前は基礎賃金として支払っていた基礎賃金の一部の名目のみを割増賃金に置き換えて支払う賃金体系であるとし、対価性・判別要件を否定し固定残業代制度を無効としている。

　そのため、労働者への情報提供や丁寧な説明がないと合意自体の有効性、及び固定残業代制度としての有効性にも影響が出る。

　筆者は、制度変更の際に、変更内容についての疑義や労使双方の認識に齟齬が生じないように固定残業手当に関する同意書(**第8章「書式編」**【**書式⑦**－

1】参照)のような同意書を結ぶことがある。また、労働者への不利益に対する手当として、一定の割増賃金を支払い清算を行ったり、一定の期間は経過措置として調整給を支払ったりすることがある。

なお、制度変更が微調整程度であり、定期昇給や少しの昇給でカバーできるような場合には、昇給のタイミングで制度変更をして不利益変更とならないように調整をする工夫をする場合もある。

また、個別同意をとる場合でも同時に雇用契約書（労働条件通知書）や就業規則（賃金規程）の記載についても変更の検討をすべきである。

なお、固定残業手当に関する同意書や雇用契約書（労働条件通知書）等に、計算式までは書かないことが多いと思うが、設定金額及び時間数について記載するとともにその内訳についても労働者が認識しているといえる状況にすることが望ましい（労使双方の認識に齟齬がなければ労務紛争となりにくい）と考え、筆者が導入サポートをする場合はここまで記載するようにアドバイスをしていることが多い（裁判等でよく労働者側から説明を受けていない、説明を受けたが内容がわからなかった等という主張が多くある。当該主張に対して的確に反論をすることができると思う）。

【書式⑦−2】雇用契約書（労働条件通知書）の規定例（第8章「書式編」参照）

賃金の欄：
　月額：●●万円
　内訳：基本給　●●万円
　　　　固定残業手当●●万円（時間外割増●●時間相当分）
（計算式）
　●●円÷月平均所定労働時間（173.3）×割増率（1.25）≒●●円
　●●円×●●時間＝●●万●●円≒●●万円
※固定残業手当は、時間外割増賃金分をあらかじめ支払うものとする。
※固定残業手当が一賃金支払期間中の実際の時間外割増賃金の合算額に不足する場合には、その差額の割増賃金については差額残業手当として支払う。

なお、できれば時間外割増だけ、あるいは時間外●●時間・深夜●●時間等と、他の割増賃金と一緒にしない方が望ましい★6が、一緒にする場合は以下の

★6　残業には時間外・休日・深夜があり割増率も異なることから、固定残業代の金額や時間数についてどのように規定すべきか問題となり、単に金額や時間数のみでは判別要件（明確区分

I 固定残業代制度の規定・運用の見直し

ような規定とすることが考えられる(充当の順番を意識して記載する)。

【※以下の部分について変更】
※固定残業手当は、時間外・深夜・休日割増賃金分をあらかじめ支払うものとする。なお、定額残業手当の方が実際の時間外割増賃金よりも多い場合、その超過分について深夜割増賃金・休日割増賃金の順で充当する。
※固定残業手当が一賃金支払期間中の実際の時間外・深夜・休日割増賃金の合算額に不足する場合にはその差額の割増賃金については差額残業手当として支払う。

【書式⑦-3】 就業規則(賃金規程)の規定例(**第8章「書式編」参照**)

(固定残業手当)
第●条
1. 固定残業手当は、時間外割増賃金の対価としてあらかじめ支給する。
2. 前項の固定残業手当の金額は、想定される時間外労働を勘案し、個別に決定する。
3. 実際の割増賃金が固定残業手当よりも超過する場合には、差額を別途支給する。

なお、同様にできれば他の割増賃金と一緒にしない方が望ましいが、一緒にする場合は以下のような規定とすることが考えられる(充当の順番を意識して記載する)。

(固定残業手当)
第●条
1. 固定残業手当は、時間外割増賃金、休日割増賃金、及び深夜割増賃金の対価としてあらかじめ支給する。
2. 前項の固定残業手当の金額は、想定される時間外労働、休日労働、及び深夜労働を勘案し、個別に決定する。
3. 充当の順番については、時間外割増賃金、休日割増賃金、及び深夜割増賃金の順に充当するものとする。

性)を欠くのではないかが問題となり得る。また、計算が複雑となるため実際の運用もしにくくなる。

第 7 章　事後対応

4．実際の割増賃金が固定残業手当よりも超過する場合には、差額を別途支給する。

6　まとめ・固定残業代の制度設計のポイント（チェックリスト）

以上の最高裁判例・下級審裁判例、実務上の留意点をふまえ、固定残業代制度に関する規定や運用について見直しを図っていく必要がある。

●固定残業代の制度設計　ポイント（チェックリスト）
□　雇用契約書（労働条件通知書）の記載内容の確認
　　―手当型として整理しているか
　　―名称が残業代としての性質を有していることがわかる名称か★7
　　―固定残業代として支払うことが明記されているか（設定時間・設定金額の記載はあるか）
　　―差額清算の記載はあるか
□　就業規則（賃金規程）の記載内容の確認
□　雇用契約書・規程類の記載内容に齟齬がないかの確認
□　入社時（あるいは固定残業代制度の導入時）の説明内容・方法・説明資料の有無の確認
□　固定残業代の設定時間の確認
　　―適正な時間数の設定となっているか
　　―固定残業代を設けた理由・設定時間数の根拠の確認
□　設定時間を超えて労働を行うことがあるか否か労働時間の管理状況の確認
　　―設定時間を超えていないかが一目でわかる資料があるか
□　差額清算の実態の確認（他の労働者の実態の確認）

★7　前掲最判平 30・7・19 裁判集民 259 号 77 頁・労判 1186 号 5 頁〔日本ケミカル事件〕では、「業務手当」という名称であったが固定残業代の有効性が認められており、実態で判断されることから名称だけで判断されるわけではない。もっとも、あえて異なる趣旨が含まれるのではないかと誤解される可能性のある名称とする必要もなく（例えば、業務手当であれば、残業ではなく、特定の業務をすること自体に対する対価なのではないかという疑義が生じ得る）、固定残業代としての性質がわかる名称（例えば、単に固定残業手当等）とした方が望ましいと筆者は考える。

- [ ] 賃金台帳及び給与明細[★8]の記載方法の確認
- [ ] (最低賃金を割っていないかの確認)

〔瀬戸　賀司〕

Ⅱ　労働時間管理の見直しと残業許可制

1　事例❼－2　残業許可制

　事例❹－1の介護施設を運営する社会福祉法人X（以下、「法人X」という）は、退職した元職員から申し立てられた労働局のあっせん手続において、これまでしっかりと職員の労働時間管理をしてきたつもりであったものの、解決金を支払うことになってしまったため、これを機に労働時間管理の方法を見直すこととした。

　法人Xは、あっせん手続において以下の点が問題となった。
- 残業を行う場合、所定の残業申請書に「どのような業務のために何時間残業を行うか」記載して上長に提出し承認印をもらうルールとなっていたが、職員のタイムカードと残業申請書を照合すると、タイムカード上では所定終業時刻から1、2時間後が退勤時間として打刻されているにもかかわらず、残業申請がされていない日が多数あった。
- 残業申請をせず控室で定時後に日報を書いている者もいるが、業務が終わった後も控室でスマホゲームをしたり職員同士で談笑したりしてなかなか帰宅せずにいる者もいた。

　そこで、法人Xは、所定時間外労働をする場合上長の許可を必要とする残業許可制を改めて徹底することを検討し、会社の顧問でもある乙弁護士に残業許可制の運用にあたっての助言を求めた。

[★8]　使用者は労働者に対して給与明細の交付義務（所得税法231条）があり、毎月労働者が自身の給与を確認するものであるため、当該給与明細の中に固定残業代の記載や、差額清算を行ったことがわかるようにしておく（例えば、「差額残業分」等と別に欄を設けて記載）ことが望ましい。

乙弁護士としては、どのように対応すべきか。

2　労働時間性と「残業」

労働時間とは、「労働者が使用者の指揮命令下に置かれている時間をいい、この時間に該当するか否かは、労働者の行為が使用者の指揮命令下に置かれたものと評価することができるか否かにより、客観的に定まる」といわれている★9★10。

ただし、「使用者の業務への従事が必ずしも常に使用者の作業上の指揮命令下になされるとは限らないこと」及び「使用者が知らないままに労働者が勝手に業務に従事した時間までを労働時間として規制することは適切でない」ことから、労働時間とは「使用者の作業上の指揮監督下にある時間または使用者の明示または黙示の指示によりその業務に従事する時間」と定義すべきであるとされている★11（労働時間に関する議論についての詳細は**第3章**参照）。

実際に、黙示の業務指示があったとして労働時間性が認められた例★12や、所定時間外の労働を黙認していたとして労働時間性が認められた例★13などがある。

東京地判平26・1・8労判1095号81頁〔丙川商会事件〕

会社において「所定労働時間外の労務提供を原則的に禁止する方針を有し、従業員にもそのような方針を周知してはいた」と認定された一方、実態として従業員に対し「所定始業時刻の午前9時より30分も早い午前8時30分ころには出社して就業することを求め」ていたことや「所定終業時刻の午後5時30分以降も、少なくとも午後6時ころまでは業務に従事することがあることを想定しており（略）、従業員が午後5時30分以降に業務に従事することがないようにするための具体的な措置をとっていたものでもない」ことなどから、所定労働時間前後の労務提供について「少なくとも黙示の業務指示があったものと認めるのが相当である。」と判断している。

★9　佐々木宗啓ほか編著『類型別労働関係訴訟の実務Ⅰ〔改訂版〕』（青林書院、2021年）150頁。
★10　最判平12・3・9民集54巻3号801頁・労判778号11頁〔三菱重工業長崎造船所（一次訴訟・会社側上告）事件〕。
★11　菅野和夫＝山川隆一『労働法〔第13版〕』（弘文堂、2024年）421頁。
★12　東京地判平26・1・8労判1095号81頁〔丙川商会事件〕。
★13　長野地判平24・12・21労判1071号26頁〔アールエフ事件〕。

Ⅱ　労働時間管理の見直しと残業許可制

> 長野地判平 24・12・21 労判 1071 号 26 頁〔アールエフ事件〕
>
> 会社の「定めでは、『残業』について『就（ママ）業時間以降の残業については、必ず事前に所属長に『残業申請書』を提出し、承認を得ること。承認を得ずに残業をした場合は認められない。』と定められている。」と認定された一方、実態として現に労働者が勤務場所で「時間外に被告の業務を業務上の必要性に基づいて行っている以上、労働申請とその許可が必要であるとの被告の運用にかかわらず、原告らに対して、業務を止め退出するように指導したにもかかわらず、あえてそれに反して原告らが労働を継続したという事実がない限り」当該時間に「労働が被告の指揮命令下に置かれていることは明らかである」と判断している。

　したがって、使用者と労働者の労働契約上労働者による労務の提供が義務づけられている所定労働時間内については（休憩時間ないし休憩時間と同程度に労働からの解放が保障されている場合を除き★14）、原則として使用者の作業上の指揮命令下にあるといえるため労働時間であると考えられる。一方で、労働契約上労務の提供が必ずしも義務づけられていない所定労働時間外については

所定労働時間「内」	所定労働時間「外」
原則：労働時間に当たる →労働契約上、労働者による労務の提供が前提となっている	原則：労働時間に当たらない →労働契約上、必ずしも労務の提供が義務づけられていない
例外 労働から解放されている時間は労働時間に当たらない 例：休憩時間	例外 使用者の明示又は黙示の指示により労務の提供が義務づけられた場合は労働時間に当たる 例：居残り残業／早出残業／持ち帰り残業

★14　なお、当初想定されていた休憩時間（例えば、所定労働時間が 9 時～18 時まででうち 12

第 7 章　事後対応

（使用者の明示又は黙示の指示がある場合を除き）、原則として使用者の指揮命令下にないといえるため労働時間ではないと考えられる。

　例えば、所定労働時間外であっても、（着用が義務づけられた制服や作業服への着替え時間や強制参加のミーティングなど始業時刻前の準備時間や、強制参加の勉強会などのほか）居残り残業・早出残業や持ち帰り残業についても使用者から明示又は黙示の指示がある場合には、労働時間であると認められる場合がある。

　このうち、居残り残業は、通常所定労働時間に引き続いて行われるため所定労働時間中の使用者による指揮命令も引き続いているとして労働時間であると認められることが多い。一方で、早出残業[★15]や持ち帰り残業[★16]は、所定労働時間中の指揮命令下に入る前の時間帯であったりそもそも私生活上の行為との峻別が困難であったりすることから、労働時間であると認められ

時～13 時が休憩時間とされていた場合）は厳密には所定労働時間内ではないが、便宜上本文のように記載した。ただし、当初想定されていない休憩時間（例えば、前記所定労働時間中 14 時～14 時半の間労務から解放されていた場合）は所定労働時間内だが例外的に労働時間とならない場合も考えられる。

[★15]　始業時刻前に出社し当該時間について労働時間性が争われた事案において「通勤の混雑を避ける等の業務以外の理由で早く出社する場合もあることから、所定始業時刻より早く出社したからといって、当然に労働時間となるものではない。」「所定始業時刻前のパソコンのログ記録をもって始業時刻と主張する場合には、使用者が明示的には労務の提供を義務付けていない始業時刻前の時間が、使用者から義務付けられまたはこれを余儀なくされ、使用者の指揮命令下にある労働時間に該当することについての具体的な主張立証が必要である」と判断されている（東京地判令 3・2・17 労判 1248 号 42 頁〔三井住友トラスト・アセットマネジメント事件〕）。

　なお、当該裁判例において、労働者が「行っていた具体的な作業は、日本経済新聞を読むことや、インターネットにおいてブルームバーグや日本経済新聞電子版を閲覧すること」であったところ、これらの作業は「当該作業によって得た知識が業務において役立つ場合もあることは否定できないものの、被告において、具体的な業務と関係なく、所定労働時間外に、新聞やインターネット等により知識を習得することを義務付けていたと認めるに足りる証拠はないこと」から、これらの時間は労働時間に該当しないと判断された。

[★16]　貸与されたノートパソコンを「職場だけではなく、自宅や通勤途中」にも「業務上のメールの送受信」のため使用していた事案において「メールの送受信等は各日における一時点で原告が業務に関する行為をしていたことを示すものにすぎず、そのことからその前後に継続的に業務に従事していたことまで認められるものではない。」こと、及び私生活の場である自宅や通勤途中での作業については、場所的状況として「被告（使用者）の指揮命令が及ばない」と考えられること（「被告の業務上の指示に基づき行われていたと認めるべき的確な証拠」がないこと）、「原告の私生活上の行為と峻別して行われていたと認めるべき証拠もないこと」から、「メールの送受信等をもって原告がその送受信等の時点で被告の指揮命令下にあったとまでいうことはできない。」として、労働時間性が否定されている（東京地判令 3・9・10（令和元年（ワ）第 12357 号）LEX/DB〔M 社事件〕）。

Ⅱ 労働時間管理の見直しと残業許可制

るハードルは比較的高いように感じる。

　早出残業や持ち帰り残業はもちろんのこと不要な居残り残業（いわゆるダラダラ残業）を防止し労働時間を短縮させるため、所定労働時間外の就労を禁止したり、所定労働時間外に就労をする場合には事前の残業許可制としたりすることが考えられる。

3　残業許可制の導入と裁判例の動向

　しかし、形式的に残業許可制を導入したとしても、残業申請なしに残業が行われるケースが横行している場合など、残業許可制が形骸化している場合には、使用者が無許可の時間外労働を黙認していた（黙示の業務指示があった）と判断されかねない。実際に、形式的には残業許可制が導入されているものの、その運用が厳格にされていなかったこと（無許可の時間外労働が常態化していたこと）を理由に、無許可の時間外労働部分について労働時間性が肯定された事案も見受けられる★17。

　一方で、これらの残業許可制（又は残業禁止命令）を厳密に運用していたことが認定されて、労働時間性を否定した例★18★19等も存在している。

　したがって、残業許可制が有効であると認められるため（すなわち残業許可制を前提として、就業時間外の許可のない就労が労働時間に当たらないと判断されるため）には、単に残業許可制が存在するだけでなく（制度が存在する前提としてその存在が周知されている必要もある）、当該制度が厳格に運用されていることも必要であると考えられる。

(1)　残業許可制が存在し、その存在が周知されていること

　まず、就業規則や雇用契約書に「残業が許可制であること」「残業をする場合、事前に上司等に残業を申請し、その許可を得なければならないこと」「上司等の許可がない場合には残業を認めないこと」「そのような場合には残業代が支払われないこと」などを明記する必要がある。

　これらの内容をふまえた就業規則の記載例としては以下のものが考えられる。

★17　東京地判平30・3・28労経速2357号14頁〔クロスインデックス事件〕。
★18　東京高判平17・3・30労判905号72頁〔神代学園ミューズ音楽院事件〕。
★19　東京地判平25・5・22労判1095号63頁〔ヒロセ電機（残業代等請求）事件〕。

第7章　事後対応

(所定労働時間外及び休日労働)
第●条　会社は労働者に対して、業務上の必要に応じて所定労働時間外及び休日における労働を命じることがある。
2　労働者は、業務上の必要によりやむを得ず所定労働時間外又は休日に労働をする必要がある場合には、別途会社が指定する方法により事前に申し出て、その許可を得なければならない。
3　労働者が会社の許可なく無断で時間外労働又は休日労働を行った場合で、当該時間が会社の指揮命令下に置かれた時間でないと会社が判断したときは、これを労働時間として取り扱わない。

　そのうえで、当該就業規則等を周知する必要があるが、万が一訴訟において、残業許可制の存在や周知状況が争いになった場合に備え、周知文や社内共有メール等を残しておくことも重要である。例えば、残業許可制を新たに導入したタイミングのほか、新入社員への周知や既存社員への再周知のため年に1回周知を行うことも考えられる。
　また、勤怠管理システムなどを活用し、許可のない時間外労働が発覚した場合にシステム上警告が出るような施策を講じている例も見受けられる。
(2)　**当該制度が厳格に運用されていたこと**
　上記に加え、残業の許可制が厳格に運用されている必要もある。例えば、残業する場合に必ず申請が必要であることはもとより、許可のない残業が発覚した場合には、注意指導や再度の周知を行うなどの対応をとる必要がある。
　例えば、建具類の加工、取付け及び販売等を行う会社において工事の施工管理業務を行っていた原告(元労働者)が被告(会社)に対し未払い残業代の支払い等を求めた事案★20において、次のように判断されている。
　すなわち、被告就業規則には以下のように21時以降の残業には被告の許可が必要である旨の定めがあったものの、原告が当該残業の許可申請をすることなく連日21時以降まで会社社屋に残っていたことから、その間の労働時間性について問題となった(なお、所定終業時刻以降である17時半から21時までの労働時間性についても争いとなっていた)。

★20　東京地判令3・6・30 (令和元年 (ワ) 第12146号、令和3年 (ワ) 第7489号) LEX/DB〔三誠産業事件〕。

II　労働時間管理の見直しと残業許可制

> 第57条（時間外・休日労働）
> 1　会社は、業務の必要性がある場合、第50条（労働時間）に定める所定労働時間外、あるいは第40条（休日）に定める所定休日に労働を命じることがある。
> 2　所定労働日の21時以降において、やむを得ず時間外労働、あるいは休日労働の必要性が生じた場合は、社員は、事前に所属長に申し出て、許可を得なければならない。
> 3　前項にかかわらず、部長以上の役職に就く者は、これを必要としない。
> 4　会社の許可なく会社業務を実施した場合、当該時間については、割増賃金を含めて、賃金を支給しない。

　この点、裁判所は、「被告における21時以降の時間外労働の取扱い及び原告の対応」について、まず被告就業規則等において上記のような21時以降の時間外労働に関する残業許可制がとられていたことを認定したうえで、原告が「残業許可申請書を提出していないにもかかわらず、タイムカードに21時以降打刻をしていた」。一方で、被告が原告に対し「少なくとも毎月1回は、21時以降の残業は許可制であるため残業許可申請書を提出するようにと注意をし、また、残業許可申請書を提出しさえすれば、計算して残業代を出す旨伝えていた。」ことや、その他にも口頭での注意指導や懲戒処分を実施していたことなども認定のうえ、残業許可なく行われた21時以降の時間外労働について労働時間性を否定した（なお、所定終業時刻から21時までの間の時間外労働については、（21時以降の時間外労働とは違い）被告が原告に対し特段異議等を述べていないことから、被告の黙示の業務命令に基づくものであったとして労働時間性を認めている）。

　なお、具体的には、以下のような事情が特に重視されていたものと思われる。

- 承認を受けていないタイムカードの打刻があれば、翌日のタイムカードに「残業未承認」という赤色のゴム印を押していたこと
- 被告代表者が少なくとも月1回は注意、それでも提出しない原告に繰り返し注意していたこと

- 原告以外の労働者は運用に従って許可を受けていたこと

したがって、「厳格に運用されていた」と認められるためには、（残業許可制に関する制度が存在しかつ周知されていることが前提のもと）仮に許可なく残業する労働者がいた場合にしつこく注意指導を繰り返すことが重要であると考えられる。

(3) 明示ないし黙示の指示がないこと

また、実際の業務量や残業をさせないための配慮を行うことも重要である。例えば、所定労働時間内では終わらないほど業務量が多い場合や、使用者が残業の事実を認識しながら放置した場合には残業許可制の厳格な運用が否定される場合がある。

なお、前掲注（★20）東京地判令3・6・30では、原告（労働者）から「大量の業務を担当していた（すなわち黙示の業務指示がなされていた）」という主張もなされていたが、以下の事情から当該主張も退けられている。

- 原告の業務量を減らすため原告の業務を他の労働者ＡＢに割り振ったこと
- 原告以外の労働者が21時以降に業務を行う頻度はそう多くなかったこと
- 原告の業務を割り振られた労働者ＡＢの労働時間がそれほど増加しなかったこと
- 原告は、21時以降社内において寝ていることがあったこと、パソコンで私的なメールを送受信していること等が認められること

4　まとめ

以上の裁判例や実務上の留意点をふまえ、自社において労働時間管理が適正に行われているか、また残業許可制を導入する場合には、厳格な運用や周知がなされているか等についても確認をする必要がある。

●労働時間管理・残業許可制　チェックリスト
□　就業規則又は雇用契約書等に残業許可制に関する定めが存在するか
□　残業許可制の存在が周知されているか
□　残業許可制の説明について定期的に行われているか

- ☐ 残業許可制が厳格に運用されているか
- ☐ 許可のない残業が行われた場合に注意指導がされているか

〔本田　泰平〕

Ⅲ　管理監督者の規定・運用の見直し

1　管理監督者のリスク・見直しの必要性

　第5章のⅠにおいて述べたとおり、権限や責任が与えられていないにもかかわらず、高水準の賃金を支払い管理監督者として扱っていることも実務上よく見受けられる。このような場合に管理監督者性が否定され、時間外労働、休日労働に対する割増賃金の支払いが必要となった場合、単に時間外及び休日労働に関する割増賃金を支払っていないというだけではなく、割増賃金の1時間当たりの単価を計算するにあたっては、当該労働者に支払われていた高水準の賃金を前提にしなければならない。そのため、割増賃金の1時間当たりの単価が非常に高くなることが多く、高額の割増賃金の支払いが必要になるという事態に陥ってしまう。また、管理監督者として扱われている者は、当該会社の中でも比較的、残業時間が長い傾向にあり、当該点からも高額な割増賃金の支払いが必要となることが多い。

　そのため、経営者と一体となる者といえるような権限や責任が与えられているか等を確認のうえ、管理監督者に当たるといえるだけの実態を備えているかどうか否かを検討し、必要に応じて管理監督者のそもそもの範囲の見直しや以下のような規定等の見直しをする必要がある。

2　規定の見直し

(1)　就業規則等における管理監督者の定義

　労基法上の管理監督者に当たるか否かは、対象となる労働者の職務内容、権限及び責任、勤務態様、賃金等の待遇の実態をふまえて判断される（**第5章のⅠ参照**）。

　そのため、就業規則において管理監督者をどのように定義するかによっ

て、直ちに管理監督者に当たるか否かの結論が変わるわけではない。

　もっとも、残業代請求において管理監督者に当たるか否かが争われた場合、対象となる労働者に具体的にどのような権限及び責任が与えられていたかは重要な主張立証のポイントとなる。その際、各役職について、具体的に、どのような権限及び責任が与えられているかが明記されている就業規則の規定や社内規程等がある場合には、使用者側の立証の材料の一つとなり得る。

　例えば、就業規則に以下のような規定を設けることが考えられる。

【書式⑦－4】就業規則（管理監督者）の規定例

（管理職層の職位の分類）
第●条
　管理職層の職位は、本部長、部長及び課長に分類する。なお、労働基準法第41条第2号の管理監督者に該当するものは、部長以上とする。
（本部長の職務権限等）
第●条
1　本部長は、会社全体の状況をふまえ、全体最適のため、他部門との関係を調整しながら、部門の経営・管理・運営を統括する。
2　本部長は、次の事項に関して職務権限を有する。
　①　取締役に準ずる立場として、部門の中長期（3か月～1年程度）、及び全社の長期計画策定会議を主催し、全社、部門の業務計画策定及び運営戦略の立案を取締役と共に行う。
　②　所轄部門の業務計画及び実施方針の策定並びに指示・管理を行う。
　③　人事委員会を取締役と共に主催し、全社員について、部長が決定した人事評価に基づき昇格・降格の対象となる社員を代表取締役に答申し、代表取締役の承認を得る。
　④　採用・解雇・退職等に関して部長の答申を受け、承認を行う。
　⑤　下位等級の勤怠管理、健康管理、及び教育指導を行う。
（以下略）
（部長の職務権限等）
第●条
1　部長は、管轄する部門の状況をふまえ、全体最適のため、他部門との関係を調整しながら、中長期の目標達成や、部門の管理・運営を行う。
2　部長は、次の事項に関して職務権限を有する。
　①　全社の長期計画策定会議に出席し、管轄する部門の中長期（3か月～1

Ⅲ　管理監督者の規定・運用の見直し

年程度）の業務計画策定及び運営戦略に関し、意見を述べる。
　②　採用・解雇・退職に関して部長に対し答申を行い、承認を得る。
　③　管轄する部門の社員について、課長が行った人事評価（一次評価）の結果をふまえ、二次評価を行い、最終的な人事評価を決定する。
　④　管轄する部門の社員について、勤怠の承認を行う。
（以下略）
（課長の職務権限等）
第●条
1　課長は、担当業務において、専門的な知識・スキルを有し、自身の担当業務の現場担当者の育成、各現場担当者の業務進捗管理、部下の勤怠管理・支援を行う。
2　課長は、次の事項に関して職務権限を有する。
　①　現場担当者が作成した業務計画に関する指導、承認を行う。
　②　自担当の業務計画及び実施方針の策定並びに指示・管理を行う。
　③　担当業務に関する現場担当者の人事評価（一次評価）を行う。
　④　担当業務に関する現場担当者の業務スキル等を確認し、勤怠管理、教育指導を行い、本部長もしくは部長に相談報告する。
（以下略）
（役員会の開催について）
第●条
1　役員、本部長、部長は、月に一度、月次業績、予算管理、その他経営課題に関する会議を開催し、経営方針を策定する。
2　役員、本部長、部長は、上期と下期に、月次業績、予算管理、その他経営課題に関する会議を開催し、中長期計画を策定する。

　また、社内規程として以下のような表を作成し、就業規則等とともに労働者に周知するということも考えられる。

項目	具体的内容	取締役会	担当取締役	本部長	部長	課長
経営方針	経営方針、中長期計画の決定	◎	○	△		
	年度予算の決定	◎	○	△		

第7章　事後対応

	新規事業の計画	◎		○	△	
経理・財務	(以下略)					
	月額100万円未満の経費支出			◎	△	
	月額100万円を超える経費支出	◎		○	△	
	(以下略)					
人事	人事評価			◎	○（二次評価）	△（一次評価）
	採用		◎	○	△	
	配置転換		◎	○	△	
	(以下略)					

※ ◎……決裁、決定、○……承認、チェック、△……起案。

(2) 管理監督者に支給している手当の支給対象に関する規定

第5章のⅠ4(2)において述べたとおり、管理監督者に当たることを前提に支払っていたといえる手当に関しては、法的に管理監督者には当たらないと判断された場合には、使用者が既に支払った手当の返還を求めることができる場合がある。

過去の裁判例[21]の判断に照らすと、法的に支払った手当の返還を求めるためには、就業規則もしくは給与規程において、当該手当の支給対象が労基法41条2号の管理監督者であることが示されていることが必要であるといえる。具体的には、「管理職手当は労働基準法第41条2号の管理監督者に該当する従業員に対し支給する。」等といった規定を置くことが考えられる。

3　管理監督者としての実態を備えていない労働者への対応
(1)　固定残業代の導入

---

[21]　東京高判令元・12・24労判1235号40頁〔社会福祉法人恩賜財団母子愛育会事件〕。

III 管理監督者の規定・運用の見直し

　職務内容、権限及び責任、勤務態様、待遇等をふまえると管理監督者に当たらない可能性がある労働者への対応としては、労働時間管理を厳格に行ったうえで、実労働時間数に応じた残業代を支払う、もしくは固定残業代に当たる手当を導入する等の対応をとることが考えられる。

　もっとも、管理監督者として扱われている労働者は、管理監督者にふさわしい待遇を備えるために、高水準の賃金が支払われている場合が多い。そのような場合に、管理監督者としての扱いをやめ、固定残業代に当たる手当を導入するにあたって、管理監督者として扱っていたときと賃金の総額は変えずに固定残業代に当たる手当を導入する（すなわち、月額の賃金総額はそのままに、基本給部分の金額を下げ、その分固定残業代に振り分ける）ことができないかという相談を受ける場合がある。

　しかしながら、この方法は、月額の賃金総額が変わらないとしても、基本給の名目で支払う金額は従前よりも下がってしまうため、労働条件の引下げに当たる。そのため、このような変更を行う場合には、労働者の同意を得るか、就業規則の変更等が必要となる。

　また、労働者の同意を得て行う場合でも、裁判所は労働者の同意の有効性を非常に厳格に判断している。過去の最高裁判例★22 において、裁判所は、「就業規則に定められた賃金や退職金に関する労働条件の変更に対する労働者の同意の有無については、当該変更を受け入れる旨の労働者の行為の有無だけでなく、当該変更により労働者にもたらされる不利益の内容及び程度、労働者により当該行為がされるに至った経緯及びその態様、当該行為に先立つ労働者への情報提供又は説明の内容等に照らして、当該行為が労働者の自由な意思に基づいてされたものと認めるに足りる合理的な理由が客観的に存在するか否かという観点からも、判断されるべきものと解するのが相当である」と判断している。すなわち、労働者からの同意が有効となるためには、同意に至るまでの過程における、労働者への情報提供又は説明の内容が非常に重要となる。具体的には、単に賃金の変更後の内容を説明するだけでなく、変更によって個々の労働者に具体的にどのような不利益が生じるかまで説明するのが望ましい。

★22　最判平28・2・19民集70巻2号123頁・労判1136号6頁〔山梨県民信用組合事件〕。

以上をふまえると、管理監督者としての扱いをやめ、固定残業代に当たる手当を導入するという場合で、労働者から個別に同意を得て行う場合には、慎重に対応をする必要があり、丁寧な説明を心がけ同意をとる必要がある（例えば、各賃金項目の変更前の金額と変更後の金額を記載した書面を作成し、具体的にどのような不利益が生じるかを明らかにしたうえで、労働者から署名をもらう形で同意を得る方法等）。

(2) 過去の残業代の清算

　管理監督者としての扱いをやめ、労働時間管理を厳格に行ったうえで、実労働時間数に応じた残業代を支払う、もしくは固定残業代に当たる手当を導入する等の対応を行う場合、対象となる労働者から、過去に管理監督者として扱われていた期間の残業代は支払われるのかという疑問を投げかけられることも考えられる。

　法的には、仮に労基法上の管理監督者に当たらない場合には、過去に遡って（現時点においては3年）時間外労働、休日労働に対する割増賃金を支払う義務があり、本来的には過去分も遡って支払いを行うという対応が最も望ましい対応であるといえる。他方で、企業の経営状況によっては、過去分に遡って時間外労働、休日労働に対する割増賃金の全額を支払うことが難しいという場合も十分に考えられる。そのような場合には、過去の割増賃金の清算分として一定の金額を支払うことを提案し、対象となる労働者との間で交渉を行うといった対応が考えられる。なお、その場合も、並行して管理監督者の範囲の見直し、就業規則等の規定の見直し、制度変更に伴う個別同意（過去分を一部清算し、変更に応じてもらう同意等）の取得等を検討することになる。

〔梅本　茉里子〕

第8章

書 式 編

第8章 書式編

【書式①-1】通 知 書

令和●年●月●日

被通知人　株式会社●●運送
上記代表取締役　●●　●●　殿
〒●●●-●●●●
東京都●●区●●
TEL　03-●●●●-●●●●
FAX　03-●●●●-●●●●

　　　　　　　　　　　　　　　　通知人　●●　●●
　　　　　　　　　　　　　　　　〒●●●-●●●●
　　　　　　　　　　　　　　　　東京都●●区●●
　　　　　　　　　　　　　　　　弁護士法人●●
　　　　　　　　　　　　　　　　TEL　03-●●●●-●●●●
　　　　　　　　　　　　　　　　FAX　03-●●●●-●●●●
　　　　　　　　　　　　　　　　通知人代理人弁護士　●●　●●

通　知　書

1　受任のご連絡
　　この度当職は、通知人より、通知人の貴社に対する下記請求事件（以下、「本件」といいます。）につき委任を受けましたので、ご連絡いたします。本件につきましては、当職が一切を受任しておりますので、今後の連絡はすべて当職宛てにしていただき、通知人への直接の接触は、慎んでいただきますようお願いいたします。

2　本書面による催告
　　通知人は、本書面をもって、通知人が貴社に対して有する、本書面到達日の3年前の日以降に支払期日の到来した下記の債権[*1]につきまして、権利保全のため、催告いたしますので、適切な金額をお支払いいただきますようお願いいたします。

記

未払（割増）賃金請求権

【書式①-1】通 知 書

3　資料請求について
　　上記通知人の請求権を正確に計算するためには、下記の資料が不可欠となります。つきましては、**本書面到達後2週間以内**[*2]に、当職まで、下記の資料を開示していただきますようお願いいたします。なお、資料の開示をいただけない場合には、正確な計算ができませんので、裁判手続における証拠開示手続を経たうえで、裁判上の請求を検討せざるを得ませんが、裁判手続によれば、いずれにせよ裁判の基礎資料となると見込まれること、遅延損害金が加算されていくことを考慮すれば、貴社と通知人において資料を共通にし、まずは協議による可能性を双方で検討することが建設的な解決に資するものと思料いたしますので、誠実にご対応いただきますようお願いいたします。

記

雇用契約書（労働条件通知書）
就業規則（入社時及び現行のもの）
賃金規程（入社時及び現行のもの）
給与明細ないし賃金台帳
タイムカード、運転日報
その他貴社が通知人の労働時間を管理、把握するために所持する資料[*3]

以上

書面作成上のポイント

[*1]　消滅時効の起算点は、給与の支払日（給与の締日ではない）から3年となる。これより前の期間については、消滅時効の援用（民145条）をすれば仮に未払いがあったとしても支払いを免れる。また、当該期間については資料開示の必要もないことから、請求されている期間・時効の確認は必須である。

[*2]　期限の設定に、法的拘束力はない。もっとも、当該期限を無視して何も連絡をしないという対応をとると、交渉をする前に証拠保全の手続や、労働審判の申立て、通常訴訟の提起等をされる可能性があり、柔軟な解決が図りにくくなる可能性がある。
　　そこで、設定された期限に間に合わない場合には、現在の状況を説明するための連絡をしてコミュニケーションをとった方がよい。

[*3]　開示する必要があるかは、その資料の内容、及び期間等について確認・検討を要する。

【書式①-2】ご連絡（1）

令和●年●月●日

被通知人　●●　●● 様
〒●●●-●●●●
東京都●●区●●
弁護士法人●●
TEL　03-●●●●-●●●●
FAX　03-●●●●-●●●●
被通知人代理人弁護士　●●　●●　先生

〒●●●-●●●●
東京都●●区●●
通知人　株式会社●●運送
上記代表取締役　●●　●●

〒●●●-●●●●
東京都●●区●●
●●●●法律事務所
TEL　03-●●●●-●●●●
FAX　03-●●●●-●●●●
通知人代理人弁護士　●●　●●

ご　連　絡

　当職は、株式会社●●運送（以下、「当社」といいます。）から、貴職からの令和●年●月●日付「通知書」と題する書面に関する今後の対応（以下、「本件」といいます。）について、委任を受けた弁護士です。
　今後、本件に関するご連絡は当職までお願いいたします。[*1]
　開示の要求のあった資料に関しては、現在開示の準備をしておりますので少々お待ちください。[*2]
　どうぞよろしくお願いいたします。

以上

【書式①-2】ご連絡（1）

📝 書面作成上のポイント
＊1　受任の連絡。
＊2　受任の連絡とともに、資料開示の設定期限に間に合わない場合には、一言、状況の説明と今後の意向について説明を行う方がよいと筆者は考えている。
　　使用者側の資料開示をいつまでに行うか、明記できればしてもよいし、明確にならない場合には、当該記載のように少し時間がほしい旨がわかる内容が記載されていれば特段、支障はないように思う。

第8章　書式編

【書式①－3】ご連絡（2）

令和●年●月●日

被通知人　●● ●●　様
〒●●●－●●●●
東京都●●区●●
弁護士法人●●
ＴＥＬ　０３－●●●●－●●●●
ＦＡＸ　０３－●●●●－●●●●
被通知人代理人弁護士　●● ●●　先生

　　　　　　　　　　〒●●●－●●●●
　　　　　　　　　　東京都●●区●●
　　　　　　　　　　通知人　株式会社●●運送
　　　　　　　　　　上記代表取締役　●● ●●

　　　　　　　　　　〒●●●－●●●●
　　　　　　　　　　東京都●●区●●
　　　　　　　　　　●●●●法律事務所
　　　　　　　　　　ＴＥＬ　０３－●●●●－●●●●
　　　　　　　　　　ＦＡＸ　０３－●●●●－●●●●
　　　　　　　　　　通知人代理人弁護士　●● ●●

ご　連　絡

　貴職から当社に対する令和●年●月●日付「通知書」と題する書面に記載の資料について、以下の資料を開示いたします。

【開示資料】
　・雇用契約書
　・就業規則
　・賃金規程
　・賃金台帳
　・●●

【書式①-3】ご連絡（2）

・運転日報（令和●年●月分～令和●年●月分※）
・デジタルタコグラフ（令和●年●月分～令和●年●月分※）
※消滅時効にかかる期間分については省いております。[*1]

以上につき、どうぞよろしくお願いいたします。

以上

📝 書面作成上のポイント
*1　消滅時効にかかる期間については確認を要する。当該期間分については資料開示の対象としない。

第 8 章 書 式 編

【書式①-4】請 求 書

令和●年●月●日

被通知人　株式会社●●運送
〒●●●-●●●●
東京都●●区●●
●●法律事務所
ＴＥＬ　０３-●●●●-●●●●
ＦＡＸ　０３-●●●●-●●●●
被通知人代理人弁護士　●●　●●　先生

　　　　　　　　　　　　　　通知人　●●　●●
　　　　　　　　　　　　　　〒●●●-●●●●
　　　　　　　　　　　　　　東京都●●区●●
　　　　　　　　　　　　　　弁護士法人●●
　　　　　　　　　　　　　　ＴＥＬ　０３-●●●●-●●●●
　　　　　　　　　　　　　　ＦＡＸ　０３-●●●●-●●●●
　　　　　　　　　　　　　　通知人代理人弁護士　●●　●●

請　　求　　書

1　請求金額について
　貴職から開示された資料を基に、当職にて下記記載の条件で、●●●●氏（以下、「●●氏」といいます。）の未払い残業代の計算を行ったところ、その金額は別紙計算結果のとおり407万4754円となりました。つきましては、本書面をもって、407万4754円（請求元本367万9400円及びその確定遅延損害金39万5354円の合計額）を請求いたしますので、下記記載の金融機関の口座に本書面到達後2週間以内に振り込む方法によりお支払いください。
記
　　●●銀行　●●支店　普通
　　口座番号　●●●●
　　口座名義　預り金口　●●●●

2　本計算で採用した条件
(1)　固定残業代が無効であること

【書式①-4】請 求 書

　　　貴社からは、●●氏の残業代について、いわゆる固定残業代として支給されているという反論が想定されます。しかしながら、「固定残業手当」について、●●氏は今まで一度も貴社から説明を受けたことがなく1日勤務すれば1万4000円の給与支給があるという説明しか受けたことがありませんでした。また、何時間分の残業代であるのか明らかではなく、かつ、残業代を超える実労働がある日についても超過分について差額清算がなされた実績がありません。
　　　そのため、固定残業代の有効要件である、①所定内賃金部分と割増賃金部分とを「判別」することができること（明確区分性の要件）及び②時間外労働、深夜労働、休日労働の対価（割増賃金）としての趣旨で支払われていること（対価性の要件）について、いずれも満たさず無効です。
　　　したがって、「残業代」は残業代計算の基礎単価に組み込み、また既払い金額はないものとして計算しております。
　(2)　実労働時間について
　　　●●氏の労働時間は開示資料のうち、デジタルタコグラフを基に労働日を特定しました。また、始業時刻はトラックの発車前に点呼及び車両点検の業務が存在したことから、デジタルタコグラフの発車時刻から30分前とし、終業時刻は運転日報作成の業務があったことから最終停車時刻から30分後としています。
　　　併せて、デジタルタコグラフ上、停車している時間のほとんどは荷積み、荷卸しの業務を行っており、当該業務を行っていない時間についても会社からの電話や取引先からの電話に即応できるように待機しており、労働から解放されている状況にありませんでした。そのため、1日当たりの休憩時間はないものとして計算しています。

3　結語
　　　以上から、上記1記載の未払い残業代の請求をいたします。<u>当該請求内容に異議がある場合には、本書面到達から4週間以内に異議がある部分の特定と当該異議の具体的な根拠を示したうえ</u>*1で、貴社の主張を前提とした計算結果を当職宛てにご連絡ください。
　　　貴社から連絡がない場合、誠実なご対応をいただけない場合には、上記金額及び、支払済みまで年14.6％の割合による遅延損害金や付加金の請求を加算し、労働審判あるいは訴訟提起をする所存ですので、あらかじめ申し添えます。

第 8 章　書　式　編

以上

📝 書面作成上のポイント

＊1　資料開示の際と同様に、当該期限設定に法的義務はない。もっとも、円滑な交渉を進めるためには、おおむね当該期限を守って交渉を進めた方がよい。また当該期限では難しい場合には相手方代理人に連絡をし、回答が遅くなる旨、コミュニケーションをとった方がよいと、筆者は考える。

【書式①-5】ご連絡（3）

令和●年●月●日

被通知人　●●　●●　様
〒●●●-●●●●
東京都●●区●●
弁護士法人●●
ＴＥＬ　０３-●●●●-●●●●
ＦＡＸ　０３-●●●●-●●●●
被通知人代理人弁護士　●●　●●　先生

　　　　　　　　　　　　　　〒●●●-●●●●
　　　　　　　　　　　　　　東京都●●区●●
　　　　　　　　　　　　　　通知人　株式会社●●運送
　　　　　　　　　　　　　　上記代表取締役　●●　●●

　　　　　　　　　　　　　　〒●●●-●●●●
　　　　　　　　　　　　　　東京都●●区●●
　　　　　　　　　　　　　　●●●●法律事務所
　　　　　　　　　　　　　　ＴＥＬ　０３-●●●●-●●●●
　　　　　　　　　　　　　　ＦＡＸ　０３-●●●●-●●●●
　　　　　　　　　　　　　　通知人代理人弁護士　●●　●●

　　　　　　　　　ご　　連　　絡

　貴職から当社に対する令和●年●月●日付「請求書」と題する書面（以下、「本件書面」といいます。）に関して、以下のとおり回答いたします。

1　貴職の本件書面において、当社に対し、●●●●氏（以下、「●●氏」といいます。）の時間外、休日及び深夜割増労働手当及びこれに対する遅延損害金の請求（以下、「本件請求」といいます。）をされております。この貴職の請求金額について、当社内で慎重に検討をいたしましたが、同金額をお支払いすることはできません。

　本件書面記載の事項に関する当社の見解、及び解決にあたってのご提案[*1]

については以下のとおりです。

2　当社の見解
(1)　固定残業代について
　(a)　雇用契約書（第●条）には固定残業代について、以下の規定があります。
　　　「所定労働時間勤務した場合の基本給と固定残業手当の合計として、次のとおり1日当たりの賃金を支払う。
　　　　日給制：1日1万4000円
　　　　（内訳：基本給1万円、固定残業手当4000円）」
　　　当該雇用契約書には固定残業手当であることが明記されており、また当社の人事担当者が入社前に●●氏に対して雇用契約書を示し説明をしております。●●氏はこれを確認したうえで、当該雇用契約書に署名捺印をしております。
　(b)　また、賃金規程においても第●条において「●●●●」と規定されており、時間外労働の対価として固定残業手当が支給されることが明らかとなっています。
　(c)　加えて、給与明細上も「固定残業手当」という項目で支給を行っており、固定残業手当として支給されていたことは、●●氏も認識していたことは明らかです。
　(d)　なお、貴職から何時間分の残業代であるのか明らかではないとの指摘がありますが、何時間分であるかについては、割増賃金の計算をすればすぐに算定できるものであって、当該点を理由として否定されるものではありません。また、残業代を超える実労働がある日についてはほとんどなく、一部差額清算がなされていない日があったとしてもそれだけをもって固定残業手当が否定されることはありません（当然に、差額の支払分があればその超過分についてはお支払いする必要があるとは考えております。）。
　　　　その他にも、●●●●。
(2)　実労働時間について
　　貴職がご主張されている実労働時間の主張について、当社といたしましては、お昼休憩の他、早朝の現場が開くまでの時間の停車時間が休憩時間に該当することや、現場間の移動の際に途中休憩を取っていることが散見される等、休憩時間の実態がないとは認識しておりません。電話についても四六時中架電があるわけではなく、現場での指定時間に近接した時間に

【書式①-5】ご連絡（3）

限られます。
　また、トラックの発車時刻、及び最終停車時刻からそれぞれ30分もの業務があるとして算定されておりますが、点呼や車両点検、運転日報の作成等の作業が生じるとしてもそれぞれ5分程度で足りると認識しております。
　その他にも、月平均の所定労働時間数に相違があること、●●●●こと等、主張したい点が多々ございます。

3　解決にあたってのご提案
　以上が当社の見解ですが、以上の多岐に渡る問題に関して、訴訟や労働審判で解決を図ることとなりますと、これらのそれぞれの問題について、お互いの主張を一つ一つ突き合わせていかなければならず、双方ともに膨大な時間と労力を費やすことが想定されます。
　当社といたしましては本件について、早期円満に解決できることを望んでおります。
　そのため、紛争の早期解決の見地から、本件書面限りではございますが、●●氏に対し、●●万円のお支払いのご提案をしたく思います。*2
　当社として本件が早期に解決できるよう最大限譲歩をした金額でございますので、前向きにご検討いただきますよう、よろしくお願い申し上げます。

以上

📝 書面作成上のポイント
＊1　労働者側からの請求に対する使用者側からの回答について、様々な構成は考えられると思うが、労働者側から指摘を受けた内容についての反論、指摘を受けていないが使用者側として反論をしておいた方がよい事項（計算ミスを指摘する場合もよくある）等を記載し、また、具体的な解決の提案を示すことが筆者は多い。
＊2　金額を明示しにくい場合、例えば、使用者側の反論内容を前提とすると、ゼロ回答となるが、諸リスクをふまえて一定の金額提示を行いたい場合等には、回答書面には具体的な提案は記載せずに、回答書面を送付後、労働者側の代理人に電話で和解の意向を伝えるということも考えられる。

【書式①-6】合 意 書

合　　意　　書

　株式会社●●運送（以下、「甲」という。）と●●（以下、「乙」という。）とは、甲乙間の雇用契約に関する紛争について、以下のとおり合意した。

1．甲は乙に対し、**本件解決金として●●万円の支払義務**[*1]があることを認める。
2．甲は、前項の金員を、令和●年●月●日限り、乙の指定する銀行口座に振り込む方法により支払う。ただし、振込手数料は甲の負担とする。
　　【乙の指定する銀行口座】
　　　　●●銀行　●●支店　普通
　　　　口座番号　●●●●
　　　　口座名義　預り金口　●●●●[*2]
3．甲と乙は、**本件合意の内容及び本件合意に至るまでの経緯について、第三者に口外しないことを相互に約束する。**[*3]
4．甲と乙は、甲乙間には、**本件合意書に定めるもののほか、何らの債権債務の存在しないことを相互に確認する。**[*4]

　本件合意の成立を証するため、本書を2通作成し甲乙各自1通ずつ保管する。

令和　　　年　　　月　　　日

　　　　　甲代理人（住　所）
　　　　　　　　　（氏　名）

　　　　　乙代理人（住　所）
　　　　　　　　　（氏　名）

📝 **書面作成上のポイント**

＊1　何の名目で支払うのかについては要検討。賃金として支払う場合については、所得税等を控除する必要があり、取扱いについては税理士等に相談のうえ、決定をすることが望ましい。
　　また、賃金として支払い、所得税等を控除する場合、労働者の手元にいく金額が少なくなるため、合意書の締結前に当該点についても話合いをした方がよい。

【書式①-6】合 意 書

＊2　通常、労働者側代理人の預り金口座が指定される。労働者側代理人は振り込まれた後、当該金額から報酬等を差し引き、労働者本人に支払いを行う。
＊3　守秘義務条項。本件合意の内容のほか、本件合意に至る経緯についてまで守秘義務の対象とすることが望ましい。
　　　また、「正当な理由なく」等の文言を付す場合がある。これは法令に基づいて開示をしたり、税務署からの調査等で資料として出したりする場合等、限定的な場面を想定している。もっとも、事実上、拡大解釈をして、正当な理由が自身にはあるとして、拡散をされるリスクがあるため、「正当な理由なく」等を削除してもらうか、あるいは労働者側の代理人から本人に念を押すように伝えてもらい、リスクを少しでも減らすことが考えられる。
　　　なお、守秘義務の締結を拒否される場合（また、「正当な理由なく」等の文言の削除を拒否される場合）は、拒否する理由について確認をして、当該部分についてのみ除外する等して、微調整を行うこともある（例：労働組合にも相談していて、労働組合に会社名は伏せるが解決したことだけは報告したい、等）。
＊4　清算条項（包括清算条項）。清算条項を結ぶことで、債権債務がないことが双方確認でき、終局的な解決につながる。
　　　なお、「本件に関し」等と限定が加えられることがあるが、当該場合は、本件でいうと残業代請求以外の点については紛争化する可能性があることになる（例：後日、パワハラを理由に損害賠償請求をされる場合、等）。そのため、「本件に関し」等という記載は入れないようにし、包括的な清算条項とすることが望ましい。

第8章　書式編

【書式②-1】労働審判について

労働審判について[*1]

第1　労働審判について

・労務紛争に関して、通常の訴訟よりも早期に柔軟な解決を目指す手続です。裁判所が関与する和解手続というイメージです。

・労働審判官（裁判官）1名、労働審判員（労使各1名）2名の合計3名でこの事件を審理します。原則非公開の手続のため関係者以外は同席できません。

・期日は3回以内と決められています。3回以内に調停（和解）が成立するか、審判が出されます。※実際の運用は1回か2回で終了することが多いです。そのため第1回期日までに主な主張・証拠は出し切る必要があります。[*2]

・当日は、法廷ではなく会議室のようなところで、当事者同席のもとそれぞれから事実関係や言い分を聞き、労働審判委員会が審理します。

・労働審判委員会のキャラクターによって進行方法は様々（丁寧に事実を聞く労働審判委員会、いきなり争点に入る労働審判委員会等）です。

・労働審判委員会は、代理人ではなく当事者に直接質問を行います。そのため代表者もしくは権限のある方、事案を把握している担当者の出席が必要[*3]です。

・当日の流れは、まず事実関係について双方同席のもと聞き取りを行い、事案によっても異なりますが、いったん両者とも退席し労働審判員が内部協議を行うことが多いです。協議終了後、個別に事件の解決について意見を求められたり、現時点での心証（どちらが有利か不利か）が述べられたりします。

・和解がまとまらない場合、労働審判（判決のようなものです）が出されます。双方が労働審判を受け入れればその時点で手続は終了しますが、どちらかが異議を出すと、通常の民事訴訟手続に移行します。その後は約1か月に1回

244

【書式②-1】労働審判について

程度の頻度で通常の民事訴訟の手続が行われます。

第2　今後のスケジュール
1　労働審判期日：●●月●●日（月）●●地方裁判所
　　午前10時00分～

2　労働審判に向けた打合せ
　(1)　第1回打合せ：●●月●●日（水）13時～15時
　　・労働審判の説明、今後のスケジュールの確認
　　・答弁書の内容確認①
　　・争点、今後の方針確認

　(2)　第2回打合せ：●●月●●日（金）15時～17時
　　・答弁書の内容確認②

　(3)　第3回打合せ：●●月●●日（木）13時～15時*4
　　・答弁書の最終確認

　(4)　第4回打合せ：●●月●●日（金）18時～20時
　　・想定問答を用いた当日のリハーサル

以上

📝 書面作成上のポイント
＊1　労働審判という手続に対する理解を促し、今後の手続や解決までの道のりについて説明するため、相談時にこのような資料をもとに説明する場合もある。
＊2　第1回期日までに主張を出し切る必要性から、答弁書の作成には会社担当者の協力が不可欠である。そのことを事前に伝えることで受任後の準備を速やかに進めることを企図している。
＊3　労働審判に向けては短期間に複数回の打合せを要する場合もある。そのため、事前にスケジュール調整を行うなど受任後の準備を速やかに進めるための配慮を要する。
＊4　ただし、1回目の打合せにておおむね事案の確認ができた場合や、任意交渉の段階から委任を受けているためあらかじめ事案を把握している場合などは、2回目の打合せにて答弁書の最終確認及び想定問答を用いた当日のリハーサルまで行ってしまう場合も多い。

第8章 書式編

【書式②-2】労働審判手続期日呼出状及び答弁書催告状

事件番号　令和●年（労）第１２３４号
申立人　●● ●●
相手方　株式会社●●

　　　　　　　労働審判手続期日呼出状及び答弁書催告状

　　　　　　　　　　　　　　　　　　　　　　　令和●年●月●日

相手方　株式会社●●
　　　　代表取締役　●● ●●　殿

　　　　　　　　　　　　　　　〒１００－８９２０
　　　　　　　　　　　　　　　東京都千代田区霞が関１－１－４
　　　　　　　　　　　　　　　東京地方裁判所民事第●●部●係
　　　　　　　　　　　　　　　裁判所書記官　　●● ●●
　　　　　　　　　　　　　　　電　話０３－３５８１－●●●●
　　　　　　　　　　　　　　　ＦＡＸ０３－３５８１－●●●●

　頭書の事件について、申立人から労働審判手続申立書が提出され、当裁判所に出頭する期日及び場所が下記のとおり定められましたから、同期日に出頭してください。
　なお、労働審判手続申立書及び証拠書類の各写しを送付しますから、下記答弁書提出期限までに答弁書及び証拠書類の写しを提出してください。提出方法等については、別紙「注意書」をお読みください。
　また、第１回期日の前にあらかじめ主張及び証拠の提出に必要な準備をしておいてください。

　　　　　　　　　　　　　　記

期　　日　令和●年●月●日（●）午後●時●分[*1]
場　　所　東京地方裁判所民事第●●部書記官室
答弁書提出期限　令和●年●月●日（●）[*2]
（出頭の際は，この呼出状を上記場所で示してください。）

【書式②-2】労働審判手続期日呼出状及び答弁書催告状

📝 書面作成上のポイント

＊1 会社担当者や担当弁護士の出席の可否を確認し、出席が困難である場合、早急に裁判所に連絡のうえ日程調整を行う必要がある。

＊2 この提出期限に遅れることのないよう会社からの事情聴取など事前準備を進める必要がある。

第8章　書式編

【書式②-3】労働審判手続の進行に関する照会書

令和●年（労）第１２３４号

労働審判手続の進行に関する照会書

東京地方裁判所民事第●部●係

　本件の円滑な進行を図るため、下記の照会事項に御回答のうえ、本書面到達後10日以内（必着）に当係に提出されるようご協力ください。
　受任される弁護士の方も、この書面を必ず提出してください。
（照会事項）
1　連絡担当者の氏名等
　(1)　電　話　番　号＿＿＿＿＿＿＿＿　ファクシミリ番号＿＿＿＿＿＿＿
　(2)　担当者の役職＿＿＿＿＿＿＿＿　氏　　　　　　名＿＿＿＿＿＿＿
2　弁護士に代理人を依頼する予定
　　　　□ある（氏名＿＿＿＿＿＿＿　電話番号＿＿＿＿＿＿＿＿）
　　　　□ない
　　　　□未定（＊未定の場合は確定次第御連絡ください）
3　申立人との事前交渉
　　　　□ある（交渉内容＿＿＿＿＿＿＿＿＿＿＿＿＿＿＿＿＿＿＿）
　　　　□ない
4　調停（話合いによる解決）について
　　　　□条件によってはあり得る*1
　　　　　　（その内容＿＿＿＿＿＿＿＿＿＿＿＿＿＿＿＿＿＿＿＿）
　　　　□考えていない
5　その他、労働審判手続の進行に関する希望等、参考になることがあれば自由に記載してください。
　＿＿＿＿＿＿＿＿＿＿＿＿＿＿＿＿＿＿＿＿＿＿＿＿＿＿＿＿＿＿＿＿＿
　＿＿＿＿＿＿＿＿＿＿＿＿＿＿＿＿＿＿＿＿＿＿＿＿＿＿＿＿＿＿＿＿＿

令和　　年　　月　　日
　　　　　　　　　回答者　会　社　名＿＿＿＿＿＿＿＿＿＿＿＿＿＿
　　　　　　　　　　　　　役　　　職＿＿＿＿＿＿＿＿＿＿＿＿＿＿

【書式②-3】労働審判手続の進行に関する照会書

```
氏　　名_____印
電話番号_____
```

📝 書面作成上のポイント

＊1　本文記載のとおり、労働審判は、話合いによる解決を目指す場であるため、話合いによる解決が全く念頭にない（すなわち訴訟での判決を求める覚悟がある）場合を除き、「条件によってはあり得る」の項目にチェックを付けることを推奨している。条件についても、ある程度検討内容がある場合には、意向を事前に伝えておくことも考えられる。

第 8 章 書式編

【書式②-4】労働審判申立書

労働審判申立書

令和●年●月●日

東京地方裁判所民事部　御中

申立人代理人弁護士　●●　●●
同　　　　　　　　●●　●●

当事者　別紙当事者目録記載のとおり

未払割増賃金等請求事件
訴訟物の価額　　　金●●●万●●●●円
貼用印紙額　　　　金　●万●●●●円

申立ての趣旨

1　相手方は、申立人に対し、●●●万●●●●円及びうち●●●万●●●●円に対する、令和●年●月●日から支払済みまで年3％の割合による金員を支払え
2　相手方は、申立人に対し、●●●万●●●●円及びこれに対する判決確定日の翌日から支払済みまで年3％の割合による金員を支払え*1
3　手続費用は、相手方の負担とする
との労働審判を求める。

申立ての理由

第1　当事者等
　1　相手方について
　　相手方は、●●において、運送業を営む株式会社である。
　2　申立人について
　　申立人は、平成●年●月●日にトラックドライバーとして相手方との間で雇用契約を締結し、以後相手方のもとで就労をしている。
　3　本件の概要
　　本件は、申立人の実労働時間に対応する残業代を支払わない相手方に対

して、申立人が未払い残業代を請求する事案である。

第2 労働契約の内容について
　　申立人と相手方との労働契約の概要は以下のとおりである。
　1　業務内容　　　トラックドライバー
　2　雇用期間　　　期間の定めなし
　3　賃　　金　　　基本給　　●●万●●●●円
　　　　　　　　　　乗務手当　●万●●●●円
　　　　　　　　　　家族手当　●万●●●●円
　　　　　　　　　　通勤手当　　　●●●●円
　4　支払日等　　　毎月●日締め●日払い
　5　所定労働時間　●時間
　　　　　　　　　　　　　（略）

第3　申立人の労働時間と労働実態について
　1　労働実態について
　　申立人は、デジタコ（甲●）記載の時間より長時間の労働を強いられていた。
　　すなわち、●●。
　　　　　　　　　　　　　（略）

第4　残業代の計算
　　　　　　　　　　　　　（略）

第5　付加金
　　上記未払いは、労基法37条に違反する未払いであって、残業代を支払わない相手方の対応は、労基法を遵守する姿勢を著しく欠き、極めて悪質といわざるを得ない。そのため、申立人は、相手方に対し、付加金として●●万●●●●円を請求する。

第6　想定される争点*2
　　相手方からは、乗務手当がいわゆる固定残業代の支払いとして有効である旨の反論が考えられる。しかし、●●●●。
　　　　　　　　　　　　　（略）

第 8 章　書 式 編

|　　　　　　　　　　　　　　　　　　　　　　　　　　　　　　　　　　　　以上　|

📝 書面作成上のポイント

＊1　付加金の請求を想定している。本文掲載のコラム「付加金の請求」のとおり、労働審判では本来付加金の請求はできないが、労働審判が訴訟に移行した場合、労働審判申立書が訴状とみなされること（労審 22 条 3 項）から、労働審判継続中に付加金の除斥期間が経過するのを防止するため、労働審判申立書の時点でこのような請求がされる場合もある。

＊2　労働審判では、訴訟とは異なり、複数回の書面による主張反論が想定されていないため、相手方側からの反論が想定される場合、当該反論に対する再反論を記載することがある。

【書式②-5】答弁書

事件番号　令和●年（労）第1234号　未払割増賃金等請求事件
申立人　●●　●●
相手方　株式会社●●●●

　　　　　　　　　　答　　弁　　書

　　　　　　　　　　　　　　　　　　　　　　　令和●年●月●日
東京地方裁判所民事第●部●係　御中

　　　　　　　　　　　　　　〒●●●-●●●●
　　　　　　　　　　　　　　東京都●●区●●町●丁目●-●
　　　　　　　　　　　　　　相手方　株式会社●●●●
　　　　　　　　　　　　　　上記代表取締役　●●　●●

　　　　　　　　　　　　　　〒●●●-●●●●
　　　　　　　　　　　　　　東京都●●区●●町●丁目●番地
　　　　　　　　　　　　　　●●●●法律事務所（送達場所）
　　　　　　　　　　　　　　電　話03-●●●●-●●●●
　　　　　　　　　　　　　　ＦＡＸ03-●●●●-●●●●
　　　　　　　　　　　　　　相手方代理人弁護士　●●　●●

第1　申立ての趣旨に対する答弁
　1　申立人の相手方に対する請求をいずれも[*1]棄却する
　2　申立費用は申立人の負担とする
との労働審判を求める。

第2　**本件の経緯及び相手方の主張の骨子**[*2]
　　　申立人の主張に係る事実関係は、相手方が認識する事実関係と異なる点が多々あるため、請求の認否及び相手方の主張に先立ち、本件の経緯及び相手方の主張の骨子について述べる。
　1　本件の概要及び本件に至る経緯
　　　本件は、●●●●。

253

(略)
2 申立人の就労実態について
   申立人は、一度配送業務に出発するとすべての積荷を配送先に届け、相手方に戻ってくるまで一度も休憩を取ることができなかった旨主張する。
   しかし、●●●●。
(略)

第3 相手方の主張*3
 1 申立人の労働時間について
  (1) 始業時間について
(略)

第4 申立ての趣旨に対する答弁
 1 「第1 当事者等」について
  (1) 「1 相手方」について
    認める。
  (2) 「2 申立人」について
    第1文は、認める。
    第2文（「●●」で始まる文）について、●●は認め、その余は否認する。
(略)

以上

📝 書面作成上のポイント

＊1 （労働審判に限った話ではないが）申立人の請求が複数ある場合、「いずれも」との記載を漏らさないよう留意すべきである。
＊2 労働審判委員会に使用者側のストーリーや有力な証拠の存在を印象づける目的から、申立書に対する認否に先立って使用者側のストーリーを記載する場合もある。
＊3 本書式では、使用者側のストーリー（総論）を記載したのち、詳細な主張（各論）を記載する構成としている。

【書式②-6】補佐人許可申請書

事件番号　令和年（労）第１２３４号　未払割増賃金等請求事件
申立人　　●●　●●
相手方　　株式会社●●●●

補佐人許可申請書

令和●年●月●日

東京地方裁判所民事第●部●係　御中

相手方代理人弁護士　　●●　●●

　上記当事者間の頭書事件につきまして、社会保険労務士法第２条の２第１項に基づき下記特定社会保険労務士を補佐人とすることについて許可をされたく申請いたします。

記

　　　　　〒●●●-●●●●
　　　　　東京都●●区●●
　　　　　社会保険労務士法人●●●●事務所
　　　　　電　話　０３-●●●●-●●●●
　　　　　ＦＡＸ　０３-●●●●-●●●●
　　　　　特定社会保険労務士　●●　●●
　　　　　（登録第●●●●●号）

以上

【書式②－7】想定問答

想　定　問　答*1

第1　申立人について
1　契約時の説明は、誰がしたか？
・人事担当者の●●が雇用契約書（乙●）を示しながら説明している。
・給与体系についても乙●号証●頁目の表を見せながら説明している。
・Zoom で面談をしたので画面共有をしながら説明した。
2　就業規則はどこに設置していたか？
・会社の更衣室の入り口横の棚にプリントアウトしたものをかけている。
3　（略）

第2　労働時間等について
・デジタルタコグラフに関する事情
4　会社はどのように労働時間を管理していたのか？
・デジタルタコグラフに記載されている最初の「発車時間」と最後の「到着時間」で管理していた。
5　（略）
・勤務実態に関する事情
6　会社の車庫を発車する前にすべき業務はあったのか？それはどれくらいの時間がかかるのか？
・点呼は、会社に来た際に点呼担当者に挨拶して呼気検査をするだけなので数十秒あれば終わる。
・車両点検は、●●と●●を確認する。といっても3～4分あれば終わる。
7　実際の1日の業務の流れを教えてほしい
（ありのままの働き方を●●さんからご説明ください）
8　（以下略）*2

書面作成上のポイント

＊1　このような想定問答（特に当日聞かれそうな点：実際の就労実態に関する質問等）をいかに拡充し事前の確認ができるかによって、会社担当者が当日安心して期日に臨むことができるかが大きく左右される。特に、答弁書記載の内容と矛盾なく回答ができるよう事前の練習をすることも考えられる。
　　また、当日「想定問答」を見ながら回答すると労働審判員の印象も芳しくないため、

【書式②-7】想定問答

（手元資料として備忘録的に持参することはともかく、暗唱する必要まではないが）自分の言葉で説明ができるように準備が必要である。そのために、「ですます調」ではなく「である調」で記載したり、文章ではなく箇条書きで記載したりするなどの工夫が考えられる。

＊2　労働審判では、会社担当者と労働者本人とが対面する可能性もある。その際に本人と会社担当者とで言い合いになったり、ましてや本人に対し威圧的な態度をとったりすると労働審判委員会からの心証が悪化しかねないため、注意が必要。

第8章 書式編

【書式②−8】準備書面

事件番号　令和●年（労）第1234号　未払割増賃金等請求事件
申立人　●●　●●
相手方　株式会社●●●●

準　備　書　面*1

令和●年●月●日

東京地方裁判所民事第●部●係　御中

　「答弁書」記載の相手方の主張について、以下のとおり主張を補充する。

第1　相手方による計算結果について
　　　答弁書（第3「3申立人の実労働時間について」）記載の算定方法に基づく相手方主張の計算結果は、別紙1〜3のとおりである。
　　　なお、答弁書記載のとおり、始業時間は、●●。
（略）

以上

📝 書面作成上のポイント

*1　本文記載のとおり、基本的には答弁書にて主張を出し切る必要があるが、裁判所から主張の補充を求められた場合など、必要に応じて主張書面を追加する場合もある。

【書式②−9】第●回労働審判手続期日調書（調停成立）

労働審判官認印

第●回労働審判手続期日調書（調停成立）

事件の表示　　令和●年（労）第１２３４号
期　　　日　　令和●年●月●日午後●時●分
場　　　所　　東京地方裁判所民事第●部労働審判廷
労働審判官　　●●　●●
労働審判員　　●●　●●
労働審判員　　●●　●●
裁判所書記官　●●　●●
出頭した当事者等　申　立　人　　●●　●●
　　　　　　　　　申立代理人　　●●　●●
　　　　　　　　　相手方代表者　●●　●●
　　　　　　　　　相手方代理人　●●　●●

手　続　の　要　領　等

当事者間に次のとおり調停成立
第１　当事者の表示
　　　別紙当事者目録記載のとおり
第２　申立てに係る請求の表示
　　　　　　　　　　　　（略）
第３　調停条項
１．相手方は、申立人に対し、本件解決金として●●万円の支払義務があることを認める。
２．相手方は、申立人に対し、前項の金員を、次のとおり分割して[*1]、●●銀行●●支店の「弁護士●●●●預り金（ベンゴシ●●●●アズカリキン）」名義の普通預金口座（口座番号１２３４５６７）に振り込む方法により支払う。ただし、振込手数料は、相手方の負担とする。
　　　令和年●月から令和●年●月まで、毎月末日限り、●●万円ずつ

259

第8章 書式編

3．相手方が、前項の分割金の支払いを2回以上怠り、その金額が●●万円に達したときは、当然に同項の期限の利益を失い、相手方は、申立人に対し、第1項の金員から既払額を控除した残金を直ちに支払う。
4．申立人及び相手方は、本件紛争の経緯及び本調停の内容について正当な理由なく第三者に口外しない*2ことを約する。
5．申立人は、本件申立てに係るその余の請求を放棄する。
6．申立人と相手方は、申立人と相手方との間には、本調停条項に定めるもののほかに何らの債権債務がないことを相互に確認する。*3
7．手続費用は各自の負担とする。

　　　　　　　　　　　　　　　　　　　　裁判所書記官　●●　●●

📝 書面作成上のポイント

＊1　一括払いとする場合もあるが、解決金の金額が高額であったり、使用者側に資金力がなかったりする場合には、分割払いによるよう交渉することも考えられる。
＊2　口外禁止条項のほか、SNS等を含む誹謗中傷禁止に関する条項を定める場合もある。
＊3　文字どおり、調停条項に記載のない事項については双方に請求することができなくなる。使用者側としては、貸与品の返却や別途損害賠償を求める事項がないかなど確認をすべき。

【書式②−10】第●回労働審判手続期日調書（労働審判）

労働審判官認印

第●回労働審判手続期日調書（労働審判）

事件の表示　　　令和●年（労）第１２３４号
期　　日　　　令和●年●月●日午後●時●分
場　　所　　　東京地方裁判所民事第●部労働審判廷
労働審判官　　●●　●●
労働審判員　　●●　●●
労働審判員　　●●　●●
裁判所書記官　●●　●●
出頭した当事者等　申　立　人　　●●　●●
　　　　　　　　　申立代理人　　●●　●●
　　　　　　　　　相手方代表者　●●　●●
　　　　　　　　　相手方代理人　●●　●●

　　　　　　手　続　の　要　領　等

労働審判官
　１　審理終結
　２　別紙のとおり、労働審判の主文及び理由の要旨を告知
　　　　　　　　　　　　　裁判所書記官　　●●　●●
第１　当事者の表示
　　　別紙当事者目録記載のとおり
第２　主文*¹
１．相手方は、申立人に対し、●●万円及び別紙「●●」欄記載の各金員に対する各支払期日の日の翌日から支払済みまで年３％の割合による金員を支払え。
２．申立人のその余の請求を棄却する。
３．手続費用は各自の負担とする。
第３　申立てに係る請求の表示

261

> 申立ての趣旨及び理由は労働審判手続申立書記載のとおり。
> 第4 理由の要旨
> 　　提出された関係証拠、審理の結果認められる当事者間の権利関係及び本件の審理の経過をふまえると、主文のとおり審判することが相当である。

📝 書面作成上のポイント
＊1　労働審判による場合、調停による場合とは異なり、分割払いや口外禁止条項、清算条項等の定めを入れることができない。このような条項を入れることができるという点からも調停によるメリットは観念できる。

【書式②－11】異議申立書

```
事件番号　令和●年（労）第1234号　未払割増賃金等請求事件
申立人　　●●　●●
相手方　　株式会社●●●●

                  異議申立書*1

                                          令和●年●月●日
東京地方裁判所民事第●部●係　御中

                              相手方代理人弁護士　●●　●●

　上記当事者間の頭書事件について、令和●年●月●日付労働審判手続期日に
言い渡された労働審判に対し、異議を申し立てる。
                                                      以上
```

📝 書面作成上のポイント

＊1　労働審判に対する不服がある場合、2週間の申立期間内に提出する必要がある。

第 8 章　書 式 編

【書式③－1】訴　　状

訴　　　　　状

令和●年●月●日

●●地方裁判所第●民事部●係　御中

原告訴訟代理人弁護士　●●　●●

当事者の表示　別紙当事者目録記載のとおり

第1　請求の趣旨
　1　被告は、原告Aに対し、金●円及びうち金●円に対する令和●年●月●日から支払済みに至るまで年14.6％の割合[*1]による金員を支払え
　2　被告は、原告Aに対し、金●円及びこれに対する本判決確定の日から支払済みに至るまで年3％の割合による金員を支払え
　3　被告は、原告Bに対し、金●円及びうち金●円に対する令和●年●月●日から支払済みに至るまで年14.6％の割合による金員を支払え
　4　被告は、原告Bに対し、金●円及びこれに対する本判決確定の日から支払済みに至るまで年3％の割合による金員を支払え
　……
　……
　13　訴訟費用は被告の負担とする
　との判決並びに第1項、第2項……及び第12項につき**仮執行宣言**[*2]を求める。
第2　**請求の原因事実**[*3]
　1　●●
　2　●●
第3　関連事実
　　●●

以上

📝 書面作成上のポイント
＊1　退職後は賃金の支払の確保等に関する法律により割増率が上がる。
＊2　判決確定前であったとしても強制執行を仮に行うことができる申立て。

【書式③-1】訴　　状

＊3　別紙の形で残業代の計算シートが添付される形式が多い。

【書式③-2】答 弁 書

令和●年（●）第●号　未払時間外割増賃金等請求事件
原告　●●外5名
被告　株式会社●●

答　　弁　　書

令和●年●月●日

●●地方裁判所第●民事部●係　御中

〒●●●-●●●●
　●●
　被告　株式会社●●
　上記代表者代表取締役　　●●　●●
〒●●●-●●●●
　●●（送達場所）
　電　話
　ＦＡＸ
　被告訴訟代理人弁護士　　●●　●●

第1　請求の趣旨に対する答弁
　1　原告の請求を棄却する
　2　訴訟費用は原告の負担とする
　との判決を求める。
　　なお、仮執行の宣言は相当ではないが、仮に、これを付するときは、担保を条件とする仮執行免脱の宣言[*1]を求める。

第2　請求の原因に対する認否反論
　　追って認否反論する。

第3　第1回口頭弁論期日及び今後の進行について
　　第1回口頭弁論期日として指定された令和●年●月●日（●）午後●時●分は都合により出頭できないので、本答弁書の擬制陳述[*2]を求める。
　　また、第2回以降の期日についてはTeamsを用いた弁論準備手続[*3]にて

【書式③-2】答弁書

> 実施していただくよう上申する。
>
> 　　　　　　　　　　　　　　　　　　　　　　　　　　　　　以上

📝 **書面作成上のポイント**
＊1　仮執行宣言に関しても反論をする。
＊2　第1回期日は出頭せずに書面の陳述のみを申し出ることが許されているため、形式的な書面を提出することも多い。
＊3　ウェブ会議の申出をこのタイミングですることもある。

【書式③-3】準備書面（1）

令和●年（●）第●号　未払時間外割増賃金等請求事件
原告　●外5名
被告　株式会社●●

　　　　　　　　　　準　備　書　面（1）

　　　　　　　　　　　　　　　　　　　　　　　　令和●年●月●日
●●地方裁判所第●民事部●係　御中

　　　　　　　　　　　　　　　被告訴訟代理人弁護士　　●●　●●
　　　　　　　　　　　　　　　同　　　　　　　　　　●●　●●

本件につき、被告は以下のとおり弁論を準備する。

第1　請求の原因に対する認否反論*1
　　1　●●

　　2　●●

　　3　●●

第2　被告の主張
　1　会社の概要*2
　　被告は主として●を営む株式会社である（乙●）。
　　被告の従業員数は●名であり、そのうち運転手は●名である。
　　●●

　2　原告らとの労働契約の締結*3
　（1）原告●について
　　　原告●は●年●月●日に下記の内容で、被告と労働契約を締結した（乙●）。

①所定労働時間：●
②勤務日：●
③賃金：●
④賃金締切日：毎月末締め
⑤賃金支払日：翌月●日払い
⑥所定休日：●

(2) 原告●について
　原告●は●年●月●日、原告●と同様の条件で、被告と労働契約を締結した（乙●）。また、1か月当たりの所定労働時間も原告●と同様である。

(3) 原告●について
　原告●は●年●月●日、原告●と同様の条件で、被告と労働契約を締結した（乙●）。また、1か月当たりの所定労働時間も原告●と同様である。

(4) 原告●について
　原告●は●年●月●日、原告●と同様の条件で、被告と労働契約を締結した（乙●）。また、1か月当たりの所定労働時間も原告●と同様である。

(5) 原告●について
　原告●は●年●月●日、原告●と同様の条件で、被告と労働契約を締結した（乙●）。また、1か月当たりの所定労働時間も原告●と同様である。

(6) 原告●について
　原告●は●年●月●日、原告●と同様の条件で、被告と労働契約を締結した（乙●）。また、1か月当たりの所定労働時間も原告●と同様である。

3　原告らの労働時間について
(1) 総論
　原告らは日々の業務中に適宜休憩を取っており、原告らが主張する労働時間は原告らの労働実態から著しく乖離している。
　休憩時間を算定すると下記のとおりとなる。そのため、労働時間の算定にあたっては原告らが主張する労働時間から、休憩時間を控除するべきである。

以下、原告らの労働時間について、具体的に説明する。

(2) 原告らの労働実態[*4]（現場付近での待機時間が労働時間に当たらないこと）

　ア　積卸しの時間があらかじめ指定[*5]されていること
　　●●

　イ　現場付近で待機する[*6]ことがあっても、労働から解放された状況であること
　　●●

　ウ　現場に入構後、積卸し作業開始まで待機することがほぼないこと[*7]
　　●●

4　原告●の労働時間[*8]

以上の主張を前提とすると原告らの労働時間は別紙のとおりとなる。

5　結論

以上から原告が主張をする労働時間は事実と異なるものであり、これを前提とする原告らの請求は認められない。

以上

📝 書面作成上のポイント

*1　事案によっては会社の主張をまずは裁判所に読んでもらうために、被告の主張→認否の順番で記載をすることもある。

*2　どのような業務を行う会社であり、人員がどの程度いるのか等会社について具体的なイメージを裁判官にもってもらうためにまずは会社の基礎情報を主張する。証拠としては、履歴事項証明書、会社のホームページやパンフレット等を提出することが考えられる。

*3　残業代紛争においても労使の合意の内容の特定は重要な要素であるため、使用者側が認識している雇用契約の内容を記載する。証拠としては、就業規則、賃金規程、雇用契約書、労働条件通知書等を提出することが考えられる。

*4　原告らの働き方について、休憩時間の労働者の動線がわかるように主張を行うよう、筆者は心がけていることが多い。

*5　配車メールやLINEのやり取り等を証拠として提出することが考えられる。

*6　例えば、道の駅などで自由に休憩が取れたことを主張することが考えられる。

【書式③-3】準備書面（1）

＊7　積卸し作業の有無、現場到着から積卸しの開始までの流れを主張する。
＊8　残業代の計算（きょうとソフト等）の主張をする。なお、計算シートはページ数も多くなるため、主張書面の別紙として提出することが多い。

【書式③-4】第●回弁論準備期日調書（和解）

第●回弁論準備期日調書（和解）

事件の表示　　　令和●年（ワ）第●号
期日　　　　　　令和●年●月●日午後●時●分
場所　　　　　　●●地方裁判所民事第●部
受命裁判官　　　●●　●●
裁判所書記官　　●●　●●
出頭した当事者等　原告ら代理人　●●　●●
　　　　　　　　　被告代理人　　●●　●●

指定期日

当　事　者　の　陳　述

当事者間に次のとおり和解成立

第1　当事者の表示
　　（住所）
　　　原告●●　●●

　　（住所）
　　　原告●●　●●

　　　上記代理人弁護士　　●●　●●

　　　被　　　　　告　株式会社●●
　　　同代表者代表取締役　●●　●●
　　　同訴訟代理人弁護士　●●　●●

第2　請求の表示
　　　請求の趣旨及び原因は、訴状記載のとおり

【書式③-4】第●回弁論準備期日調書(和解)

第3　和解条項
1　被告は、原告●に対し、解決金として●円の支払義務*1があることを認める。
2　被告は、原告●に対し、前項の金員を、令和●年●月●日限り、下記口座に振り込む方法により支払う。ただし、振込手数料は被告の負担とする。
記
　　金融機関
　　種　　別
　　口座番号
3　被告は、原告●に対し、解決金として●円の支払義務があることを認める。
4　被告は、原告●に対し、前項の金員を、令和●年●月●日限り、第2項記載の金融機関口座に振り込む方法により支払う。ただし、振込手数料は被告の負担とする。
5　原告らと被告は、本件に関して、正当な理由なく、本件和解の内容及び本件和解に至る経緯について口外しないことを約束する。
6　原告らはその余の請求をいずれも放棄する。
7　原告ら及び被告は、原告らと被告との間には、本和解条項に定めるもののほかに何らの債権債務がないこと*2を相互に確認する。
8　訴訟費用は各自の負担とする。

裁判所書記官●●　●●

📝 書面作成上のポイント
＊1　源泉徴収の有無については確認が必要。
＊2　「本件に関し」など清算の対象が限定されていないか要確認。

273

第8章 書式編

【書式⑦－1】固定残業手当に関する同意書

固定残業手当に関する同意書[*1]

貴殿の月額給与に関する変更については、下記のとおりとなります。

記

【変更前の月額給与】

基本給	●●円	職務手当	●●円
●●手当	●●円		
合計	●●円		

【変更後の月額給与】※固定残業手当が新設されましたので内容についてご確認ください。

基本給	●●円	職務手当	●●円
●●手当	●●円		
固定残業手当	●●円（●●時間の時間外手当相当分）[*2]		
合計	●●円		

＊固定残業手当は、時間外労働の対価としてあらかじめ支給するものです。[*3]

なお、固定残業手当の金額については、以下の計算となっています。[*4]

(1) 通常の賃金単価（1時間当たり）●●円

（計算式）●●円÷173.3時間（※）≒●●円

※1か月の平均所定労働時間

(2) 時間外手当の単価　●●円

（計算式）●●円×1.25≒●●円

(3) 時間外手当●●時間相当の固定残業手当の金額●●円

（計算式）●●円×●●時間＝●●万●●円≒●●万円

＊固定残業手当は、時間外労働の割増賃金が発生しない場合でも、減額せず支払います。

＊固定残業手当の額を超えて時間外手当が発生した場合には、その差額を別途支給します。[*5]

【書式⑦−1】固定残業手当に関する同意書

＊＊＊＊＊＊＊＊＊＊＊＊＊＊＊＊＊＊＊＊＊＊＊＊＊＊＊＊＊＊＊＊
　上記内容を確認し、**固定残業手当の導入**＊6を含め、月額給与の変更について同意いたします。

株式会社●●
代表取締役　●●　●●　殿

　　　年　　　月　　　日
_____氏名_____印

📝 書面作成上のポイント

＊1　固定残業手当を新設する場合の同意書。制度が既にあり、それを変更する場合も同様の形でよい。

＊2　できれば金額も時間数も定めた方がよい。

＊3　何のために支給をしているかについて記載をする。

＊4　計算式については、必ずしも求められるものではないが、裁判等で労働者側から説明を受けていない、説明を受けたが内容がわからなかった等という主張がよくあるため、双方に齟齬をなくし、またこれに対して的確に反論をすることができるようにしておきたい。

＊5　差額清算に関する記載。

＊6　制度を変更する場合には、「導入」ではなく「変更」とする。

【書式⑦-2】雇用契約書（労働条件通知書）の規定例

賃金の欄：
    月額：●●万円
    内訳：基本給　●●万円
          固定残業手当●●万円（時間外割増●●時間相当分）
（計算式）
    ●●円÷月平均所定労働時間（173.3）×割増率（1.25）≒●●円
    ●●円×●●時間＝●●万●●円≒●●万円
※固定残業手当は、時間外割増賃金分をあらかじめ支払うものとする。
※固定残業手当が一賃金支払期間中の実際の時間外割増賃金の合算額に不足する場合には、その差額の割増賃金については差額残業手当として支払う。

【時間外・深夜・休日割増賃金の対価とする場合】
≪※以下の部分について変更≫*1
※固定残業手当は、時間外・深夜・休日割増賃金分をあらかじめ支払うものとする。なお、定額残業手当の方が実際の時間外割増賃金よりも多い場合、その超過分について深夜割増賃金・休日割増賃金の順で充当する。
※固定残業手当が一賃金支払期間中の実際の時間外・深夜・休日割増賃金の合算額に不足する場合にはその差額の割増賃金については差額残業手当として支払う。

書面作成上のポイント

＊1　できれば時間外割増だけ、あるいは時間外●●時間・深夜●●時間等と、他の割増賃金と一緒にしない方が望ましいが、一緒にする場合は充当の順番を意識して記載する必要がある。

【書式⑦−3】就業規則（賃金規程）の規定例

(固定残業手当)
第●条
1．固定残業手当は、時間外割増賃金の対価としてあらかじめ支給する。
2．前項の固定残業手当の金額は、想定される時間外労働を勘案し、個別に決定する。
3．実際の割増賃金が固定残業手当よりも超過する場合には、差額を別途支給する。

【時間外・深夜・休日割増賃金の対価とする場合】[1]
(固定残業手当)
第●条
1．固定残業手当は、時間外割増賃金、休日割増賃金、及び深夜割増賃金の対価としてあらかじめ支給する。
2．前項の固定残業手当の金額は、想定される時間外労働、休日労働、及び深夜労働を勘案し、個別に決定する。
3．充当の順番については、時間外割増賃金、休日割増賃金、及び深夜割増賃金の順に充当するものとする。
4．実際の割増賃金が固定残業手当よりも超過する場合には、差額を別途支給する。

📝 書面作成上のポイント

[1] 就業規則（賃金規程）の規定においても、できれば時間外割増だけ、あるいは時間外●●時間・深夜●●時間等と、他の割増賃金と一緒にしない方が望ましいが、一緒にする場合は充当の順番を意識して記載する必要がある。

事項索引

あ

あっせん……84
あっせん委員……92
あっせん開始通知書……84
あっせん申請書……85
アナログタコグラフ（アナタコ）……74
意見書……93
飲食業……174
請負制……165
閲覧制限の申立て……151

か

解決金……54
過去の残業代の清算……228
管理監督者……110, 223
管理職手当の返還請求……122
企画業務型裁量労働制……147
客観的な記録……179
休憩時間……25, 185
休日振替……130
勤務態様……112
経営者と一体的な立場にある者……110
権　限……111
合意書……104
交渉の要……29
固定残業代……19, 204
　──の合意……207
　──の設定時間……22, 208
　──の導入……226
　──の有効要件……20, 204

さ

最低賃金……172
裁量労働制……141
　──への個別同意……146
差額清算……22, 206
残　業
　──の事前申請制……95
残業許可制……215
指揮命令下……178, 183
始業時刻……179

事業場外での労働時間を算定し難いこと……152
事業場外労働のみなし労働時間……152
実労働時間……69
シフトカット……175
シフト制……175
社会保険労務士補佐人制度……40
社内規程……225
就業規則……224
　──の周知性……144
終業時刻……179
守秘義務……79
証拠価値……180
証拠説明書……62
証人尋問……66
消滅時効……6
除外賃金……17
職務内容……111
所定労働時間……16, 217
資料開示……7
心　証……65
清算条項……79
責　任……111
専門業務型裁量労働制……142
想定問答……46
訴　状……60
　──に代わる準備書面……56
訴訟移行……45

た

対価性要件……20, 205
タイムカード……97
タコグラフ……73
他の労働者に波及するリスク……30
ダラダラ残業……101
遅延損害金……72
遅延利息……72
Teams……80
調停の成立……53
賃金等の待遇……113
陳述書……66
通常必要とされる時間……160
月平均所定労働時間……18

事項索引

手当の返還	226
出来高払制	165
デジタルタコグラフ（デジタコ）	74
手待ち・待機時間（運送業）	70
手待ち時間（理美容業）	190
テレワーク	160
同意の撤回	146
答弁書	42, 60
特定された週・日	127, 134, 135
特例措置対象事業場	186

な

24条終了	55
日給制	164
任意交渉	2

は

早出出勤	182
判別要件（明確区分性）	20, 204
非定型的変形労働時間制	134
美容師	187
歩合給	165
付加金	57
不活動時間	193
不就労時間	183
フレックスタイム制	134
変形期間	124
変形労働時間制	124
弁論準備期日	65
法定労働時間	16

ま

みなし労働時間	141
民事調停	107

mints	80
民法536条2項	176
明確区分性　→判別要件	
免罰的効果	127
黙示の指示	95, 183

や

呼出状	42

ら

理美容業	187
理容師	187
労基法上の労働時間	178
労使委員会	126, 147, 148
労働からの解放	191
労働局	84
労働時間	24, 216
——に関しての自由裁量	112
——の状況	113
労働時間管理	210
労働時間性	216
労働時間等設定改善委員会	126
労働者の（個別）同意	211, 227
労働審判	36
——の言渡し	55
労働審判員	37
労働審判官	37
労働審判期日	48
労働審判手続	41

わ

和解	66
割増賃金	15
——の計算方法	17

判例索引

最高裁判所

最判平12・3・9民集54巻3号801頁・労判778号11頁〔三菱重工業長崎造船所（一次訴訟・会社側上告）事件〕 24, 95, 179, 216

最判平14・2・28民集56巻2号361頁・労判822号5頁〔大星ビル管理事件〕 69, 128, 135, 138, 194, 195

最判平19・10・19民集61巻7号2555頁・労判946号31頁〔大林ファシリティーズ（オークビルサービス）事件〕 183

最判平21・12・18裁判集民232号825頁・労判1000号5頁〔ことぶき事件〕 110

最判平24・3・8裁判集民240号121頁・労判1060号5頁〔テックジャパン事件〕 22

最判平26・1・24裁判集民246号1頁・労判1088号5頁〔阪急トラベルサポート（派遣添乗員・第2）事件〕 154

最判平26・3・6労判1119号5頁〔甲野堂薬局事件〕 72

最判平28・2・19民集70巻2号123頁・労判1136号6頁〔山梨県民信用組合事件〕 211, 227

最判平29・7・7裁判集民256号31頁・労判1168号49頁〔医療法人社団康心会事件〕 205, 208

最判平30・7・19裁判集民259号77頁・労判1186号5頁〔日本ケミカル事件〕 21, 205, 214

最判令2・3・30民集74巻3号549頁・労判1220号5頁〔国際自動車（第二次上告審）事件〕 205

最判令5・3・10裁判集民270号77頁・労判1284号5頁〔熊本総合運輸事件〕 206, 211

最判令6・4・16労判1309号5頁〔協同組合グローブ事件〕 154, 158, 159, 160

高等裁判所

仙台高判平13・8・29労判810号11頁〔岩手第一事件〕 128, 130, 138

広島高判平14・6・25労判835号43頁〔JR西日本（広島支社）事件〕 130

東京高判平17・3・30労判905号72頁〔神代学園ミューズ音楽院事件〕 219

大阪高判平24・7・27労判1062号63頁〔エーディーディー事件〕 150

仙台高判平25・2・13労判1113号57頁〔ビソー工業事件〕 199

東京高判平26・2・27労判1086号5頁〔レガシィほか1社事件〕 150

東京高判平27・12・24労判1137号42頁〔富士運輸（割増賃金）事件〕 137

東京高判平28・1・27労判1171号76頁〔コロワイドMD（旧コロワイド東日本）事件〕 23, 209

東京高判平30・6・21労経速2369号28頁〔ナック事件〕 156

東京高判平30・10・4労判1190号5頁〔イクヌーザ事件〕 22, 23, 208

東京高判令元・12・24労判1235号40頁〔社会福祉法人恩賜財団母子愛育会事件〕 72, 122, 226

東京高判令4・11・16労判1288号81頁〔セルトリオン・ヘルスケア・ジャパン事件〕 155, 157

名古屋高判令5・6・22労経速2531号27頁〔日本マクドナルド（変形労働時間制）事件〕 137, 140

東京高判令6・5・15労判1318号17頁〔サカイ引越センター事件〕 169, 171

地方裁判所

大阪地判昭56・3・24労経速1091号3頁〔すし処「杉」事件〕 185

水戸地判昭56・11・5労判379号速報カード27頁〔茨交大洗タクシー事件〕 127

名古屋地判平3・9・6労判610号79頁〔名鉄運輸事件〕 166

281

判例索引

東京地判平12・2・8労判787号58頁〔シーエーアイ事件〕·················149, 151
東京地判平12・4・27労判782号6頁〔JR東日本(横浜土木技術センター)事件〕·········130, 139
東京地判平17・8・30労判902号41頁〔井之頭病院事件〕·················195
京都地判平18・5・29労判920号57頁〔ドワンゴ事件〕·················145
東京地判平18・8・7労判926号53頁〔日本ビル・メンテナンス事件〕·········198
岡山地判平19・3・27労判941号23頁〔セントラル・パーク事件〕·········137
東京地判平20・2・22労判966号51頁〔総設事件〕·················183
東京地判平22・4・7労時2118号142頁·················138
東京地判平22・10・27労判1021号39頁〔レイズ事件〕·················155
岡山地判平23・2・14労判1033号89頁〔学校法人関西学園(寮監・仮眠時間)事件〕·········136
東京地判平23・10・25労判1041号62頁〔スタジオツインク事件〕·················8
東京地判平24・8・28労判1058号5頁〔アクティリンク事件〕·················22
長野地判平24・12・21労判1071号26頁〔アールエフ事件〕·················217
奈良地判平25・3・26労判1076号54頁〔帝産キャブ奈良事件〕·········172
東京地判平25・5・22労判1095号63頁〔ヒロセ電機(残業代等請求)事件〕·········219
東京地判平26・1・8労判1095号81頁〔丙川商会事件〕·················216
東京地判平27・9・8(平成24年(ワ)第33296号) LEX/DB〔横倉運送事件〕·········170, 171
東京地判平27・12・11判時2310号139頁〔バッファロー事件〕·················138
東京地判平28・1・13(平成26年(ワ)第19178号) LEX/DB〔東洋テック事件〕·········137
東京地判平28・7・14労判1148号38頁〔国・池袋労基署長(ライジングサンセキュリティーサービス)事件〕·················200
名古屋地半田支判平28・11・30労判1186号31頁〔ケンタープライズ事件〕········179, 183, 184, 185, 186
東京地判平29・3・13労判1189号129頁〔エターナルキャストほか事件〕·········183
東京地判平29・9・26労経速2333号23頁〔泉レストラン事件〕·········179
東京地判平30・1・30労経速2345号27頁〔富士保安警備事件〕·········196
東京地判平30・3・28労経速2357号14頁〔クロスインデックス事件〕·········96, 219
東京地判平30・10・16判タ1475号133頁〔インサイド・アウト事件〕·········150
東京地判令元・5・31労経速2397号9頁〔三村運送事件〕·················75
横浜地判令2・3・26労判1236号91頁〔ホームケア事件〕·········177, 178
東京地判令2・9・17労判1262号73頁〔ルーチェ事件〕·········189, 190
東京地判令2・10・15(令和元年(ワ)第26798号) LEX/DB〔アクレス事件〕·········207
東京地判令2・11・25労判1245号27頁〔シルバーハート事件〕·········175, 178
東京地判令3・2・17労判1248号42頁〔三井住友トラスト・アセットマネジメント事件〕·········218
横浜地判令3・2・18労判1270号32頁〔アルデバラン事件〕·········116
東京地判令3・3・4労判1314号99頁〔月光フーズ事件〕·················207
福井地判令3・3・10(平成30年(ワ)第98号) LEX/DB〔オーイング事件〕·········136
東京地判令3・6・30(令和元年(ワ)第12146号、令和3年(ワ)第7489号) LEX/DB〔三誠産業事件〕·················220, 222
東京地判令3・9・10(令和元年(ワ)第12357号) LEX/DB〔M社事件〕·········218
東京地判令3・12・21労判1266号44頁〔医療法人社団新拓会事件〕·········177, 178
東京地判令4・2・25(令和2年(ワ)第6075号) LEX/DB〔阪神協同作業事件〕·········117, 120
東京地判令4・3・23労経速2490号19頁〔土地家屋調査士法人ハル登記測量事務所事件〕·········114, 119
東京地判令4・3・30(令和2年(ワ)第20314号) LEX/DB〔ビーチャイニーズ事件〕·········117
東京地判令4・3・30労判1288号88頁〔セルトリオン・ヘルスケア・ジャパン事件〕·········157, 158
東京地判令4・4・12労判1276号54頁〔酔心開発事件〕·················207

静岡地判令4・4・22労経速2495号3頁〔全日警事件〕･･･200
京都地判令4・5・11労判1268号22頁〔社会福祉法人セヴァ福祉会事件〕･････････････････････118
大阪地判令4・8・29（令和2年（ワ）第30002号）LEX/DB〔F. TEN事件〕･････････････････115, 119
名古屋地判令4・10・26労経速2506号3頁〔日本マクドナルド（変形労働時間制）事件〕･･････129, 136
東京地判令5・4・14労経速2549号24頁〔大成事件〕･･･197
千葉地判令5・6・9労判1299号29頁〔社会福祉法人A会事件〕･･････････････････････････････198
東京地立川支判令5・8・9労判1305号5頁〔サカイ引越センター事件〕･･････････････････167, 171
松山地判令5・12・20労経速2544号3頁〔学校法人松山大学事件〕････････････････････････････150
岐阜地判令6・8・8（令和4年（ワ）第263号）裁判所HP････････････････････････113, 115, 118, 119

労働事件《実例》トレーニングⅠ　未払い残業代請求
　―使用者側弁護士の思考と実務対応―

2025年2月20日　初版第1刷印刷
2025年3月15日　初版第1刷発行

|廃　検|
|止　印|

編著者　瀬　戸　賀　司
発行者　逸　見　慎　一

発行所　東京都文京区　株式　青林書院
　　　　本郷6丁目4の7　会社
振替口座　00110-9-16920／電話03(3815)5897〜8／郵便番号113-0033

印刷・シナノ印刷㈱／落丁・乱丁本はお取り替え致します。

Ⓒ 2025 Printed in Japan　ISBN978-4-417-01887-2

〔JCOPY〕〈(一社)出版者著作権管理機構　委託出版物〉
本書の無断複写は著作権法上での例外を除き禁じられています。複写される場合は，そのつど事前に，(一社)出版者著作権管理機構（電話03-5244-5088，FAX03-5244-5089，e-mail: info@jcopy.or.jp）の許諾を得てください。